園太暦

巻六

凡例

一、本書を續刊するにあたり、あらためて本書を、本會で編纂・發行中の「史料纂集」の一篇として、これに編入することにした。

一、史料纂集は、史學・文學をはじめ日本文化研究上必須のものでありながら、今日まで未刊に屬するところの古記錄・古文書の類を中核とし、さらに既刊の重要史料中、現段階において全面的改訂が學術的見地より要請されるものをこれに加え、集成公刊するものである。

一、本書はもと全五巻として刊行の豫定であつたが(第一巻凡例)、これを改めて、全八巻とすることに變更した(第八巻は補遺と索引を主體とする)。

一、第六巻たる本巻には、甘露寺親長抄寫本の第二十九册より第三十二册まで(延文二年正月〜同四年十二月)を收錄した。

一、底本において、もと折紙の形を存している部分については、折表の首部に(本折紙)と傍注し、折裏の首部に(以下本折裏)と傍注し、折裏部分の逆さ組はこれを廢した。

一、底本・對校本、その他編輯および校合上の規約等に關しては、おおむね前巻までに同じである。

凡例

一、本書の刊行にあたつて、國立公文書館・宮內廳書陵部・東京大學史料編纂所・三條西家・東洋文庫・靜嘉堂文庫等より種々の便宜が與えられた。特記して深甚の謝意を表する。

一、本書の刊行には、故岩橋小彌太博士監修のもとに、齋木一馬氏が専ら校訂にあたり、黑川高明氏及び厚谷和雄氏がこれに協力された。銘記して深謝の意を表する。

昭和六十年十一月

續群書類従完成會

園太暦　巻六

目次

園太暦　第廿九　延文二年春夏

園太暦目録

延文二年

正月

一日　依神輿〔東大寺八幡宮〕在洛・神木〔春日社〕動坐、小朝拜・々禮等被止事

節會省略事　内辨中納言、公卿三人事、　○コノ傍書二行ハ、七日ノ「節會省略事」ニ對スルモノヲ、誤リテコノ所ニ記入シタルモノナラン、

六日　敍位停止事

七日　節會省略事

左大辨宰相〔勘解由小路〕兼綱、節會之儀條々尋問事

左大辨注送、節會之儀事

少納言不參、次將勤代事

雨儀事

右馬頭不參、次將勤代事
經顯〔勧修寺〕卿、宣命使進退不審尋之事
十二日　西園寺大納言〔實俊〕送狀、三位中將〔大宮實尚〕節會參仕事被尋之事
十五日　自新春風雨、可畏事
十六日　節會、月蝕復末已後被行事
用捨事
如元日・白馬、內辨三節〔會脫カ〕共同人〔松殿忠嗣〕事

二月

九　日　西園寺大納言〔實俊〕、御百首端作以下談合事
九〔マ、〕日　國師〔月林道皎〕號勅〔後光嚴〕問事有勘例、
十二日　釋奠事
十三日　人々放氏事
十五〔六〕日　天野殿法皇〔光嚴〕・新院〔崇光〕御出京沙汰事
祈年祭事勅問事子細、勘例、
十八日　前內府〔德大寺公清〕、有尋問事百首和歌書樣等事

十九日　法皇・新法皇（光明）（衍カ）・新院、自天野殿還幸事

廿一日　大納言（洞院實夏）參伏見殿（崇光上皇）、無御對面事

卅　日　一條大納言（内嗣）、參南方事

內々管絃事神輿在洛中無益事

三月

四　日　神木（春日社）歸坐事

八　日　南都兩門跡（一乘院・大乘院）合戰事

九　日　前內府（德大寺公清）、御百首談合事付、紙の裏（表）面事

南都兩門跡確執子細事

十一日　實音卿（三條）勅勘（後光嚴）事

十三日　御（後）白川院聖忌御八講無沙汰、惣而神事停廢、天意如何事

四條（油小路隆蔭）前大納言、尋新院（崇光）々司事

十九日　臨時祭（石清水八幡宮）無沙汰事

廿二日　撰歌百首、今月中可詠進之由、頭中將（油小路隆家）相觸事

時光（日野）朝臣本奉行、未續氏之間他人奉行事

百首、借他人手跡、淸書讃岐高檀紙事
廿七日　勸修寺前大納言〔經顯〕、條々尋申事　小除目事　平座事　臨時祭事
廿八日　按察殿〔卿カ〕實繼〔三條〕、位署事被尋事
陸奥出羽字可書否事
廿九日　百首和歌進上、調進樣事

四月

三　日　入道內府〔三條公秀〕送狀、參拜法皇〔光嚴〕事　同被尋法體裝束事
正親町大納言〔公蔭〕入道、談合武〔家脫〕宰相中將〔足利義詮〕裝束事
七　日　勸修寺前大納言〔經顯〕、談灌佛・船裹以下事
八　日　自內裏〔後光嚴〕、臨時祭〔賀茂社〕御服事被尋仰事
十四日　臨時祭舞人裝束事
十五日　除目事・宿德裝束事等、勸修寺前大納言尋問事
警固事
小除目事　未拜賀上首、依下臈昇進、相共昇進事
敍位敍留事

十六日　賀茂神主國久事

六月

一　日　主水司送寒氷事

造酒司醴酒不見事依前官不能左右事

五　日　人々來事

六　日　依年災可有改元歟否事有申詞、

八　日　時光〔日野〕朝臣、遣女房尋書札事

十六日　仲房〔萬里小路〕卿、嗣房〔仲房息〕車文相尋事

卅　日　六月祓事、重輕服人可憚否事、付、姙者不憚事　鹿食人可憚否事　穢中可憚否事

延文二年

正月大

神輿在洛神木動座により小朝拜幷に關白拜禮を停む
節會出御なし
敍位を停む
白馬節會
勘解由小路兼綱節會につき不審を尋ぬ

一日、天陰、依神輿〔東大寺八幡宮〕在洛・神木〔春日社〕動坐、小朝拜・々禮等被止之、節會如例、委可尋記、
後聞、今日節會、懸御簾無出御、依神木遷坐也、無立樂・國栖笛、只歌許云々、
敍位停止事
六日、天晴、敍位議〔儀〕、依神木御坐金堂前、關白〔二條良基〕不可出仕之間、被止其儀、年々例也、
七日、天陰、今日節會、又任近代例深更被行歟、左大辨宰相〔勘解由小路兼綱〕條々有尋示事、所存返答了、
問答續〔左脱カ〕、

兼綱書狀

御慶最前雖申舊候、猶以不可有盡期候、早可參賀仕候、
抑今日節會、可構參之由存候、條々可參申上之由存候之處、計會子細候之間、一紙注
進仕候、被注下候者可畏存候、以此旨可令洩申給、兼綱〔勘解由小路〕頓首謹言、

正月七日　　兼綱上

丹後守殿〔藤原光熙、洞院家家司〕

兼綱質疑の條々と公賢の答

一、御酒勅使作法事、

內辨有召之時、拔笏取笏、立座前微唯深揖、自座上立廻、若可越床子歟、强不然歟、經納言座後參進、當內辨坤立一揖、去六尺許歟、承內辨宣之後一揖、右廻出西面妻戶下簀子幷西階、立軒廊中央、與南柱平等(頭)、南面歟、尋取勅使交名於外記、取副笏、昇西階經簀子、於西第三間中央簀子一揖、二間西頭歟、東面、顧南兩度、其作法、可同宣命使宣制歟、不然、是ハ只如形兩度顧也、初淺後深、又向東一揖、左廻、今度可留堂上之故也、於簀子坤邊懷中交名、經本路復座、

一、宣命使作法事、

依內辨召參進之儀同前歟、給宣命之時、此間聊屈行、以左手如指笏、以右手賜宣命、取副笏一揖、此程聊逆行、於本立所揖也、左廻復本座、內辨以下々殿之後、起座下殿、是以下作法、不可違任大臣節會之時歟、宣制了退之時、任大臣者籠尋常版常說也、例節會時者、尋常版內ヲ籠、此事許相替也、

一、祿所作法事、可爲下﨟參議役歟、上下﨟强無定式歟、下﨟雜事已下重疊之、上首不可有難歟、可隨上宣、

賜文之儀同宣命歟、但賜文右廻可退歟、則直退下、經軒廊幷宜陽殿壇上著床子、北面、下文於辨、辨早出之時可下史、諸卿皆悉取祿之後、揖起床子、於蘆幣(弊)上取祿一拜退出、

一、著堂上長床子作法事、

參議有三人者、上首ハ自座上立廻若(著カ)、第二人ハ越床子、先可越座下足、左歟、或路中央、有說、下﨟ハ自座下立廻可著歟、而二人之時、上首自座上可立廻歟事、

一、諸事催促、每度、下﨟大辨役勿論歟事、

兼綱重ねて不審を問ふ

一、中上箸事、同可爲下﨟大辨役歟事、

委細恩報畏入候、條々散蒙了、但猶不審篇目注進仕候、

一、宣命使宣制了退之時、任槐ニハ籠尋常版、例節會ニハ宣命・尋常兩版內ヲ籠、此事相違之由被仰下候歟、就籠字不審相貽候、所詮參退路、聊（注進候、）被圖下候者可畏入候、於每事遲鈍、周章仕候、

一、宣命使雨儀作法又不審候、（宣陽殿土庇軒外置之、仍經軒廊西面、宣陽壇上南行、自後軒著之、宣命披右押右、件拜時列立公卿經上首上列之也、）宣命版若儲軒廊候哉、委被注下候者可畏入候、

一、外辨幷參列、（外辨座中門外檐下儲之歟、參列又宣陽土庇北上東面候也、）宣命拜〻（マヽ）、以下、雨儀不審存候、條々被注下候者可畏入候、

抑舊冬臨時祭使節事、俄勤仕了、行粧凡不及沙汰候き、併仰高察候、其次第追忩可注進仕候、以此旨可令洩申給、兼綱頓首謹言、

正月七日　　兼綱上

○次圖コノ間ニ在リ、

兼綱注送の白馬節會記

節會雨儀事

延文二年正月七日、節會、藏人右少辨〔平信兼〕奉行、子刻許人々參集、公卿松殿〔忠嗣〕中納言・三條

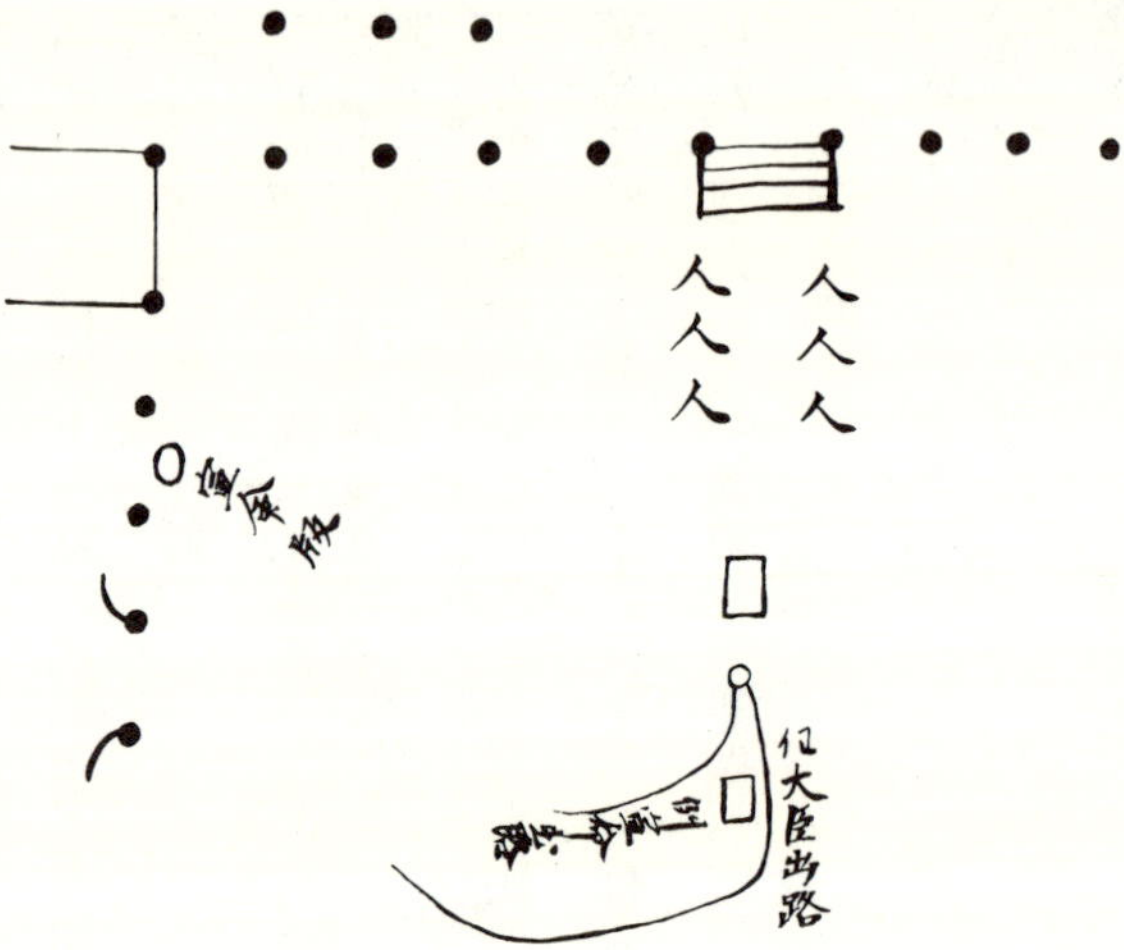

內辨松殿忠嗣

外任奏

〔實音〕中納言・萬里小路〔仲房〕中納言・兼綱左大辨宰相・右大辨宰相〔勸修寺經方〕等著陣、藏人辨信兼仰內辨於松殿中納言、內辨移外座置軾、召外記問諸司具否、其儀如恒、大外記師茂〔中原〕持參外任奏退、招藏人辨被奏之、雨儀御裝束事同奏聞歟、少時被返下、仰詞等如何〔例カ〕歟、內辨召辨、親〔平〕經〔顯イ〕朝臣、仰雨儀御裝束事、此間宸儀(後光嚴)出御歟、次將陣中門下、次內辨目三條中納言云(行カ)、外辨三條中納言揖起座、出宣仁門代經立蔀外、萬里小路中納言以下經小庭、經東簷下、萬里小路言(中納脱カ)去年元日雨儀路如此云々、次第著外辨座、宜陽殿西簷下、北上西面、政官座東上北面、辨親顯(平)朝臣、・外記中原康顯、・史高橋秀職、・召使等著、少納言不參、此間內辨著靴押笏紙歟、小時內辨著宜陽殿兀子歟、此間三條中納言召々使、下式筥、召外記、康隆(中原)參進、問諸司如例、次內侍出西檻、扶持職事、內辨昇、次開門、次圍(闈)司就、次

少納言不參事

內辨召內舍人、大舍人稱唯、少納言不參之間、次將勤代、先之外辨公卿等起座、徘徊日華門外簷下、次第參列、宜陽殿土庇下第二・三間、北上東面、次內辨宣、敷尹(二字、大字カ)、次群臣謝座・謝酒、昇殿著座、次內辨下殿、取白馬奏、付內侍奏聞復座、白馬渡、左權頭(馬脱)光連(藤原)、右不參、次將康邦朝臣勤代、各供奉、次御膳、自腋供之、次居臣下餛飩、依內辨宣、右大丞下殿催之、右大辨申上箸、內辨候天氣、御箸鳴、臣下應之、次居臣下飯・汁等、右大辨催之、乍座之由內辨許之、仍召內豎仰之、是以後每度如此、次一獻、次二獻、如例、次御酒勅使、兼綱、次三獻、次內辨下殿著陣、見宣命・見參歟、小時歸昇付內侍奏聞、返杖歸昇復座、次召兼綱給宣命、復座、次召右大辨給見參、直下殿著祿所、次內辨以下々殿列立宜陽殿土庇下、如參列、次兼綱下殿就宣命版、宜陽殿土庇北第一間簷下、雨儀近例如此云々、宣制兩段、拜舞等如例、兼綱昇殿著座、內辨直退出、兩中納言歸昇、各拔匕次第起座、退取祿、一拜各退出、于時寅斜歟、

出仕の公卿

勧修寺經顯節會につき不審を問ふ

經顯書狀

白馬節會

公卿

松殿中納言忠嗣、三條中納言實音、萬里小路中納言仲房、左大辨宰相兼綱、右大辨宰相
經方、辨親顯朝臣　信兼(平)

次將

左中將隆右(鷲尾)朝臣　康邦朝臣　右少(中)將長具(源)朝臣長具朝臣勤少納言代云々、

馬寮

左馬頭光連

今日節會、被垂御簾出御、國栖・坊家奏・舞姫・北陣雜犯等無之歟、

七日節會不審事經顯(勧修寺)卿談之、仍續今日記了、

年始御慶、最前向御方申籠候上、經方(勧修寺)參上之時言上候了、立春朔、殊又珍重候、早々
可令參賀候、
抑七日節會、(離版之揖、可合公卿終拜之由雖有口傳、遲延强非巨難之由承置候也、)宣命使作法以外遲々、公卿拜了之後揖候之間、彼時公卿又同時答揖(於此事者曾不存知候、)候云々、宣命使使(衍)揖、常ニハ公卿拜了之時令揖逢(合カ)候歟、遲々之條若一說候哉、次又公
卿答揖殊不審候、經方著祿所候之間、見及候之由語申候、爲才學不審候、被勘下候者

可畏存候、毎事可令參賀言上候、經顯恐惶謹言、

正月九日　　　　經顯上

洞院殿

三位中將節會參仕の作法

(十二日脱カ)(大宮實尚)三位中將候節會儀 ○本次第ハ、巻首ノ目録ニヨレバ、西園寺實俊ノ問ニ答ヘテ、公賢ノ書與ヘシモノナラン、

參內、候便宜所、當時儀殿上々戸及黑戸邊可候歟、若已著陣人々者可候陣、不違參議作法、諸卿引外辨之時爲已著陣人々、三位(中將脱カ)參議最末加之、若候便宜所者、諸卿引外辨之間、著靴可儲中門外南廊邊歟、非參議人不著外辨座、常作法也、

內辨召舍人、少納言參進就版、

此間外辨諸卿起座、雁列中門外、三位中將此時必加立之、件列當中門南扉、東上東面斜列之、

少納言出中門、告召由於諸卿、

諸卿次第入中門就版揖、異位重行、東上北面、三位中將者立參議末、頗南退立、

內辨宣敷尹、群臣三位中將在此內、再拜、謂之謝座拜、

次造酒正勸空盞、群臣又再拜、謂之謝酒拜、

次群臣次第揖、離列參上著座、

三位中將此間留軒廊、不堂上早出、近來常作法也、但若猶可候座者、昇殿儀同納

言・參議作法、但非參議必可候奥座、然者昇西階直北行、自北間入母屋、自床子末出前揖著之、引寄裾候、

新春來風雨連續

十五日、自去夜徵（微）雨、自午上春風猛也、午後晴、及晩風休、近來自新春風雨連續、聖化之所致歟、民間歎息、天下災薩（孼カ）上、可畏事也、然而公家・武家抛政道之時分、尤相應歟、爲之如何、

踏歌節會
月蝕復末後行ふ
出御なし
國栖立樂を停む
出仕の公卿

十六日、天晴、今日節會、月蝕復末已後被行云々、垂御簾無出御、又國栖・立樂被停之云々、

公卿

松殿中納言（人カ）　三條中納言　萬里小路中納言　左大辨宰相　右大辨宰相　大宮三位中將
內辨三節會共同行事
實（實尚）、　少納言時清　辨左中辨時光（日野）朝臣　權右中辨親顯朝臣　藏人右少辨信兼

次將

左中將隆家（油小路）朝臣　隆鄕（四條）朝臣　隆右〻　康邦〻　少將實村（材）（一條）〻
藏人頭

右中將教言（山科）朝臣　家尹（藤原）〻　長具〻

職事

時光〻　隆家〻　信兼　行知（安居院）

議定始

神事三ヶ條

後光嚴天皇より百首和歌の詠進を命ぜらる

花山院家賢南朝に參候す家領沒收

料米なきにより釋奠延引

祈年祭延引

西園寺實俊百首和歌詠進につき諮る

月林道皎の諡號につき後光嚴天皇より御諮問あり

上官

大外記師茂朝臣　左大史量實〔小槻〕　小〔少〕外記師興〔中原〕　右少史秀職〔高橋〕

舞妓又如例歟、

廿七日、天晴、今日議定始云々、大納言〔洞院實夏〕參仕、其外關白・勸修寺前大納言〔經顯〕參仕、實夏爲最末書目六、神事三ヶ條如例沙汰云々、

入夜來〔實夏〕、語曰、御百首來二月中可進之由重被仰下、是神木・神輿有歸坐者、可有披講儀歟云々、又左大臣〔九條經教〕・行輔朝臣・雅冬〔飛鳥井〕朝臣可詠進之由被仰之、被追加云々、

又聞、花山院前中納言家賢卿參南方之由風聞、家領可被收公之旨沙汰云々、彼家領本家領也、依一旦領主進退、被沒官之條不便事歟、然而近日風不能左右歟、

二月大

二日、丁未、天晴、釋奠又依無料米延引、可爲中丁云々、

四日、天晴、今日祈年祭可被行之旨、聊有沙汰歟、而又無實、幣料之故不便之至也、

九日、晴陰不定、西園寺大納言〔實俊〕送狀、談合御百首進入間事、愚存旨返答之、問答續左、

及晩藏人勘解由次官行知〔安居院〕來、折節無人、以大納言〔洞院實夏〕令謁、道皎〔月林〕和尚國師號事勅問〔後光嚴〕也、已及

延文二年二月

昏黑、明日可注進所存之旨報了、其申詞已下又卽續之、

其後無殊事間不申入、何（御カ）等之事候哉、兼又御百首已御詠進（候脱カ）歟、恐欝（候脱カ）、如形も愚歌未沙汰出之間、令周章候、就其者調樣等事、一紙注進候、委細被勘（下脱カ）候者、可爲恐悅候也、

事々期參拜候也、實俊恐惶謹言、

二月九日　　　實俊狀

懷紙の調へ樣につき實俊公賢の問答

一、端作事

常儀、出家人之外加之候歟、但或略之條又常事候、且嘉元・元應、故今出河右府〔兼季〕令略給候歟、可在御意候、

春日字可有之由、宗匠〔御子左爲定〕ニハ令申候、然而只詠百首許可書支度候、且當家多如此候、

一、封有無事

如法之儀、加封之條勿論候、然而被略之條、又可在御意候、同右府御所爲も粗見及候、但見及候、（衍カ）但于時前官大臣候哉云々（マヽ）、

先日京案（草カ）封之、凡爲常事候哉、但當家不封例存之歟、然者今度不可封可爲何樣候哉、

一、檀紙寸法事

面々不同事候、然而此分際何事（候脫カ）哉、

一尺二寸六七分之間可宜哉、

一、料紙枚數事

不可有定數候歟、無題之時者少、加題之時多候歟、且可依檀紙之廣狹候上者、勿論候哉、

假令何枚許可宜候哉、

道皎の國師號につき門弟等の申詞

長福寺開山花園上皇御受業

元帝より大師號を授けらる

七回忌に當る

花園上皇の道皎に賜はりし宸翰

國師號勅約

國師號事

右大梅山長福禪寺開山道皎和尚者、於本朝高峯〔顯日〕佛國禪師受業也、至大唐古林〔清茂〕佛性禪師法嗣也、元亨年中〔元亨元年十二月廿五日カ〕、花園院御受業之間、被重師資之禮、國師號事追必可有其沙汰之由、被染宸翰訖、而忽奏南詢之志、遍歷大唐十餘載、歸朝之後再參仙洞、如舊彌以御歸依之間、被建立御影堂於當寺、貞和元年〔貞和二年十二月廿三日カ〕有臨幸、號仙居、佛閣相竝、誠以無雙也、仍以勅使可爲勅願寺之由被下院宣、寺號・山號事、同被遺〔遣カ〕宸筆者也、且於大唐奉相見帝者、蒙佛慧智鑑大師號訖、云本朝云異域、尤拔群華者也、仍任舊院〔花園〕勅約、望申彼追號之處、非當代〔後光嚴〕之國師而被下其號之條、先蹤不分明歟之由、以前被經御沙汰云々、此事准據不可勝計、且一紙注進之、就中陽祿門院〔光嚴後宮、正親町秀子〕又從有受衣以來、御崇敬異于他、仍任御遺令之趣、構御塔頭於當寺、致御追福者也、云彼云此、當御代尤可有御尊崇乎、爰今月廿五日、忽當七廻之遠忌、故所望申國師之追號也、勅許無相違者、可爲佛門之光輝者乎、

昨夜受業之儀〔元亨元年十二月廿五日カ〕、感悦無極、縱雖隔萬里之波濤、同風之旨何有遠近、義同國師、後日必可有其號、當時非自專、尤以遺恨、併期再會之時者也、

延文二年二月

延文二年二月

右此書者、去元亨元年冬比所書遣也、而建武擾亂之時紛失畢、仍貞和二年八月、重所染筆也、

元亨元年の宸翰建武動亂中紛失により貞和二年に重ねて賜はる

同じく道皎に賜はりし花園上皇の宸翰

臨幸翌日御書

兩日〔貞和二年十二月廿三・廿四日カ〕之儀感悦萬端、寂寥栖遲、多年之本意滿足、自愛無極、昨日寺中歴覽、感興多候き、事〔々カ〕之筆墨難述盡、期面謁候也、

御判〔花園上皇〕

元朝徽號勅書

唐朝大師號

皇帝〔元帝文宗〕聖旨裏〔裏、小字カ〕在玉印、

特授榮祿大夫大司徒廣照圓明智辨三藏大法師住持大普慶寺、切見海東日本國月林皎長老、久歴叢林、密傳心印、談玄折理、妙悟眞如、出遷喬洞明宗旨、有玆感德、寵可曰佛慧智鑑大師、端祝聖壽萬安者、

佛慧智鑑大師

右付佛慧智鑑大師號、

年號〔天曆元年〕龍兒年正月廿三日、在金城大都大普慶寺裏書來、

印

當代の國師に非ずして追號の例

非當代國師追號例

〔圓爾辨圓〕聖一國師

龜山院國師

花園院御代追號

〔無關普門〕大明國師

龜山院國師

後醍醐院御代追號

〔心地覺心〕法燈圓明國師

龜山院國師

後醍醐院御代追號

〔規庵祖圓〕南院國師

龜山院國師

後醍醐院御代追號

〔宗源〕雙峯國師

後宇多院國師

延文二年二月

新法皇(光明)御代追號

道皎の諡號勅問に對する公賢の奉答

道皎和尚國師號事、叢林杞梓、雖非商量之限、如門人懇款者、花園院叡旨、被述慇懃之上、陽祿門院畜區(匪)令受彼宗旨、經(任ィ)御追貢、構御塔頭於當寺、(被脱カ)抽懇懷之由申之哉、且非當代國師之人、追被贈其號之條、傍例灼焉歟、然者勅許强不可乖朝憲乎、但如此之類、先々若就武家幷傍門意見旨(有歟)聖斷歟、彼是之間須在時議乎、

武家幷に傍門の意見を徴し聖斷あるべし

道皎和尚國師號事、愚存之旨令注進別紙候、得此御意、可令計披露給之狀如件、

二月十日　判

幣料無沙汰により大原野祭延引

十日、晴陰不定、大原野祭延引云々、是幣料無沙汰之故歟、

釋奠追行

十二日、天晴、自午後陰、今日釋奠經方卿(勸修寺)參仕云々、仍父卿(勸修寺經顯)昨日有問答、後日聞、釋奠上卿・少納言・辨皆不參、參議經方卿參仕、其外大外記師茂(中原)・權少外記師興(同上)等參入、座主初獻、助敎淸原宗秀(季)云々、

勸修寺經顯釋奠の儀につき不審を問ふ

一、參議上卿勤仕之時、可著納言座歟事、(此事兩説歟、然而著納言座之條、可然候歟、)

一、諸司不具之時申代官、上卿(如此、)初參行之時、無此事歟事、(且近例常有之歟、可被尋用候哉、)

經顯の問と公賢の答

一、召外記、先問上﨟參、其詞何樣候哉、〈上﨟之參や候と申候也、〉

一、〈此事無指作法、只廟拜可告上官座（マヽ）之由なと申候しやらん、〉上卿令告可有廟拜之由於辨・少納言、其詞何樣候哉、

一、上卿仰寮官開廟堂戸、〈廟堂ノ戸曳ケ、〉仰詞不審候、

一、〈無指作法、只及テ取之、差（巻カ）テ懷中也、〉懷中發題作法事、

一、勸盃可擬下﨟歟、〈不然、如節會、〉若無次重人（座歟）者可擬辨歟事、

一、〈是も無指作法、一兩度取之、聊食之後入懷中也、〉食聽明幷懷中之作法事、

一、廟拜了歸著東廊之時、自下﨟退出歟、

次上卿・參議向辨上首相揖、於何處可有此儀候哉、〈廟堂南庭ノ西方ニ北上東面立候也、卿相出廟堂歸之時、於砌（西カ）下面面揖之、〉

〈無人以外候、〉釋奠上卿・少納言不參、辨も未無領狀之由承候、只參議一人參行、延慶二年八月爲行〔中御門〕卿例候云々、彼依無人數、略廟拜之由所見候、〈此條不可然存候、拜堂先師之條、何可依人數多少候哉、〉略否可爲何樣候哉、正和二年〈此外も、一人參行其例候らんと覺候、若雖一度拜之例候者、尤可有廟拜候哉、度々例、忩被尋外記候者、定注進候歟、廟拜ハ或當神事日、〉參議以下不參、上卿故花山院內大臣〔師信〕一人參、彼時拜有無不存知候、被計下候者可畏存候、（マヽ）、雖著上卿座、先著參議座、問上﨟參否、其後上著（マヽ）之上候歟、〈或又上卿有憚之時、略之條勿論候、其外不可略哉之旨覺候、著上卿座事、先規當座雖不覺悟候、先著參議座、問上﨟參之後著上之條、可叶宜哉、縱雖新儀、不可有子細候、不存纖芥之餘、及荒涼之意見候、爲恐候、謹言、〉不審存候、事期參入（々脱カ）候、經顯〔勸修寺〕恐惶謹言、

延文二年二月

二月十二日　　經顯

洞院殿

興福寺勘解由小路兼綱甘露寺藤長日野時光を放氏す

十三日、天晴、今日聞、左大辨宰相兼綱（勘解由小路）・甘露寺前中納言藤長・頭左中辨時光（日野）等放氏之由風聞云々、實事以外事也、

一條經通息內嗣の逐電を公賢に報ず

入夜自一條前關白（經通）、以資尚有被示之旨、是大納言（一條內嗣）自昨日逐電、此間程（雖歟）相尋未尋出、不可說事云々、驚歎之旨報了、暫不可口外云々、

光嚴法皇崇光上皇御歸洛の風聞あり

十六日、朝間陰、西大路大納言（大炊御門氏忠）入道・園前宰相（基隆）等來、彼是曰、天野殿法皇（光嚴）・新院（崇光）可有御出京、尤可然之事歟、天下惣別大慶也、但實否猶可尋、

祈年祭につき勅問に奉答す

抑祈年祭、一昨日勅問、所存今日注進信兼（平）、又文書等寫留返遣也（之カ）、

祈年祭間事、愚意之所存注別紙獻之、可令計披露給之狀如件、

二月十六日　　判

公賢の奉答

祈年祭間事、以二月四日爲式日之條、式文明白也、隨而禁中潔齋・廢務、奕代之流例、今更構新儀、不可及朝義（儀）之疑殆歟、於本宮行來之祭奠者、無公家御肅之沙汰乎、二月九日御神事、不載式文歟、加之例幣者九月十一日、式日致齋・廢務、已爲發遣日、參

著日事別無所見、又同十四日本宮雖有神衣祭、公家強無御神事已下知食之儀、旁足全(令カ)之(行カ)比擬哉、然者依新道之遠近、有行程之延縮者、本宮神事幣使到著之前後、宜廻商量令計行歟、且如兼豊(吉田)宿禰注進者、四度祭祀式日被發遣之後、幣使中途逗留之時、違期日祭納例、自長保至建暦及數度歟、以彼臨時沙汰之准的、被定向後祭祀之規矩之條可無其難、且不可乖違式候乎、抑伊勢幣事異他、尤(被歟)知行仗議、且被決官占可被左右之由、雖可合上(言カ)、於此篇目者、古來軌範、今更不可有改動之新儀歟之旨加短慮者了(之カ)簡之間、述校(梗カ)概之旨趣者也、此上事可在時宜矣、

祈年祭官幣發遣につき大中臣忠直進上の事書

忠直朝臣(大中臣)
事書

一、官幣發遣事、
天武天皇治十四年乙酉、九月十日、始被奉伊勢二所太神宮神寶廿一種、神宮舊記有之、
一、被引上發遣式日事、
寛平三年九月十日、無廢務、辨・史著結政、今日例幣、去四日進發之故也、
寛仁六年(二)九月八日丁卯、齋宮(媞子女王)群行、例幣被付畢、十一日、例幣付群行、仍無廢務、
一、神宮祭祀元初事、所見不分明矣、

同事につき吉田兼豊の注進

重被尋下條々

祈年祭以四日官幣發遣、可爲本歟、將又九日依有本宮祭、被(立脱カ)幣使歟事

延喜神祇式云、祈年祭二月四日、祭神三千一百卅二座、又曰、祈年・賀茂・月次・(神嘗脱)新嘗、前後散齋之日、僧尼及重服、舊(奪)情徒(從)公之輩、不得參入內裏、

又云、宮女懷姙者、散齋之前退出、有月事者、祭日之前退下宿廬、不得上殿、

神祇令曰、仲春祈年祭、祈猶禱也、欲令歲災不作時令順度、卽於神祇官祭(之脱)、故曰祈年、

九日本宮御祭事不被載之、

就之廻短慮之商量、以四日本官發遣之日被崇之條、神祇式又令條分明也、然者依官幣有本宮祭之條勿論歟、加之公家御神事淸書之義(儀)矣、

後朱雀院以後、月(自カ)朔日限四日也、其御齋不至于九日者乎、又廢務者二月四日・六月十一日・九月十一日・十二月十一日、各發遣之日候、以本宮御祭之日非廢務之義(儀)矣、旁以非御不審之限候乎、次以發遣之式日、可被引上事無先規候之上、以他日被行祈年祭者、二月朔日・二日、若相當禁裏御憚并支干之凶日者、雖爲正月被行祈年祭、以六月

幣使參宮延引の先例

十二月同之、・九月之上旬可被行、十一日之月次以神嘗祭・神今食等歟、此條迷是非候、殊被究御沙汰、可被周備者乎、於日次者陰陽寮之最也、兼日難被決之、又雖使(決歟)之(無イ)、至左右難定申之故也、路次之新道者其事輕候上、被行仗議、決御卜之處、如龜兆者帶神明有應之象、又主繁昌太平之支旱(干カ)、事見御卜形、是併君之叡信通于宗祀之謂也、次於發遣者、雖被用式日候、路次本宮有障之時、幣使於途中逗留、以他日令祭納例、

長保三年六月十六日、十一日月次祭、本宮御祭、依洪水不參宮、十七日各參拜、

長元三年九月十六日、十一日新嘗祭發遣、本宮御祭、依大風・洪水、十七日各參拜、

永承六年九月十六日、御祭、依洪水勅使元範(大中臣)等不參宮、十七日可遂行之處、依穢又延引、以廿二日參宮、

平治元年六月十七日、十一日月次祭、依大風・洪水、十八日參拜、

承安元年六月十六日、御祭、同前云々、

元久三年五月四日、甲申、被發遣祈年穀奉幣、是皰(疱)瘡流行事被祈申、又霖雨事被載辭別、此時幣使依穢、於離宮院五ケ日逗留云々、

建曆元年二月四日、祈年祭、依本宮穢延引、有大祓、代初延引、元曆吉例也、同月廿一日、(被脱カ)行祈年祭之處、又依神宮穢、幣帛不奉納也、剩不思食此事、又被發遣祈年穀奉幣、如何、兼直(吉田)

宿禰〔吉田〕兼豊高祖父、言上云、去文治元年二月四日祈年祭、依本宮穢延引、同月廿六日被行之處、
後日本宮言上云、自十六日辰時見付出猪足之間、次第神事延引、以此例可被准據者、
三月八日、祈年祭幣奉納、其後祈年穀幣使參宮也、
　此外有例歟、每度不記置之、
次於四日發遣者雖延引、於本宮御祭者、九日猶無相違歟事、此條就官幣令祭納之上者、被延件發遣候者、不可有本宮之儀候之處、祠官等號同國祭執行來候云々、此事長和六年五月有其沙汰、雖被止月次・神今食、猶御神事被供忌火御飯之由、左大辨〔源〕經頼記明白候、加之如江次第者、賀茂祭雖被停止之、猶可被行警固、是有國祭之故也云々、此等之次第、曆應三年神宮不通達、被止幣使之時、兼豊注進之間、其後禁中如舊被召忌火御飯候訖、今度之儀不可依國祭候歟、
次式日之發遣、猶都不可事行者、以式日被行祈年祭之後、有路次幷本宮障之時、幣使於途中令逗留、以後日令祭納之例分明候上者、若因准此例、以參著日可被行本宮義〔儀〕候歟、可被決時議之旨先日言上候之處、已式日馳過候之上者、於今者勘進之篇目、若可猶違〔相カ〕候乎、
次以後日被行候者、任例可被勘發遣之日時候、於本宮御祭者、代代一切不載日時候也、

至于行程之日數一事者、海道行程之分限、猶被尋究故實之輩、重可有御問答候歟、次延引之時者、每度被宣下、被行建禮門大祓之例候、近年者分配職事、若此儀不及申沙汰候歟、可令得此等御意候、(給脫カ)兼豐(吉田)誠恐謹言、

二月三日　　神祇大副卜部兼豐請文

兼豐重ねての注進

重注進言上、

一、祈年祭以本官發遣儀爲正實事

神祇式・神祇令文先度注進之、所被載之淸潔者、限于發遣之義(儀)四日祈年祭也、但五日者有後齋矣、者也、後齋之後者被解御神事之間、重輕服・月水之輩幷僧尼參入內裏、若者被修法事矣、新儀式曰、二月四日祈年祭廢務、江次第云、二月四日廢務、廢務者、本官發遣日被閣萬機、被淸(請カ)祈之義也、九日本宮御祭事、不被載式條・令條、又無廢務幷御潔齋之上者、輕重爲玄隔歟、重案舊記、文治三年九月十四日被尋下云、今月御神事普通迄十二日加後齋、也、而齋宮群行之年至十八日、依何事哉不審者、兼貞(吉田)宿禰兼豐曩祖、言上卜(云カ)、公卿勅使者依爲震(宸)筆宣命、至于本宮之日有御潔齋也、於齋宮群行幷諸幣使者、進發日若者後齋一日也云々、自餘略之、承久二年三月廿九日被

仰下云、太神宮御祭者、奉幣進發前後齋之外、件祭日事者、公家不被知食事也云々、

一、國祭以邂逅准據例難被引上事

於祈年祭者、被引上之例往昔以來未勘得之、以新儀若被用他日者、以延引之先蹤可被勘日時之間、二月朔日・二日以二日可被行之由、(大中臣)忠直朝臣暗申請歟、相當公家御憚支干之凶日者、以正月難被行之趣言上先畢、月次・神今食被引上之例、同未案得仕候、而至于神嘗祭例幣也、者、九月者爲伊勢齋王群行之式月之間、以群行之使被制(副歟)付十一日例幣事上古在之、所謂寛平三年九月十一日無廢務、去四日例幣被進發之故也、寛仁六(二)年九月八日丁卯、齋宮群行、十一日例幣被付群行、仍無廢務、天永元年九月十一日例幣、被付去八日齋宮旬(恂)子、群行使畢、仍無廢務、天養元年九月十一日例幣、被付去八日齋宮師(姸)子、群行使、永曆元年九月十一日例幣、被付去八日齋宮好子、群行使、嘉應二年九月十一日例幣、昨日被付齋宮膳(善)子、群行使云々、爰知、齋王者崇神天皇御宇始而被奉副之、是宗祧嚴重之儀式、朝廷邂逅之神熊(態)也、雖爲向後有齋宮群行者、於例幣者可被付副歟、以此因准、云祈年祭云月次・神今食、爭可被比量乎、猶巨細被勘定行程之分限、云本官儀云本宮祭禮、可被專式日歟、將又就繁多之准據、以幣使參著之日、被行本宮御祭歟、可被決群議者乎、

右條々、先日依率爾之勘進令相漏之間、重披竹帛逑枝葉、斯外法皇（光明）御代曆應度、重々有勅問事、非今之至要候之間、不注進候、可得此御意候、仍言上如件、兼豐誠恐謹言、

二月五日　　　　神祇大副卜部兼豐上

進上　人々御中

此事談合兼豐宿禰注進之、然而就委細無益之間不用之、

（本折紙）祈年祭間事、就兼豐宿禰・忠直朝臣（大中臣）注進等被廻――、以二月四日爲式日、有禁中潔齋・廢務者、奕代流例不可及朝儀之疑殆歟、以新儀輙難被引上乎、就中如風聞者、以二日被行祈年祭、以三日可進發之由、忠直朝臣申請云々、非式日者、上卿先於陣可勘日時、爭暗可定申乎、依日次者四度幣使一向可被背式條歟、此條不辨可否、又被專九日者、數日路次逗留之煩如何、事與情不可周備矣、齋王群行之時、被副付九月例幣事、不足今度之義（儀）歟、於九日本宮祭奠之義（儀）者、不載式文、非公家清事廢務、加之以式日被行本官義（儀）之後、有路次之障、以他日令祭納之例、（以下本折裏）自長保至于建曆及數度之上者、准的彼例、以幣使參著之日、可有本宮義（儀）之由、兼豐宿禰所申無相違者歟、且神祇式云、祈年幣帛朝使到日、太神宮司引使者、先參度會宮云々、匪啻因准之例、相協式條之上者、爭可勞新儀乎、次忠直朝臣所申請者、依爲新道可被延路次之日數義（儀）也、此條古來本道

之時、路次爲五ヶ日之處、公卿勅使以下忌事之時、寄（マヽ）二宿以三ヶ日令參著之例多存之、新道行程之分限、先可被尋究故實之輩歟、不限此祭、可爲月次・神嘗祭之傍例之故也、

此上事宜在時宜矣、

十八日、天陰、前内府（徳大寺公清）送狀有尋問事等、

實事此分目出候、兩方仙洞還幸之由承及候、返々珍重候、此條ハ——不見、ハや伏見殿なとへ成て候やらん、さそこさ兩（光嚴・崇光）御所還（南カ）御候やらん、不能左右候、天下大慶、不能左右候歟、人々定參賀候歟、一向蟄居周章仕候、よき程めれ、候かの事にても不候之間、不及心勞、晴（暗カ）然候、歎入候、兼又御百首姓さはくりの事、正中所見以下委注預候し、眞實々々畏入候、あいそへたる御沙汰と存候、比興候、今度被遊寫候歟、御料紙何事候乎之由存候、預置候之條如何、八雲御抄事、何哉仰候しニ就て、令披見候き、九ハ不書姓之條、可相叶古今之例候歟、然而公清今度ハ書之條其由存候、九諸家大臣書姓常事候哉、而正中被遊沙汰候間、今度愚身可略之由存候、可宜歟之由蒙仰候歟、御子左（爲定）も其趣にて候、公清事、淺き樣にも御初度にても候へは、書姓之條慇懃にやと存候、御意も此分にて候やらん、其外猶書之條可宜候理候やらん、右府（近衛道嗣）も可被書歟之由、先日禪門（爲定）令申候し、若被申談候けるやらん、愚詠猶未沙汰整候、歌あまた取替候を禪門ニ申談候しか、あまりに計會候とて、于今無申旨候、御事候、御詠も預

徳大寺公清書狀

光嚴法皇崇光上皇南方より還御あり

百首和歌詠進につき公賢に諮る

大臣懷紙に姓を書くや否や

公清詠草の批判を御子左爲定に請ふ

公賢も爲定に批判を請ふ

遣置候後も多詠改候間、何も彼も未定候、置候由申候し、返進候乎、今月中必定可被進候乎、猶も延（やカ）へし候ハんすらん（と脱カ）申說候、強不然候、只以下部可遣之旨存候、以御使可被進之條勿論候歟、如何、何日可被進候哉、又亂筥蓋事、仰旨愚意符合候、狩衣はみたる者も、近比ハ斷思（マヽ）候間周章候、兼又度々申候ハんとて忘却候、建保四年御百首、野宮左府〔德大寺公繼〕詠進之條、其上定無子細候、就奉行候まてハ、記六分明候、而去年之人數ニハ不見ハ（候カ）、不審候、光明峯寺〔九條道家〕其時右大臣にて被進候歟、野左ハ前右大臣候き、著座候、如此沙汰候、如此物ともかくも沙汰、曾不承候、若座次なとの事ニ申所存候て、こと〳〵しく取返てや候つらん、其年院〔後鳥羽〕瑜伽論供養ニ、右府被參者、其條ハ勿論候歟、著座難治之由申入候、依右府不參、令參仕之由所見候、先々も如申承候、著座なとハ斟酌勿論、如此事ハ非斟酌之限候間（旨カ）、蒙仰候し、御事候、注進候き、正しく不相憚之所見等候之間、不可及斟酌之旨存定候了、よも子細候ハしと推量候、人數事、書落之條勿論候歟、建保儀、如何御推量わたらせ給候らんとて、令申候計にて候、よき不審にて候、野左縱斟酌之所見出來候とも、今度適列人數候、傍家其例も候へは、可進入歟之由存候、但若建保事、思度たる事かや（候イ）と覺候、さて〳〵一條亞相〔內嗣〕殿事、巷說候、返々驚承候、何樣事候乎、〔四字、甘露寺親長ノ註記ナラン〕此奧切了、

一條內嗣逐電の巷說あり

光嚴法皇崇光上皇諸人の參入を停めらる

洞院實夏崇光上皇に御歸洛

十九日、晴陰不定、法皇〔光嚴〕出御事、今日尋申廣義門院〔後伏見女御、光嚴・光明母后〕、女房返狀到來、昨日無爲還幸、法皇御坐新法皇〔光明〕御庵、新院〔崇光〕御坐伏見殿、諸人不可參之旨有御沙汰云々、

廿一日、天晴、大納言參伏見殿、爲申入出御兩御方也、而被禁上下諸人參、廣義門院有御

を參賀す御對面なし

一條經通公賢に息內嗣の在所を報ず

內嗣は南朝に參候

實夏內裏內々管絃御會に召さる

對面、參仕之由可被申入、不可參彼御所之由有仰、仍退出云々、
廿六日、天晴、入夜自一條前關白有使者、大納言在處事有被示之旨、
卅日、天晴、一條大納言事、前關白訪申之處、日來遁俗之由深存之處、無其儀、參南方之由風聞云々、大納言依召參內、密々有管絃事云々、當時東大寺神輿御在京之間也、强無益歟、莫言々々、

三月小

春日神木歸座兩門跡の合戰による

四日、天陰、神木〔春日社〕歸坐事、春日新權神主時德〔大中臣〕告申之、或説、爲兩門跡〔一乘院・大乘院〕合戰、俄歸坐云々、神慮尤不審事歟、――

近衛道嗣大乘院孝覺と謀り一乘院實玄を斥けんとす

八日、天晴、今日或云、南都一乘院・大乘院合戰、去五日兩方相戰、昨今猶可合戰云々、一乘院門主〔實玄〕可却之由本家〔近衛道嗣〕結構、大乘院〔孝覺〕與力之由風聞、太不隱〔穩〕便事歟、此事先日有申右府〔近衛道嗣〕旨、無許容及此企歟、云門跡云家門、安否不便事歟、

德大寺公清書狀

九日、天晴、前內府〔德大寺公清〕送狀、御百首事談之、
驚・六月祓、下旬〔句カ〕の字事、公清〔德大寺〕もさ存候て、そノ字ヲ注付て候しか、のノ字無相違之由申候、いかにも上ノ句ノてにはニ依て、如此候やらんと推量候、炭やきハ無

使者得難し

苦けに候、(以下袖上)使者難得責伏候て、昨日も打置候ツ、此邊ハ人體拂底候之間、せめてもの事ニ、實順法印ニ小童を是(乞カ)候て申入候、比興々々、實(順脱カ)法印先日仰傳達了、此(以下行間)

土筆を贈る

間服藥事候、其以後可參承之旨申候、さて〳〵醜土筆進上候、此四五日以前より、爲進上令調候之處、使者候ハて無力打置候、今ハわろくそ候らんとあハ(マヽ)やと歎申候、御詠(御カ)ハ草被打置候ハん時、相構可被出仕候、片腹いたき申條候歟、

百首和歌詠草につき批判を需む

何御事候乎、例之氣節、彌病蒙、平臥仕候、御百首ハ已被進候乎、愚詠とかく錯亂、于今遲怠了、又進覽之候、七夕・霜・寒草・冬月・雪等取替候、可爲何樣候乎、雪歌、位山、傍若無人なる樣候やらんと存候、然而時分寄來て覺候間、如此詠候、如何、又書

料紙の表裏

樣此分如何候ハん、又料紙すき候時、板ニつきて候方を、大旨ハ面ニして書候歟、而裏とおほしき方ハ、はるかにすへ〳〵と候歟、若そなたに可書にや候らん、又付奉行

詠進の使者及び書狀の書き樣

候使事、さ候ハヽ、只下部にてこそと存候、可副書狀之條勿論候歟、被遣候御札文章

はたけ水練

なと承たく候、はたけ水練あふなく候て申入候、比興候、狀ハ歌樣候、紙捻ニ可指加

日野時光未だ續氏せず

候乎、時光(日野)朝臣未續氏候乎、然而只可付置にて候やらん、若又他人歟、御沙汰之樣承存させ(たくカ)候、さても神木歸坐、珍重候、而兩門跡不和、已及合戰之由其說候、如何、驚入候事候、追又可啓候、誠恐謹言、

延文二年三月

三月八日　公清

愚詠向殿被御覽たきとて候し、可被入見參候乎、さて〳〵一條亞相〔内嗣〕殿事、尚々無申限候、釋門歎之由存候處、あなた〔南朝〕へ令參給歟之由浮說候、如何、何篇にても候へ、返々驚入候、

一條內嗣の風說に驚く

南都兩門跡の合戰は大乘院孝覺一乘院實玄を追ひ近衛道嗣の幼子を入院せしめしに因る
公賢これを難ず

及晩自南都賢秀法眼送狀、此間風聞合戰事大概示之、又猶相尋使者、所詮一乘院門主禪〔實玄〕師、爲大乘院沙汰追出、右府若公〔良昭〕入室、大乘院可致扶持之結構云々、祖神冥鑑如何、寺社人望有恥事歟、可彈指、先日愚身口入蔑如、不能左右、

南都賢秀法眼書狀
一乘院坊人道嗣の幼子を追ひ出す

御書御下向之儀、餘不可說候之間、あハれ作事〔マヽ〕も御加推量申候、

賢秀法眼狀

去三日、寅刻、大乘院坊人等亂入圓專律師住坊、四日、酉刻、近衛殿〔道嗣〕若君御下向、則入御觀禪院、歸〔滿カ〕寺仰天無極候き、六日朝夕兩度、自一乘院坊人令發向候間、及晩若君以下沒落、又禪定院邊被構城郭候之間、一昨日又合戰候き、寺門之業滅、返々歎存候、此事度々言上之趣、相構無爲之樣可有上計之由申入候處、無左右御下向、存外無極候、又御下向之爲體、御沙汰之次第比興候、言語道斷事候、御家門之恥辱、難盡筆端子細等候、付之御下向之條、不審不少候之間、且令言上候、所詮寺門荒廢、神慮有恐御事候歟、能々可有御諷諫候哉、以此旨可合〔令〕申入給候、

三條實音勅勘を蒙る
勾當內侍を路次に抑留す

後白河院聖忌御八講無沙汰

崇光上皇油小路隆蔭と勸修寺經顯のほか餘人の參入を禁ぜらる
公賢の感懷

隆蔭書狀

院司補任につき公賢に問ふ

公賢返狀

十一日、天晴、今日聞、三條中納言實音卿有濫吹、被勅勘〔後光嚴〕、勾當內侍善〔三善〕維衡女、白池〔地カ〕出私宅之處、路次抑留、引籠正親町宿所、而嚴密被責之間出之、結句勅勘云々、比興事歟、

十二日〔三カ〕、自去夜雨、今日後白河院聖忌御八講無沙汰勿論也、其外無御追善事歟、近來宗廟社稷之神事、皇祖皇親之法事大略停廢、冥鑑天意如何、是併民力衰幣〔弊〕、國祖〔租〕不濟之故歟、是惟〔誰カ〕謬乎、

今日四條前大納言〔油小路隆蔭〕送狀、新院〔崇光〕〔光明院御事〔傍書誤ナラン〕〕々司事尋之、私狀也、但定公儀歟、彼卿一人祗候、其外經〔勸修寺〕顯卿時々參入、自餘堅被禁參仕云々、近日貧窶之老臣、雖有御免難出圃、不能左右、只仰彼蒼、聊樂閑意〔素カ〕者也、

還幸無爲、大慶何事不〔可歟〕過之候哉、出京之時、毎事可參啓候、
抑去觀應二年、院御方院司等被補候歟、件交名存知仕度候、定被注置候哉、院司下賜廳候けるやらん、可參申入候之處、此間不得隙候、仍捧狀候、爲恐候、誠恐謹言、

三月十二日　隆蔭〔油小路〕

抑觀應三年、院司交名獻之、常儀於仙洞被下之流例候、當彼度被注下院司以下於大別當實夏卿、召主典代於里第下之候き、其間儀大概注置候、御不審事候者、承篇目可注

進候、
尊號〔光明・崇光、太上天皇〕宣下八觀應二年十二月廿八日、翌年正月被告申此由、同二月廿一日被下院司交名
候、可〔爲カ〕御不審及委細候、謹言、

三月十三日　　判

觀應三年の院司交名

別當　權中納言源朝臣〔中院〕通冬卿　權中納言藤原朝臣〔洞院〕實夏卿執事　權中納言藤原朝臣長、〔西園寺〕實長卿
　　　守房朝臣〔吉田〕頭右大辨　經量朝臣〔町〕治部卿
判官代　教光春宮權大進　年預時繼藏人勘解由次官　藤原範康
　　　橘以清〔武者小路〕　源仲興
主典代資爲

料足無沙汰により石清水臨時祭を停む

十九日、晴陰不定、臨時祭〔石清水八幡宮〕不及沙汰、當代未被立、今度無料足已下之故延引云々、今日南

鎌倉櫻

庭渡栽櫻樹、殊絶美花也、號鎌倉櫻云々、

百首和歌の月内詠進を命ぜらる

廿二日、天陰、今日頭中將隆家朝臣〔油小路〕送御教書云、百首和歌今月中可詠進云々、時光朝臣未
續氏、倂奉行之歟、

公賢小倉實遠をして百首和歌を清書せしむ
讚岐高檀紙十五枚を切續ぐ

廿六日、晴陰不定、招引實遠朝臣〔小倉〕、令清書百首愚詠、讚岐高檀紙十五枚切續高一尺二寸、令書之、
先日相談宗匠禪門〔御子左〕爲定入道之處、一尺二寸八分爲寸法之由返答、去貞和予一尺二寸切之、是先公〔洞院實泰〕

大臣懐紙の書様
八雲抄

懐紙《元應》正本見及分有之、仍如此、今度非可相違、仍彼寸法用之也、又未被行中殿宴之間、不可書應製臣下《上歟》字、如此之時、大臣書姓否兩說也、大略書之也、而八雲抄、大臣不載姓之由所見也、去正中二年々始御會、先公爲前左大臣不令書給、且談合後照念院〔鷹司冬平〕博陸被定了、彼時沙汰之次第在文書也、又春日同詠四字、人々大略書之、但又雖晴御會已後、書應製臣上之時或略之、且宿老人大略不書之、先公元應御百首、爲當職雖被載、應製臣上不令書給、予貞和不書之、仍又今度不書之也、

公賢の懐紙案

詠百首倭歌

從一位公賢

春二十首

立春

君かさめむすふたかさのまか水

今日やこなりはとあなしむらん

已下歌略書寫了、○七字、甘露寺親長ノ注記ナラン、

〔廿七日脫カ〕勸修寺前大納言〔經顯〕條々談合事

延文二年三月

勸修寺經顯書状

御前邊何條御事候哉、先日經〔勸修寺〕方參上、委細預御諷諫候之由語申候、殊畏存候、不審條々一紙又注進上候、被注下〔候脱カ〕者可畏入候、今夕可被行小除目之由被催之間、可參仕候、毎事可參入言上候、經顯恐惶謹言、

三月廿七日　　經顯上

洞院殿

小除目等につき經顯公賢の問答

除目事

一、六位任大國守之時、〈無其事候、〉押而書從五位下之由其說候歟、然者敍位、可令敍爵歟、〈近年無沙汰常事候、〉無敍位者、可爲何樣候哉、

平座事

一、陣幷宜陽殿可著參議座歟事、

嘉曆惟〔平〕繼卿・貞和忠嗣〔松殿〕卿・文和兼繼〔綱〕〔勘解由小路〕卿〈此條穩便儀候、〉皆著參議座候、

一、一人之時勸盃有無事、

〈近來一人之時、常之儀被行之歟、略之條も先例勿論候歟、〉略之歟、將又不略之例候歟、可爲何樣候哉、不略候者、〈何事候哉、〉可爲一獻候哉、

臨時祭事

一、當時內裏指圖如此候、著壁下幷重杯、賦捶頭花之時、路〈注付候、〉不審候、
一、賦捶頭花退之時、〈不候也、〉可有揖候歟、
一、〈上首人ハ對使、下﨟者對五舞人歟、〉重杯可著舞人對座候歟、

三條實繼書狀
百首和歌詠進の位署按察使に陸奥出羽の字を加ふべきや否や

廿八日、朝間陰、今日按察卿〔三條實繼〕送狀、懷紙位署事談之、問答續左、
臨時祭〔石清水八幡宮〕臨期延引、諸人煩費不可勝計、不可說――、已及兩年如此候、冥慮叵側〔測〕候乎、御次第も無用ニ成ぬと存候、比興々々、嘉元御百首下帖、相構又可申請候、御百首已全〔企カ〕清書候、嘲哢之基、無術候、爲之如何、位署事、此間御會にも、加陸奥出羽字候、且尋申入候し時、先公〔洞院實泰〕も如此被遊候けるよし蒙仰候き、或說、不書位之時者只按察使宜之由申候、如何、但此間已書來之上候〔者カ〕勿論候哉、事々期參上候、實繼〔三條〕誠恐謹言、

三月廿八日　實繼

公賢百首和歌を進む
封の上に名の片字を書く
實夏の懷紙

廿九日、天晴、抑予百首和歌、今日付頭中將隆家朝臣〔油小路〕進入之、彼朝臣爲奉行、今月中可進之旨蒙仰之故也、淸書體先日記之、加禮紙一枚、又加封、〈封寸法六分許、〉封上書名許字〔片歟〕、〈公字也、聊筋替、左書之也、〉其上以高檀紙二枚裹之、押折上下、居折〔柳歟〕筥、〈柳筥ハ横也、予縦居也、〉以紙捻結付之、件封ニ纒禮紙口封之、折〔柳歟〕筥寸法四寸餘許歟、可定也、或居土高坏云々、予不居之、此事可居之由、先日禪〔御子門〔左爲定〕示之、予不可居之旨問答了、大納言〔洞院實夏〕歌倂同予、但春日同詠四字書之、權大納言藤原實

夏云々、其外整様不相替也、相副消息、
百首和歌詠進之、可令計披露給狀如件、
三月晦日　判
頭中將殿〔油小路隆家〕
百首和歌御詠進之由、可披露候、以此旨可令洩申給、隆家〔油小路〕頓首謹言、
三月廿九日　左權中將隆家請文

延文二
四月大

三條公秀書狀

光嚴法皇公秀の參候を許し給ふ

六年振りの拜謁に悲喜の涙に溺る

三日、入道内府〔三條公秀〕送狀、示參拜法皇〔光嚴〕事、
〵積欝候之處、悦承候了、
其後又書絶不申入候、恐欝候、申遠さかり候ぬれは如此候、違心中候、去比如法申〵
入たく候篇目候しかとも、とかく參差候き、慮外無極候、〵さても城南〔深草金剛壽院、光嚴法皇〕參事、綽空〔三條公秀〕可
〵勿論事歟、返々御浦山しく候、
被優恕之由、自院御方去月六日被仰下候、尤忩可參之由雖存候、〵不能左右候哉、一事以上不具なと申
候へは、猶尋常候之間、送日數默止了、遲引其恐候、〵承悦候、去廿九日、以放埒〔埓〕之體參候き、
〵察申候、
再拜龍顏候、不思儀〔議〕事候、六ケ廻之胸塵、不及散九牛之一毛候、心中任賢察候、法皇

公賢に出家後院參の著衣につき諮る

御方御免不存寄候之處、不慮應召構〽返々目出候、浦山しく察申候、參候、畏入候、臨他方境界心地仕候、溺悲喜之涙之外無他候き、難盡麻面候、彌參上無心元存候、抑堅固之荒猿、一ヶ條出題目許候、〽法衣事最初申承候き〽此條もふつニハ青蓮院流著候歟、竹中僧正（慈順）なと著候き、仁和寺ハ不然之由承候、古目衆ニハ（マヽ）可著同袴之條勿論候歟、絹衣袴之姿、先々いたく不見習候、山本殿（洞院公守）なと、被召候御事ハよも候ハしと存候、如何、〽院參ハ不聞候しと覺候、御出家已後御院參

但土御門入道相國（定實）、後宇多院嘉元御世務之時、殆掲焉之砌ニも著布衣袴之由存候、上皇御不豫、醫師評定之砌祗候候故

候けるやらん、然者如此こそ御坐候つらめと存候、管見至候歟、如綽

不見
〽中將陪從候之由、院、不見不可說〱、物わらひに候き、

空其面影不覺悟候、先日七年古之已（マヽ）袋帶自箱底尋出、令著用候處、此此（衍）體不御目付、以藝（褻）姿時々可參之由、院御方御沙汰候、當時ハ何と存候とも不可叶候、若構得候時分候はゝ、、兼爲存知候、比興候哉、布〽無子細候歟、禁中なとへこそ候へ、仙洞已下へ無子細歟と覺ハ餘ニ强々しく覺候、過分之所存候

候、仍愚身有猿も布大直綴とて、能程事なる所へもはい出候へき之由存候き、比興候、

哉、是そ相應事候、又檢（儉）約不能左右候歟、彼御所樣得隙候樣候歟、未來永々之有增、尚々比興候、以種々無盡（マヽ）之體參候き、風はみ候ぬれは、以破直綴、相構可參由相存候、恐惶（恐々、）謹言、

四月一日〽　　　綽空（公賢）

正親町公蔭書狀
洞院第の藤櫻殊勝

又正親町大納言（公蔭）入道送狀、武家宰相中將（足利義詮）裝束事、問答續之、

先日參拜、恐悅無極候き、就中藤・櫻同時盛、殊勝々々、返々難忘存候、近日之間、

延文二年四月

公賢に義詮參內時の裝束につき尋ぬ

又旁可參申入候、昨日人夫事、恩許畏存候處、物詣延引之間、不申入候き、而其子細
をもつや〳〵忘却、不申入候、恐存候き、兼又武家宰相中將爲參內裝束事、永玄ニ申
付候とて不審候、如此事無盡(マヽ)難計之間、內々可尋申入之由返答了、先差貫事、鳥襷文〳〵廿七
八、參議中將之間、鳥襷今少雖若々敷候、見様不宿老之仁候ハ、〳〵卅未滿之間、鳥襷何事候哉、四月中參內歟、
白、今ハ若々しく(黄)可候歟、可爲藤丸候乎之由申候、何様可候哉、〳〵又引倍木歟、
綾練袙勿論候歟、其色萠木雖常事候、山吹も何事候哉、可被談合永定候歟、
袙歟、大帷歟、此等何も委細被計下候者畏存候、差貫浮文歟、竪文歟、條々可
被計下候也、(以下本袖書)年齡ハ廿七〳〵八候やらん、見さまハ如此〳〵(マヽ)若候之由承候、下
下袴・鳥襷・奴袴ニハ、紅雖可相應、白も强不可有子細候、只可被任永定所存候歟、(以
下本袖上)袴ハ、何様にも紅ハ事々敷可候歟、(以下本行間)白勿論候哉、事々期參上候、(正親町公蔭)空靜誠恐謹言、

四月三日　　空 靜上

勸修寺經顯書狀

息經方のために灌佛會上卿の作法を尋ぬ船裏の本様の貸與を請ふ

七日、天陰、雨不下、勸修寺前(經顯)大納言談灌佛船裏以下事、
以事之次連々言上候、恐與悅相半候、早可令參謝候、御百首已被進候哉、不審存候、
抑灌佛無人之間(旨カ)被仰下候間、(勸修寺)經方可構參由申候、就其條々不審事候、
一、雖參議、無上首者可奏事由候歟、其作法何様可候哉、
一、船裏之様不審候、若御本様候者、可被借下候、
一、布施幷灌佛祿等路事、何様可候哉、人々所爲不同事候歟、當時指圖如此候、可被
計下候、

一、灌佛了合掌禮佛云々、其作法不審候、若近代無沙汰候哉、此條々委被計下候〔者脱カ〕可畏存候、舟裹以雜色付出納候哉、毎事期參入言上候、經〔勸修寺〕顯恐惶謹言、

四月七日　　　　經〔勸修寺〕顯

洞院殿

公賢返書

此布施、大様紙左道にてわろく候、美紙强只、紙の有定（マヽ）にて裹候、無子細候也、抑灌佛彼御參〔勸修寺經方〕、目出候、

一、雖參議爲上卿之時、可被申事由候條勿論候、其作法、氣色職事之外、不可有別儀候也、

一、船裹事注置候し、求失了、覺悟分沙汰進候、下地心持（マヽ）作之、内ニ納紙、依官不同、但或數猶省略候、是船裹一人ニハ不候之間、一帖枚數之少愼（マヽ）成候かと覺候、强杉原にて裹之時、白杖、如巻數柄常用之、件杖左方中程よりハ引下、注名二字、大臣ハ書官、件杖紙ヲ細疊付之、師鈎〔諸鉤〕、如此候しと覺候、

一、灌佛了合掌禮佛、如此沙汰勿論候、灌佛了返置杓逆行、起サマニ聊合手、鉢如形、小揖拔笏立候と覺候、

一、路等事、布施路ハ參著同路可候歟、殿上小板敷前布施參進、置御前机、人數多之時或置下、拔笏直著座候、

灌佛路、自座東行、自山形東間或昇山形間、昇長押、至杓机下跪、膝行取杓酌水、可酌鉢水歟、灌佛退、祿路至殿上々戸、當時若不至上戸、於臺盤所前邊可取歟、取祿、藏人傳之、經公卿座前、自導師座當間昇長押、置導師左方退也、次第年來所持物等皆紛散、近來取集物兩本進覽之、以之當時儀、可有御校量候也、

一、布施船裹、或居柳筥、或入硯筥蓋、納長櫃(マヽ)之昇之、使執柄・大將者下﨟隨身、不然人用下家司候本儀候哉、然而當時儀、出納男なと申者相具參候歟、然者雜色なと已(マヽ)定無子細候哉、謹言、

四月八日

愚報自是欲進候、而船裹本様なと沙汰さけ(マヽ)候て預御使候、恐恨候、

昨日捧愚狀了、經高覽候哉、經方未從神熊(態)候、不可有子細候歟、古ハ諸佛事相憚候、近來ハ追善御佛事、布施・行香なと相憚候、然而別勅之時無子細候也、謹言、灌佛參可有憚候哉、別勅候者不可有子細候哉、若又近代不及其沙汰候歟、不審存候、可被勘下候、

經顯恐惶謹言、

四月八日　　經顯判

經顯公賢に神事勤仕前の佛事奉仕憚りなきやを問ふ別勅の時は子細なし

抑醫師篤光朝臣入來、謁之、語曰、法皇御所此間有御疱瘡事、仍隨召候か(昨日カ)參御庵、歸路

光嚴法皇疱瘡を患へ給ふ

來云々、
八日、天晴、勸修寺前大納言昨日返事今日遣之、又灌佛布施調樣沙汰遣之、

賀茂臨時祭御袍のことにつき女房奉書を賜ふ

自內裏〔後光嚴〕女房奉書、請文同注之、
本ハちらし書也、
りんしのまつり、この月にをこなハれさふらハんするにて候か、御ふくハつねの御はう、御下かさねしさい候ましきやらん、ちかころハおもかけもさふらハぬけに候ほとに申され候、ハからひ申され候へく候と申とて候、かしこ、

公賢の奉答

かしこまり候てうけ給候ぬ、臨時祭、代始にハつねに四月にハかり候けに候、御しやうそくの事、御禊の出御ニハ、たゝつねの黃櫨染にて候、舞御覽出御の時ハ青色の御袍、さくらの御下かさねにて候か、夏の季ニハさくらなとめされ候い(ひカ)しと覺候、たゝもとの御ふくにて出御候やらんと覺候か、分明例を、座ニあたり候てそんち候ハす候、建武四年法皇〔光明〕御方代始か四月にて候しと覺候、宰相すけとのなとおほしたるへく候らんと存候、御たつね候へくや候ハん、うち〳〵御心え候へく候、かしこ、
抑東御方被來、徽安門院〔光嚴妃壽子內親王、花園皇女〕御著衣事、近日之由有其沙汰、其時可落飾云々、此事去比予能諷諫了、尤神妙事也、

徽安門院黑衣を著せらる

物加波親尹賀茂臨時祭舞人装束のこと等を尋ぬ

十三日、天陰、抑徽安門院自今日著御黑衣、梅津比丘尼（號安福殿、先〔後醍醐〕朝女御也、）申沙汰、萩原殿〔直仁親王〕（マヽ）、堂別爲御庵儀、東御方落飾祇候云々、此間且申女院治定也、

十四日、天陰、抑藏人懷國〔物加波〕、臨時祭行事舞ノ〔人歟〕也、參時裝束、又親尹〔父カ〕〔物加波〕歟（マヽ）不審、申所存之間、注遣了、

臨時祭舞人裝束事、雖禁色人或用平絹、（此事夏冬不可有差別歟、但本儀者爲當色自公方被調下、仍雖禁色、可用平絹之條勿論候歟、）雖及夏季或用冬裝束、或著交兩季裝束之條、先規不同、所爲各別者歟、是則行事所調進平絹、冬裝束之故歟、

一、及夏季之時、禁色人著冬裝束者、（此分別强不叶宜歟、）必平絹調用、夏服者必禁色可宜歟、但不入禁色、平絹之巨細可爲冬夏通用之大綱否、（此條勿論歟、）

一、靑摺事、夏ハ張透不瑩歟、（如此或不具樣候て用之由、有所見歟、）但雖夏粉張又有例乎、

一、夏時著引倍木・赤帷等、（此事不同也、但或著白生單、四月常儀也、或又紅單張用之歟、）不著單衣歟、或著平絹赤單衣云々、或又如冬著打衣幷紅綾單衣云々、

一、袙ハ（先例不同也、但愚存者、紅引倍木・白生單之由存之、野宮殿〔德大寺公繼〕御記、宮槐記、紅張單有所見歟、）夏ハ不可著乎、著色々衣有例、衣トハ可爲生衣乎、又可爲袙風情冬衣乎、（是も一說候歟、）

一、夏時用單衣ハ、紅外不可有別色乎、（濃色又常事、可依年齡歟、或又用白生單載之、）

以上、云御所〔公賢〕樣御意趣、云先規、內々被伺申候ハ、畏入候〔、脫カ〕、所詮禁色人、夏季舞人之

時、以何說可爲善候乎、

十五日、未〔己脫カ〕、或晴或陰、抑勸修寺前大納言今日兩度送狀、問答之趣續左、又在裏也、宿老裝束幷除目事也、

勸修寺經顯書狀

宿老衣服のことを尋ぬ

今夕除目之由被相催候、例又不審條々注進仕候、可被計下候、

抑熨地直衣差貫、自何程年齡可著用候哉、志々良相交可著候歟、將又熨地ニなし候てハ、志々良ハ不可著用候哉、平絹直衣差貫、是又自何程著用候やらん、經〔吉田〕｜房卿五十一二之間、問答花山左府〔花山院兼雅〕之時、於今者不可有子細之由被返答候、然而五十八逝去、遂不著用候、經俊〔吉田〕卿六十三歸泉、其も不著候間不審存候、故吉田內府〔定房〕自五十許程著用して候しと存候、熨地ハ直衣差貫共著用候歟、平絹ハ一具ニハ不著用之由其說候哉、旁不審存候、被示下候者可畏入候、經顯恐惶謹言、

四月十五日　經顯

洞院殿

公賢返書

抑宿老衣服事、面々所存知、同諸家不一巡候歟、然而大概堤坊〔防カ〕又勿論候哉、所詮承置候分、隨年齡・官位等、聊可有等差歟と覺候、於御著用者、云熨地云平絹、共不可有

子細候哉、已先達人自五十餘之著用勿論候也、熨地者、直衣・奴袴一具ニ著用之様候、各別不見及候、熨地著之後志々良著交之條、古物なと相交候、强無子細候也、平絹ハ綾ニ著交候之條勿論候、綾直衣・平絹奴袴、或又平絹直衣・綾指貫、何も無子細候、上下平絹又勿論候、或説平絹綾ハ依藝(褻)晴可用なと申候て、さまて不宿老人も、内々藝(褻)之事ニハ可用平絹之様申說も候歟、後鳥羽院與頼實公(大炊御門)御問答事候けるなと承置候也、愚存之分、例不貽懺(纖)芥候、比興々々、恐々謹言、

四月十五日　　判

經顯重ねて除目につき不審を尋ぬ

委細仰、條々散不審候、殊畏存候、就其

一、五位 此事御不審誠其謂候、所詮大國・上國受領重職候、仍雖六位押書載五位下、追賜位記之由存候、而近來位記事ハ、不能遵行候哉、其外相當職殿上・藏人なと帶官候、然者如修理大膳亮押書五位之條、殊斟酌來候哉、 相當官六位所任時、押而書載五位者、修理左右京大膳亮幷上國守等五位相當候、是等六位任者可書載五位候哉、將又同相當にて候へとも、依其官可進退候哉、 勿論候、 然者至何官押載五位、何官者只可書六位候哉、此差別不審存候、

一、造寺官、一紙書之歟、 如此候歟、 而三位任造東大寺長官可書別紙之由、先日御次第被載、無子細候哉、

一、女官除目、同時被行者、女官同可 可爲此定之由注付候旨存候、忘却候けり、如此事等、可蒙仰條、申事多候歟、 奏任式候哉、先度不被載御報之

不可被指南候歟、間、重令申候、

此條々又不審候、可被計下候、度々申狀殊恐入候、早可參謝言上候、經顯恐惶謹言、

四月十五日　　經顯
公賢

小除目

洞院公定參議未拜賀のまゝ權中納言昇進を聽さる

今日警固召仰、上卿萬里小路中納言仲房也、

又被行小除目、執筆右大辨宰相經方云々、

入夜大納言〔洞院實夏〕參內、而公定〔洞院〕卿未申拜賀、而實明〔時歟〕卿〔德大寺實時〕頻申昇進、依未拜賀可被超越之間〔旨歟〕有沙汰、

就〔其カ〕之問答及數反、關白〔二條良基〕又執申、公定事經沙汰、逐〔遂カ〕兩輩昇進云々、神妙御沙汰候歟、未拜

賀昇〔進脱カ〕公直〔今出川〕卿云々、但爲職爲身、可畏可愼事歟、

聞書

權大納言藤原忠嗣〔松殿〕　　藤原忠季〔正親町〕

權中納言藤原公定　　藤原實時

侍　從藤原師有　　源　具雄

圖　書　頭小槻兼治　　內　藏　助藤原重親

已下任人數輩、略書寫了、〇コノ十字、甘露寺親長ノ注記ナラン、

正　三　位藤原兼定〔花山院〕

從　三　位藤原兼親〔楊梅〕　　源　敦有〔綾小路〕

延文二年四月

藤原〔町〕經量　　藤原〔九條〕忠基

已下敍人、略書寫、〇コノ七字、親長ノ注記ナラン、

敍留

從三位源　敦有

右兵衞督如元、

從三位藤原忠基

左近中將如元、

五位藏人

右兵衞佐藤原〔萬里小路〕嗣房

十六日、庚申、天晴、公定納言事、去夜有種々御問答、遂被許之、神妙事也、

賀茂祭

頭辨時光奉書神輿在洛により北陣停止すべきや否やを諮問せらる

十七日、辛酉、天晴、今日賀茂祭、舞・馬御覽幷北陣儀被尋問、勅書幷時光〔日野〕奉書到來、愚存續左、

東大寺八幡宮神輿在洛之時、賀茂祭北陣停否、先例御不審候、被尋外記之處、不分明之由申候、所詮可爲何樣候哉之由、內々其沙汰候、以此旨可令洩申給、時光頓首誠恐謹言、

四月十七日　　時光

後光嚴天皇勅書

丹後守〔藤原光熙〕殿

被下勅書、被仰合北陣已下儀事、

今日舞・御馬御覽幷北陣等事、依神輿在洛、雖其沙汰候、兩局無所見之由令申候、關白同無分明之所見云々、近例定常事候歟、而自他未及引勘、被准臨時祭等候者、於舞御覽・北陣等者被略之條、猶可叶敬神之禮歟之由思給候、委可被計候也、他事省略也〔候脱カ〕、

公賢の奉答

被仰下候旨、畏奉候訖、今日被馬〔御カ〕御覽・北陣儀間事、東大寺八幡神輿在洛年例、當座不覺悟候、但如此事、古來就准據沙汰候歟、然者依南北臨時祭可被准據候乎、延慶二年石清水臨時祭、不發物音、被止北陣儀候、今〔マヽ〕降文保三年賀茂祭臨時祭・元亨元年春日・康永四年賀茂等臨時祭、皆依當社神輿在洛、被止件等儀候、加之節會出御已下御謹愼勿論候、限賀茂祭被略敬神之禮之條、不得其意候、先々停止事公私注漏候歟、縱雖新儀、於敬神之御沙汰、尤不通神慮哉之旨存候、以此趣可令洩披露給、公賢誠恐頓首謹言、

四月十七日　　藤原公賢上

頭辨〔日野時光〕殿

賀茂祭に御馬御覧幷に北陣儀を停めらる見物人喧嘩

後聞、今日祭、被〔御カ〕馬御覧幷北陣儀無之云々、予所奏被許容歟、又一條大路見物之間、知〔橘〕任朝臣下人被殺害傍輩云々、即及死門云々、然而其後供奉人渡之、不憚歟、但近日事無沙汰歟、先規有沙汰事也、如何、

正親町公蔭忠季父子來禮
忠季百首和歌未進
昇進の官を懐紙の位署に載せんと欲す

十八日、天陰、正親町大納言〔公蔭〕入道幷新大納言〔正親町忠季〕等入來、昇進事自愛之旨示之、御子左大納〔爲定〕〔言脱〕送〔マヽ〕狀、御百首之分取集、一昨日已進入之、新〔忠季〕大納言未進、就其、昇進位署爲後勘欲載儀者不可隨所進時分歟、夏候之由載之、位署又權大納言可載云々、先規不同勿論也、可在意旨示了、彼百首內々持來、神妙之體也、

徳大寺公清書状

〔十九日脫カ〕
未出仕納言拜任之例候樣ニ、實順參之時承候し、誰人にて候けるそと〔とか歟〕、其後忘却、不及尋申入候ツ、例之無沙汰不勘見候、無何奉〔以下本袖上〕平〔書イ〕付たると〔く候カ〕、比興々々、明日吉田祭ハ候やらん、

先日仰、尚々恐悅候き、

抑彼御〔洞院公定〕昇進目出度候、實時〔徳大寺〕供奉又自愛仕候、去年ニて候やらん、以實〔順歟〕法印伺申候し樣ニ、近來之分ニハ、年齡も餘ニ馳過し〔ニカ〕樣候候間、出言候き、其後常申驚候しかとも、不及御沙汰候間、是又任時宜候て罷過候處、今度ふと拜任候けり、一昨日まて不存知候き、比興々々、不仕之分ニハ大慶之由存候、

公賢の詠進和歌の草を請ふ
指貫の調へ様につき尋ぬ

抑先日申入候し御百首御草、片時申出候之條如何、早々可返上候、御百首ハ今度不可有披講之由承候し、其定候やらん、ハや大略進入候乎、さても平絹指貫、今ハ令著之條有何事乎之由、自去年比蒙仰候しかとも、指貫不罷入候之間、以上〔マヽ〕不及著用候、新調も又難治之故、比興候、調樣ハ、只老〔無相違候哉、〕諸大夫風情著用之物ニ不相替候乎、若ちと差別なと候やらん、只今ふと存出候間令啓候、比興々々、千萬又々可言上候、誠恐謹言、

四月十九日　公清〔徳大寺〕

不思寄不審にて候へ共、樂〔本所侍任位次之外、無別之儀候、〕人・舞人等、諸家諸大夫侍ニ交之時ハ、毎事任位次候やらん、若同類之內にての事候やらん、先年大炊御門〔家信〕にて、景光〔康イ〕五位之後、歌〔是ハ可守位次之由申說候歟、殿上以下如此候、諸大夫侍もさも候やらん、理不叶候、不覺悟候、〕懷紙ヲ六位諸大夫か上ニ可重と、陸梁候ける樣ニ承及候し、如何、高門にてハ如何御沙汰候らん、

石清水八幡宮神人日吉社の馬上役を拒み神輿を奉じて入洛せんとす

廿四日、朝間陰、或云、八幡〔石清水八幡宮〕神人閉籠事、日吉社馬上役點定、八幡神人稱無先規防押、而武家猶嚴密下知山門之間、八幡神人等自燒住宅閉籠、可奉振神輿之旨結構、以外事歟、

勸修寺經顯書狀

廿五日、天晴、勸修寺前大納言〔經顯〕送狀、有示合事、問答續之、

除〔大間ニも注付候條勿論候、於陣淸書者不載歟之旨存候、〕目、樂人・舞人尻付書候哉、不審候、敍〔是ハ不知條不能左右候哉、〕位も同前候、可被示下候、

御前邊何條御事候哉、

宿老人の狩衣袖絬の色につき尋ぬ

延文二年四月

抑布狩衣袖絬、日來用紺淡候、於今者可用白絬候哉、聊不審候間、令言上候、（古來强爲沙汰來事之間、如所見雖不覺悟候、御年齡於今宿老勿論事候歟、然者被用白絬之條、可叶宜候哉旨存候、）事候(々イ)可參申入候、經顯恐惶謹言、

四月廿五日　　經顯

洞院殿

日吉社馬上役のこと山門開眉す

幕府軍勢を派して石清水八幡宮神輿の入洛を阻む

廿六日、天晴、山門執當尊兼法眼來、馬上事山門開眉、大慶之由申之、就之八幡神輿可有入洛之由風聞、仍土岐〔賴康〕・赤松〔則祐〕律師等軍勢、向大渡邊〔山城久世郡〕云々、

後光嚴天皇御琵琶始

廿九日、天晴、傳聞、今日主上〔後光嚴〕御琵琶始、西園寺大納言〔實俊〕・孝方等參內、

三條公秀書狀

卅日、天晴、入道內府〔三條公秀〕送消息、續左、

さても禁裏御琵琶沙汰、頻御遁避候を、西大〔西園寺實俊〕頻張行被申候間、去夜御琵琶始候之由被仰下候き、思食立候、目出度候哉、

石清水八幡宮と日吉社の嗷訴

久不驚高問〔聞カ〕、恐欝候、何條御事候哉、新中納言殿〔洞院公定〕御拜賀未及御沙汰候哉、來月雖非無例候、定猶豫候歟、今年ハ今まて世上無音、補老懷候、八幡・日吉嗷々〳〵六借候、

神輿入洛の風聞

神輿入洛なと申事や候はんすらん、早々落居候へかしと念願候、さても大理〔橘知任〕與具〔源〕任朝臣わたし〔マヽ〕ハ、いかにかゝる不可說事も候やらんと、末代至極して覺〔候とカ〕候、去夜ハ已可有

放火の噂に隣里仰天

放火とて、隣里仰天之由承候、道金遂〔逐〕電之由ニて、無爲候云々、猶々も如何に候はん

光嚴法皇公賢撰の歴代抄を進覧せしめ給ふ

西園寺實俊去夜の御琵琶始に不參す

三條實繼後光嚴天皇御琵琶始記を注送す

御師匠藤原孝盛

御琵琶嚴

すらんと、不被安堵之樣候、主殿後（は歟）入道ニ被飡候ぬと心苦候、莫言候哉（々々カ）、

抑略（歴カ）代抄と申候物、誠御作ニて候やらん、法皇（光嚴）御方ニ一本候けるか、令紛失候、御作ニて候なれハ、定御所持候歟、被借進候哉之由、自院御方可傳申旨被仰下候、さる事の候やらん、此兩三日承候を懈怠候、可申左右之由存候、每事例式〇底本、コノ下ニ「殘在端書、」ト注記シ、「不言詞」以下「綽空」マデハ端下ニ在リ、便宜コノ所ニ移シ續ク、不言詞（脱アルカ）、可參拜之由存てこそ候へ、恐惶謹言、

卅日　　綽空（三條公秀）

按察卿（三條實繼）注送、去夜御琵琶始儀事、

西園寺大納言（實俊）可參候之由兼日風聞、而不出仕云々、近日細々出仕故障云々、其故候歟、然者何不申延哉、

延文二年四月廿九日、御琵琶始也、其儀朝餉御簾卷之、左右供常燈、高燈臺、可爲切燈臺歟之由有沙汰云々、簀子敷設菅圓座、爲御琵琶師座、時刻出御（後光嚴）、御直衣、生御袴、頭辨時光朝臣奉仰召孝盛（藤原）、先々（之カ）奏昇殿慶、于時候六位藏人持參殿上人器事、便宜所云々、孝盛參進候圓座、次頭中將隆家（油小路）朝臣奉行、持參御琵琶、嚴（巖）、大理（橘知任）進之、兼置御物御厨子、次藏人永季（高倉）持參琵琶、授孝盛、々々調之、主上又令調之給、次奉授萬歲樂、三句、次本役人參進撤御

琵琶、次孝盛退出、次入御、
御琵琶始事、孝守〔藤原〕一流申沙汰無先規歟、然而當時依無人被召之歟、是文永龜山殿〔院カ〕御在位之時、孝經〔藤原〕朝臣應召奉授灌頂、彼例云々、其時後西園寺入道相國〔實兼〕候御前乎、今度大納言〔西園寺實俊〕不參、所存可尋、

五月

禁裏御鞠

六日、晴、傳聞、禁裏〔後光嚴〕内々有御鞠事云々、八幡〔石清水〕神輿在洛節、ひた〔すらカ〕下〔如本〕被表御謹愼、而上鞠如何、但世事只云而無益、

義詮男子出生

武家宰相中將男子誕生事
七日、晴陰不定、後聞、一昨日義詮〔足利〕卿有男子所生事、母儀八幡檢校農清法印〔通カ〕〔善法寺〕女、當時爲侍女云々、仍禁裏以時光〔日野〕朝臣、昨日被賀仰云々、先々如此之時被遣御劔、仍今度儀尋按察卿〔三條實繼〕、返狀爲後勘續左、

三條實繼書狀

恐欝之間畏承了、其後參上中絕、例式故障、任賢察候、先日くせ事天魔所爲、不可說候、餘殃猶不散候、本人者上下共以腋〔マヽ〕ニ成了、不可說事候〱、

御劔求め得ざるにより禁裏御賀使日野時光徒手にて幕府に罷り向ふ

抑武家平安事珍重候、被遣勅使〔日野時光〕候き、御劔可被遣候とて、方々御馳走、遍以不出來候、寶劔書御座兼帯一御劔ハ又さ候へはとて、不及被遣候、無力手うち振て罷向候云々、不便々々、

十五日、天晴、忠光〔柳原〕朝臣送狀、有示合事、問答續左、

柳原忠光書狀
公賢瘡を患ふ

先日參上之後不申入、每事不審相存候、御出現之物候云々、定令平癒給候歟、此間可參仕言上候、機嫌可爲何樣候哉、

公賢に除服のこと及び心喪服のことを問ふ

○底本、コノ間ニ、第一四行ノ「今日廣義門院自伏見殿」以下、次頁第三行ノ「貴賤强不可有別歟」マデノ記事アリ、錯簡ト認メ、順序ヲ訂ス、

抑改元依〔マヽ〕事例、一通返上候、于今打置候、以外候、此間目出候、如此之物除服事、大略前月候歟、又不過正忌月者、不著吉服、前月除服之後、著心喪服之由申仁候、如何樣候哉、心喪服ハ其體いかに候やらん、

公賢返書

――兼又除服事、當月常事候、前月邂逅例ハ候へとも、本意ハ正日佛事可著素服之謂候哉、然者當月正日以後に本儀候歟と覺候、而依如日次或當月正日以前、或又前月なと除服も先規候かと覺候、當月中ハ雖除服心喪服本儀候哉、心喪と申候ハ、當時常著候白色裝束事候、或花田色をも用候也、謹言、

十五日　判

今日廣義門院〔後伏見女御西園寺寧子、光嚴・光明母后〕自伏見殿出御、入御四條前大納言〔隆蔭〕第、明日歟可有入內、自法皇〔光嚴〕條々有被申事、篇目先日條々外〔以　外カ〕門風聞、〔脫アルカ〕定儀事歟、不能信受事也、

廣義門院御參內

賀茂國久武家の執奏により勅勘を宥され禁裏御鞠に召さる

十六日、天晴、傳聞、廣義門院御參內、是法皇有被申事、其御媒介云々、女院內々御入內常事也、而此院著御黑衣禪衣、御事也、以此理參定無先規歟、但又黑衣僧等參內、近來常事也、貴賤强不可有別歟、

又賀茂新神主員平來、召簾前謁之、此間社邊儀談之、又云、前神主國久與氏人喧嘩、去年被止職勅勘、而依武家執奏、去八日勅免、同九日被召禁中御鞠、氏人等增憤念之思云々、

六月

主水司より寒氷を贈らる

造酒司よりの醴酒は來らず

一條實材來訪

改元につき御諮詢あり

水害飢饉により改元すべきや

公賢の奉答

一日、天或晴、主水司送寒氷一果、造酒司醴酒不見、但予前官閑居士也、不能左右、

五日、天晴、園前宰相（基隆）伴來子息基定、今年十歳云々、入夜一條前中納言實材卿來、相扶病體謁之、懷舊雜談、

六日、天晴、及晚頭辨時光（日野）朝臣爲勅使（後光嚴）來、被問改元有無、彼仰詞云、去年水害、今年飢饉以外之由風聞、就之改元事、延文最初粗雖有俗難等、去年已來兵革休止歟、就中兩法皇（光嚴・崇光）出御、旁有吉兆、暫可被閣歟、將又兩年天災、猶可被改元、（歟脫カ）可計申者、此事被問前關白（一條經通）・三公（九條經教・近衞道嗣・久我通相）・予等云々、予申云、今年天災頗絕常篇、被施政化被攘災孽、奕代之法也、改元事、

延文の年號に難なきも民聽を易へんがため改元さるべし

經通等の申詞

日野時光女房に遣はす綸旨の書樣を問ふ

文字在下不可然之由雖有其難、年號上下字用替多嘉例、限文字不可爲巨難歟旨、所存思給候也、隨而改元之後兵革休止、又兩皇出御、可謂吉兆之上、元號難者、或依水作字、水害有聞之類也、延文兩字更無水作、以文字德兵革止、於年號者、無失有德之由所相存也、然而天災起之時、改元號、易民德（聽歟）被用新化之條、代々所行來也、早可被改年號之字、可爲當時人々兆〔マヽ〕哉之由申了、其次問人之〔々カ〕申詞、前關白〔九條經教〕・左府兩端可在時宜、然而暫猶被閣改元之條、可爲一義歟之由被申、內府〔久我通相〕可有改元之由申之云々、右府〔近衛道嗣〕可尋、

八日、天晴、今日頭辨時光送消息、問遣女房書札、

一昨日參申入候之條、殊悅畏存候、此間又可參入言上候、

抑書遣女房候綸旨、如問狀、（如此候歟、）名字許可候哉、又安堵（年號月日ハ可候歟、官ハ不打任候哉、只判許常事）朝恩なと可爲官判候哉、共以（候歟、）可載候哉、又可略候哉、不審存候、〔被脫カ〕示下候者畏存候、每事可參入言上候、以此旨可令洩申給、時光誠恐頓首謹言、

六月八日　　時光上

丹後守〔藤原光熙〕殿

祇園御靈會

細川清氏本國阿波に退去す

幕府に越前守

十四日、天陰、今日祇園御靈會如例、

十五日、天晴、彼是云、細川相摸守清氏今朝沒落、逃下阿州本領歟、此間對武家有述懷事

護職を請うて聴されざるを恨む

等、是越前國守護所望云々、不許之間有此進退、而懸追手、定召返歟云々、

萬里小路仲房息嗣房拜賀の際の車の文様につき尋ぬ

十六日、天陰雨、抑萬里小路中納言《仲房》送消息、賢息《(萬里小路)》嗣房車文事示合之、愚存返報了、

其後久不參入言上候、恐欝無極候、何御事御候乎、如乘物不幡《(マヽ)》之間、細々不能參入候、
殊恐歎入候、
抑嗣房拜賀萬一構得候者、可爲今月中之由存候、就其、車年少之間、可用亂文候、物見文事、可爲何樣候哉、不依文體、物見許ハ諸家常千鳥を通用候歟、或又同文勿論候間、雀有便之樣存候、何樣可候哉、可爲雀者、如生本可彩色候哉、又可爲白繪候歟、千鳥ハ白繪常事候、白雀ハ何なるへしとも不存候、四條鴛文ハ、如生本色々ニ彩色候由見及候、彼是可被計下候哉、當家輩、年少文車之體無所見候之間、以今案可調之由存候、委細被仰下候者畏入候、此子細尤可參申入之處、此間咳氣責伏候間、平臥仕候、得減候者、旁可參申上候、仲房誠恐頓首謹言、

六月十六日　仲房

丹後守殿

幕府興福寺造營料所淀神崎等五ケ關を停止す

廿八日、天晴、

興福寺造營料所五ケ關被止之由、武家及沙汰候之間、及神訴候て、今月廿三日ニて候

寺門嗷訴に及ばんとす

し哉覽、移殿被料理候き、已淀關〔山城久世郡〕と神崎關〔攝津河邊郡〕とハ被止了、依之寺門以外嗷々致其沙汰候歟云々、委細事ハ非當職候間、不存知仕候、隨承及候、爲御不審注進仕候、〔○本書狀、差出者詳カナラズ、〕

六月祓室の薨去により公賢菅貫許りを行ふ

卅日、天晴、抑六月移《祓歟》事、不及出座、如形修之、菅貫許也、依抱淸庵〔公賢室藤原光子、六月十六日薨ズ〕事可有輕服者、談合泰尚〔安倍〕朝臣、雖暇日數中、除服・輕服者菅貫了、公定〔洞院〕卿可修哉否條談泰尚朝臣、雖計申沙《如》汰《本》之、

公賢安倍泰尚に六月祓穢中憚るべきや否やを問ふ泰尚の勘申

六月祓事

一、重服人憚之條流例也、

一、輕服人除服以後、雖爲日數中不憚之條、被注下之趣無相違、

一、承德二年、大閤〔藤原師實〕幷關白殿〔藤原師通〕六月祓事、御除服以後之上者勿論歟、道言〔賀茂〕之所存、誠無相違歟、

一、嘉應建春門院〔後白河女御平滋子〕御祓、御除服之有無不見歟、定有御除服被行歟、然者又勿論也、

一、師遠〔中原〕・家榮〔賀茂〕等之說、於重服人者可憚之條勿論也、姙者可憚之條尤以不審也、近例一切不憚之、

一、鹿食人禁否事、所見只今不分明、但於此邊、七ヶ日以後不可有憚之由定之歟、然者彼祓、日數以後無憚歟、

穢中禁否事、天永・保安・安貞例、粗先々見及之、所詮於穢中大中臣祓六月祓同前、或行之、或憚之、然者其例不同歟、

以上

一、輕服人、除服以後不憚之條勿論也、雖爲暇日數中、令除服者何可有子細哉、

一、重服人可憚之條勿論也、但同宿人更不可有憚歟、

一、喪家中雖不憚穢、爭可有其沙汰哉、且葬籠中行之條、先規不審也、又出他所、用菅貫之條、猶以不庶幾歟、但先例不分明、

以上

ナコシノハラへの説

日本紀云、天照太神御孫皇孫〔瓊瓊杵尊〕命ヲ葦原ノ中津國ノ欲爲王、彼國ニ螢火光神及蠅聲邪鬼多シト云リ、縦如夏蚊亂惡神ノ有也、是ヲハラヘナコムトテ、六月祓ハスルナリ、萬葉集和儺祓ト書テハ、ナコシノハラヘト讀メリ、ナコシト云ハ、タトヘハナコムト云心歟、鬼ヲナコムル心歟、

長享元年九月十二日書寫畢、

按察使藤原〔甘露寺親長〕判

園太曆　第三十　延文二年秋冬

園太曆目錄

延文二年

七月

五　日　忠光〔柳原〕訪申、辨官一級拜賀之事

七　日　自內裏〔後光嚴〕被下御箏、乞巧奠調子事

廿　日　御幸〔崇光〕間事都護〔三條實繼〕送示事御諷〔署脫カ〕誦、年預與執權可爲何哉事

廿八日　前坊〔邦良親王〕二宮〔邦世王〕立親王事

廿九日　寺社本所領事定制法、嚴重可有御沙汰事

武家〔足利義詮〕參內事○本文ニ據レバ、「武家」(尊氏)ハ「宰相中將」(義詮)ノ誤記ナリ、

閏七月

五　日　忠季卿〔正親町〕進御百首事調樣事

十二日　大納言〔洞院實夏〕復任事仰師茂〔中原〕之處、可爲直札之由申事
十三日　頓阿來、見百首草事
十五日　南禪寺入院〔平田慈均〕、勅使〔後光嚴〕沙汰事
十七日　賢俊〔三寶院〕僧正入滅事
十九日　二品禪尼〔藤原守子、公賢妹〕頓死事
廿三日　廣義門院〔後伏見女御西園寺寧子、光嚴・光明母后〕崩御御事〔行カ〕黒衣、
廿五日　西園寺大納言〔實俊〕申、禁裏御錫紵事
　　　　實俊卿〔西園寺〕進退付先例、事
廿六日　女院〔廣義門院寧子〕御忌中以下不審條々、尋按察卿〔三條實繼〕事
　　　　西園寺大納言、素服已下問答事
廿七日　藏人次官行知〔安居院〕、廣義門院遺令奏尋之、不知之由報事
廿八日　議定被止事
　　　　甘露寺前中納言〔藤長〕閑談事
　　　　仲房卿〔萬里小路〕、女院遺令奏已下事尋之事次第書遣事
廿九日　藤長卿〔甘露寺〕、裝束色目尋事

八月

一　日　八朔儀事

六　日　菟玖波集事

八　日　去二日警固・々關事外記注申事史代外記勤之事

十四日　女院（廣義門院寧子）御佛事云（行カ）々（實俊）西園寺談合事

北野祭事

九月

二　日　時光（日野）朝臣候傳奏、條々尋事

復任事、節日可爲何様哉事付先例、

九　日　平座事被付行立親王（邦世）宣下事

十八日　勸修寺前大納言（經顯）熨地直衣尋子細事

廿六日　來晦日夢窓（疎石）國師七年忌事

諏方大進圓忠法師（足利尊氏）（武家脱カ）詣寺行粧事尋事

廿八日　親尹（物加波）來、去三日御燈御忌却御魚食、雖然（有脱カ）御禊事

藏人頭不參、五位職事陪膳之由談事

卅　日　夢窓國師七年忌事
將軍〔尊氏〕輿借用事
伏見殿〔光嚴・光明〕〔兩法皇脫カ〕御仕雲居庵〔天龍寺〕事

十月

十五日　放生會事
十六日　南都兩門〔一乘院・大乘院〕跡合戰事
廿　日　內裏〔後光嚴〕御連句大納言〔洞院實夏〕參仕、禁忌中可憚否事
廿六日　量實〔小槻〕申記六所開闔事、匡遠〔量實父〕所望與奪事
廿七日　南都兩門〔跡脫カ〕合戰事
廿九日　大納言參詣鞍馬寺、不審事

十一月

五　日　一乘院坊夜討打入、堂舍等放火事
九　日　右府〔近衛道嗣〕、長絹狩衣直衣談事
一條前關白〔經通〕尋申條々事
十四日　一條前關白、心喪菱形文袍不審事問答、

十二月

三日　右府〔近衛道嗣〕條々節會〔行カ〕事、有被尋事

官幣下〔著脱カ〕離宮院〔事脱カ〕○齋王別館、伊勢度會郡、〔後光嚴〕勅問事

四日　右府、重節會條々被尋事

五日　時光〔日野〕朝臣、輕服人神事中參內事可爲何樣哉尋事

八日　家倫〔藤原〕卿尋、宿德裝束事可依年齡歟、可伺時宜歟事

西園寺大納言〔實俊〕談、白馬節會坊家奏儀事

九日　右府又被談節會事

藏人辨信兼〔平〕、官幣事勅問事

十一日　月次・神今食不及沙汰事

十二日　天變連續占文事

十九日　月次祭日、內侍所御神樂事可爲何樣哉事

廿一日　西園寺大納言談節會事々

廢務日、內侍所御神樂先例事

右府條々氏爵事　御酒勅使事　神輿在洛中之子細事

南都合戦、武家（足利尊氏）奏聞事

廿四（六）日　月次祭發遣事子細、

廿七日　西園寺大納言節會習禮口傳事

隆家（油小路）朝臣談貢馬御覽事々

都護（三條實繼）談隨身袴色事

貢馬御覽、案（主脱カ）與左右馬寮馬助（部カ）相論事

廿九日　賀茂臨時祭事

雨儀裾事按察（三條實繼）卿談之事輕服人御禊已（後カ）下可參否事

園太暦
延文二年

七月

柳原忠光辨官拜賀の故實を問ふ

五日、忠光〔柳原〕送状、辨官〔四品〕一級拜賀事訪申事、
何條御事令聞給哉〔候イ〕、去月服暇馳過了、於今者、彌連々可參入言上候、
抑明日可奏四品慶候、辨官一級拜賀、〔さ候と覺候か、於身正下四位後任辨官之間、不分明覺悟候、〕用巡方、家例候歟之由存候、可奏覽吉書

一上に拜賀の略否如何

候、於〔猶可被勘代々記歟、略否可在賢慮候、〕一上〔九條經教〕者尤雖可申候、極熱最中、長途之上、數日所勞事候間、難治至極候、令
略之條不可有巨難候哉、雖無殊題目候、故申入候也、以此旨可令披露給、恐々謹言、
七月五日　　忠光

內裏より乞巧奠料御箏の調律を命ぜらる

七日、天晴、今日自內裏〔後光嚴〕被下御箏、乞巧奠料可調進之由有女房狀、呂調進了、

三條實繼に崇光上皇の御幸につき尋ぬ

廿日、天晴、親尹〔物加波〕來、雜談、一昨日六條殿〔長講堂〕御幸〔崇光〕間事談之、其儀尋都護〔三條實繼〕、返狀續之、又云、

南北兩朝の和議成らんとして又破る

南方・武家御和談事、此間世上云々大略治定之由風聞、而又破了云々、彼是等如幻夢也、

實繼返狀

上皇六條長講堂及び深草法華堂に密々御幸あり實繼仰せにより供奉す

院〔崇光〕御方六條殿・深草法花堂に御幸候き、尋常之威儀近日難事行候、指又成たく候、實〔三
繼〔條〕參申候へ、私事ニて密々可幸之由被仰下候き、而現所勞故障以下濟々焉、不道行候
つるを、餘ニ被仰下候間、以不可說行粧、去十七日構參候き、

御諷誦文の署は年預と執權と何れたるべきや

故邦良親王の王子邦世王立親王につき勅別當の人選公定のことは公賢庶幾せず

幕府寺社本所領に關する制法の厲行を定む

義詮參內す

幕府寺社本所領條規制定著手

正親町公蔭忠季父子百首和歌の詠草を公賢に示す

十八日御幸、十九日退出仕候、所勞之間、緩々と休息候て、俄骨折之間、九如亡候、

御諷誦署事

於法花堂御誦經許候き、御諷誦文署事、禪衆不審申候き、別當御禁忌之上者、年預にてこそ候ハめと計申候之間、其分候、執權にて候へきかと御沙汰候しかとも、其ハいたく無先規候哉、當座先例も不覺悟候、事儀年預可然歟之由申了、尙々御違例事驚入候、期參入候、實繼誠恐謹言、

七月廿一日　實繼

廿八日、天晴、前坊(邦良)二宮(邦世)以園宰相(基隆)有被示合事、立親王事、申定勅別當事也、公定(洞院)卿可被補、如何云々、予難計申、可被仰父卿(洞院實夏)之旨答了、九不庶幾事也、

廿九日、天晴、傳聞、今日武家評定之次、兩社(寺カ)本所領事定制法、嚴密可有沙汰云々、又聞、宰相中將義詮(足利)卿今日參內衣冠、云々、

閏七月小

三日、晴陰不定、今日又武家沙汰也、始寺社本所領等事云々、

五日、天晴、新大納言(正親町忠季)入來、謁之、自身幷父禪門(正親町公蔭)御百首未進、已沙汰出之間可進、內々覽之云々、高檀紙各自筆書之、入道者、詠百首和歌空靜(公蔭)、大納言ハ、夏日同詠百首和歌權

大納言藤原忠季卜書之、大納言加禮紙一枚封之、封上書名一字、以同檀紙二枚裹之、折上下居柳筥、以紙捻結付之、入道調樣同之、不居柳筥、可納覽筥蓋歟、

洞院實夏復任を中原師茂に告知す

十二日、天晴、大外記師茂〔中原〕朝臣來、大納言〔洞院實夏、生母藤原光子六月十六日薨ズ〕復任事、一昨日以家司狀示遣之、而先公〔洞院實泰〕以自筆狀被仰、持參正文、覽大納言、奉公之身不可申子細之條者不能左右、然而先公御書撰出之間、爲仰御計持參之由申之云々、此事先日談合之間、先以家司狀可仰遣歟、凢者召仰之條可然、但近日出仕不合期歟之間、仰之由示遣云々、然而正和例勿論之上者、書改可然歟之旨示了、毎事大納言以後以奉書仰之勿論歟、然者至復任强不可申子細之由雖存候、〔之カ〕確執無益、仍書改卽給之云々、明日僧事・立親王等有便宜、可伺試之旨申之云々、

頓阿法師來訪す

公賢百首和歌の詠草を示す

十三日、天晴、頓阿法師來、謁之、予百首草令見之、宗匠〔御子左爲定〕邊專一者也、如此閒談了、

後光嚴天皇平田慈均の南禪寺入院に勅使差遣のことを諮詢あらせらる

尊氏の奏請による

十五日、天晴、抑萬里小路中納言〔仲房〕爲勅〔後光嚴〕使來、被仰合南禪寺長老〔平田慈均〕入院勅使事、武家〔足利尊氏〕申之、仍便宜之輩雖有御問答、皆申子細、先年陵〔龍〕山入院之時、俊冬〔坊城〕爲藏人頭罷向、件時不及沙汰、今度眞實無公卿領狀者、藏人頭可何樣〔爲脫カ〕〔德見〕哉云々者、此事爲新儀、不可〔爲脫カ〕定式、公家御沙汰之間、藏人頭曾不可候哉之旨申了、

地震

十七日、天晴、今曉寅刻地震、有音、

三寶院賢俊寂す

權勢比肩の人なし

今朝聞、賢俊〔三寶院〕僧正昨日戌刻遂以入滅、生年五十九、榮耀至極、公家・武家權勢無比肩之

諸人の蠹害
妹守子薨ず
危急に及び或る寺に搬出す
大中風
廣義門院崩ず
三條公秀書狀
痢病

人、就中諸人之蠹害、大略爲彼（マヽ）、有先生涯之輩由有風聞、愚身卽多年依彼讒、公家御不審事等有之云々、然而更不僞（阿カ）不疎、只仰蒼穹了、

十九日、天晴、今朝辰刻二品禪尼（洞院守子）予妹、公泰（洞院）卿同胞也、頓死、自去六月十七日在此北隣高倉局（公賢妾）外居所、危急之間、令出或寺云々、自去夕大中風歟、ゐひき聲不斷云々、不可說事也、今年五十五歳云々、不運人也、不便々々、

廿三日、天陰、今朝聞、廣義門院（後伏見女御西園寺寧子、光嚴・光明母后）去夜御頓死云々、不堪不審、尋申入道内府（三條公秀）、且不及馳參、實夏（洞院）又籠居中方（旁イ）難（歎カ）存之間、、（マヽ）且旨密々可被披露院（光明）御方之旨示申了、返報續之、

人々不可參之由一定、又嚴制出來候ぬと推（脱アルカ）申候、其以前ニ參候ハやと申候、不具非一事候、仰賢察候、

伏見殿（廣義門院）女院御事、去夜子刻及御大事云々、驚存迷惑無極候、自去十四五日比御痢病にて候し、さ程御度數多事も不候候けるか、以外御窮屈候と、昨日まて事もなけニ承候しか、今朝あへなく承候、九無申計候、中〳〵不能左右候、實繼（三條）卿何としてか參候へきと馳走之程候、若構得候者不可有子細候、恐惶謹言、

後七月廿三日　綽空（三條公秀）

廿四日、天晴、西園寺大納言（實俊）以行光（日野）朝臣有示旨、以大納言（洞院實夏）問答了、只今參伏見殿云々、

正親町公蔭忠季父子來訪
魚魯愚抄
大炊御門氏忠來訪
細川清氏南朝に候すとの風聞あり
西園寺實俊禁裏御錫紵のこと等を尋ぬ

廿五日、天晴、正親町大納言（公蔭）入道父子（忠季）來、新大納言（忠季）依有可談事先日招請之、魚魯愚抄事也、
次大炊御門大納言（氏忠）入道來、雜談次語曰、細川（清氏）參南方、申賜綸旨之由風聞云々、
西園寺大納言昨日同題（問イ）事重被談合、問答續左之、
禁裏御錫紵事、被尋日次之由承候、實俊進退不存定候、當家先例幷愚意之趣注進候、委細可注給候哉、實俊恐惶謹言、
後七月廿五日　實俊

同じく喪籠幷に著服のことを尋ぬ

喪籠幷著服事、以行光談申之處、兩樣尤可望申歟之由示預訖、仍此趣付四條前大納言（油小路隆蔭）所伺申也、但正應竹中入道左府（西園寺公衡）・嘉元菊第入道右府（今出川兼季）喪家事、依申沙汰令著用素服歟、然者今度以正應後西園寺入道相國（實兼）・嘉元竹中入道左府之例、可著心喪服之條可宜歟、於此服者不及伺申、時儀可著用哉、將又喪家事、强雖不申沙汰之、素服事猶可申入歟、宜隨御計、委細可示預乎、

西園寺家服喪著服の先例

正應五年九月九日、大宮院（後嵯峨中宮西園寺姞子、後深草・龜山母后）崩御、同十月九日、後西園寺入道相國令著心喪服、御佛事出仕、竹中入道左府爲彼院別當喪家事口入、令著素服、

嘉元二年正月廿一日、東二條院（後深草中宮藤原公子）崩御、竹中入道左府令著心喪直衣、御佛事參仕、菊第（今出川兼季）入道右府于時中納言、喪家事申沙汰之、著御素服、

實俊宛公賢返書

今度の喪事は禪僧の申沙汰先々の規式は用ゐられざるか

勅諚に從つて御進退あるべし

御札之旨承了、禁裏錫紵事、於此條者勿論不能左右候歟、至御進退者、不可依公家錫紵候哉、宜就本所儀、可有御用意候歟之旨存候、二代（大宮院・東二條院）御例拜見之、此條不及不審候、而今度者偏異門僧申御沙汰候歟、就中兩上皇（光嚴・光明）非尋常御法體之上、此間御所體、御喪家禮も定不可被用先々規式候哉、然者今度不及本所御沙汰、不令著御素服給候者、每事無沙汰勿論候歟由存候、但已被伺申候者、隨勅定可有御進退候哉、異門黑衣御事、曾無先規候上者、被仰臨時之勅斷之外、不可有子細候歟、愚意了簡大概令啓候、不可被指南候哉、謹言、

後二（七ィ）月廿五日

公賢三條實繼に廣義門院御忌中の儀につき訊ぬ

公賢の問と實繼の答

廿六日、天晴、女院御忌中儀以下每事不審之間、按察卿（三條實繼）先日參入、定有才學歟、不審條々尋之、有返答、

〔取物も取あへ候ハす馳參候了、〕先日彼御所御參、返々御浦山しく察申候、猶々驚歎至候〔其事候、無比類候〕〳〵、就其不審濟々難（マヽ）、存候、可示預候、

天下穢否如何
公家御錫紵
本所素服の沙汰
本所御佛事禪院の沙汰か日本様の沙汰か
本所の奉行院司
公賢實俊に素服等につき重ねて返書す

一、天下穢否如何、觸穢不可然、旁不可有其儀之由被思食候とて、面々不及其沙汰候歟、時光（日野）朝臣申沙汰候也、定みな〳〵まいらせ候らんと覺候、今まてハ清淨御心地候、
一、公家御錫紵、尋常御中陰之儀ハ不思寄候歟、只今四條（油小路隆蔭）一人參籠候、是ハ勿論候歟、正應大宮院御例なとをこそ被摸候らめな、
一、本所素服御沙汰なと候やらん、就其上下人數なと、不及其沙汰候歟、一向禪院沙汰之故也、御沙汰も如何聞食候らん、
一、本所御佛事ハ、禪僧一圓沙汰申候歟、只禪沙汰にて、公卿著座なとまても候ハしと覺申候、不思寄候事候、さ様之事ハ昔事にて候、若又日本様よもと存候、之御沙汰候やらん、
一、本所奉行院司、不存知候、其までの御沙汰もよもと覺候、今度之儀、別境界候哉、先々ハ公卿・殿上人候けに候、今度ハ如何聞食候らん、
條々必可示給候也、隨仰候、恐々一一、實繼誠恐謹言、
後七月廿六日　實繼 公賢

西園寺大納言素服以下儀問答事、
昨日御札恐悦候き、四條勅答如何令申候らん、昨日御問題、若あしく了簡仕候しやらんとて染筆候、於御素服者、可令依本所御計給事候、素服分給とて、自本所被調送候歟、心喪者上下依志之淺深著之候、御佛事なと常儀ニ被行候者、著御彼御裝束御參、

二代御例不可有相違候、若御佛事なと常儀被行、公卿參仕なと不參(マヽ)候、無御參本所候歟(者イ)、御參內なと許ニ、心喪御裝束ハ無所據やと存候、但其も就御懇志、令著給之條ハ不能左右候、强不可有巨難候歟之由存候也、昨日狀今少不申述候やらん、馳申候、謹言、

後七月廿六日　　公賢

實俊返狀
油小路隆蔭の實俊宛奉書を公賢に送付す
素服停止

昨日仰旨喜承了、四條大納言奉書如此候、御一覽之後可返給候、於素服者、一向停止之上者不能左右候、心喪御事、所存之分一紙注進仕候、條々委細被注付候者可恐悅候、猶〱懇志之至不淺候也、每事近日可參申入候、實俊恐惶謹言、

後七月廿七日　　實俊狀

心喪につき實俊公賢の問答

心喪事、親昵一人不著用候、〵其事候、無謂無念之上、當家〔西園寺家〕女院此御事許之間、其志不淺、但先〵此條勿論候、御佛事如例なと候ハてやと存候て、每事無沙汰勿論之由令存候由候き、々本所御佛事ニ著用、而無如著座者、只可爲參內等許、〵此條不審之處、正應御記分明候へは、御參內許ニハ無詮やと覺候、所詮心喪服者、諒闇裝束候、仍近來人々いたく不著けに候、然而本所御佛事なと候者、著用參仕勿論候也、然而所詮不可有苦者可著用、不觸穢著用之條勿論歟、但正應五年十月

公衡公記

廿三日入道左府〔西園寺公衡〕記云、後聞、今日大臣殿〔實兼〕御參內云々、令著吉服給、於此御所者所召

延文二年閏七月

心喪也、正應御例ニ不限、先例如此とて候へは、不可及別御不審候、御沙汰之條可然候哉、先例又如此云々、案之、心喪装束參內可斟酌歟、

心喪服著用につき不審の條々冠下袴扇

令著用者不審條々

一、於冬装束存知之、至夏體不審、冠有文ハ只如此候、普通冠候歟、扇於冬ハ無置物、夏扇如不可有繪、無文花田紙用之候哉、何、又先々御佛事著座著下袴、細々御出仕なと候て後ニハ候とも、初度被略下袴、不可然候歟、參內許可上紐之條、不可有難歟、

心喪の車

一、心喪車、具足通用勿論候、毛車或淺黄下簾なとにて候、內々網代・八葉なとハ無別子細候、不著普通歟、

心喪の日次

一、可被尋陰陽師歟、日次事、何樣可沙汰候哉、將又心喪も、有志之人、一廻まても著之條先規候歟、然而大略者五旬まて著之條勿論候歟、餘〔除〕服之可五旬程候やらん、候之條勿論候、只常親類輕服之時、除服之體不可違候哉、儀、記錄無所見、可爲何樣候哉、

油小路隆蔭書狀

先規に依らず一向僧中の沙汰

素服は下されず心喪は自由

御佛事に公賢著座に及ばず

四條前大納言狀

一昨日蒙仰候趣伺申入候之處、今度儀不相似正應・嘉元例候、一向爲僧中沙汰不被守先規候、素服者爲上被下候儀今度被止之候、心喪者宜在御所存候、但如御佛事、不可及御著座候、隨而無御觸穢候、然者可爲何樣候哉、如此凶事、先例有兩樣之時、輕樣被取成候故實候歟、御懇志之分者、尤被察思食候旨其沙汰候、委細猶可參申候、恐々謹言、

後七月廿六日　隆〔油小路〕蔭

安居院行知遺令奏以下のことを公賢に問ふ

藏人次官行知〔安居院〕送狀、廣義門院遺令奏以下事、稱申沙汰談之、不審文書等、更無才覺之由報了、

行知書狀

日次定・固關・警固等可爲當日候哉、同可令得御意給候也、

武家奏請の綸旨案を公賢に送る

丹波卿〔刑部カ〕〔橘知任〕武家綸旨○足利尊氏奏請ニ係ル後光嚴天皇綸旨案ナラン、八三頁ニ見ユ、進上之仕候、文書落字候之間、書改候了、御雜掌此間不催促仕候間、于今打置候、恐存候、

抑前廣義門院遺令奏以下事、可令申沙汰候由被仰下候、固關・警固等事、御教書體可爲何樣候乎、九更無才覺事候、條々委細被仰下候者殊畏存候、且部類御次第風情〔渡カ〕申出、可加一見之由存候、自由至恐存候、代々蒙御扶持、如然〔此カ〕事申沙汰仕候、行知未參仕、遺恨相存候、向後細々可令參仕奉公候也、以此旨可令披露給候、恐々謹言、

後七月廿七日　　　行知上

丹後守〔藤原光熙〕殿

甘露寺藤長來訪

廿八日、天晴程〔陰カ〕、雨脚休、甘露寺前中納言〔藤長〕入來、謁之、今年始參內次來臨之由談之、雜談之次、依女院御事、奏事三七日、如議定卅ケ日被止之云々、

廣義門院の崩御により議定三十ケ日停止

萬里小路仲房書狀

仲房卿〔萬里小路〕來月二日女院談遺令奏次第事、注遣了、

仲房遺令奏の

先日面上畏入候、此間旁可參申入候、抑來月二日可被奏前廣義門院遺令、可奉行之由

被仰下候、御次第候者可被借下候、固關・警固・廢朝可爲同日候、委細被注下候者畏入候、他事期參拜之時候、仲房誠恐頓首謹言、

後七月廿九日　仲房上

丹後守殿

奉行を命ぜらる

不審を問ひ遺令奏次第の借用を請ふ

遺詔奏次第

遺詔奏次第

上卿著陣、（移端座、令敷軾、）

外記參著軾、申遺詔旨、（去其日、其院崩給、遺詔使、其官其朝臣申云、素服擧哀任喪司、國忌・山陵・荷前可從停止、但、其詞依時不同、隨本所被申之也、）外記退入、

次上卿令官人招職事、奏遺詔旨、（其詞如外記申、）

次職事歸出、仰云、其院遺詔旨聞食、自今日廢朝何ヶ日、停止音奏・警蹕、固關・警固、依例《アト》行へ、

次上卿微唯、召外記仰云、職事仰詞、

次令官人召外記、仰云、其院崩給、素服擧哀――令停止、

次令官（人歟）召內竪、々々參進、仰（マヽ）、司々可召之由、

次六府參列小庭、爲夜陰之時、上卿居向奧方云、誰ソ、司々稱之、上卿仰云、固メ衞

リ仕レ、六府稱唯退出、

次上卿召辨仰云、自今日仰三關固關、辨退去（出カ）、

上卿令撤軾退去（出カ）、

甘露寺藤長來訪閑談す
藤長書狀
公賢不食を患ふ

藤長（甘露寺）卿昨日來、所談篇目注送、覽之事、

昨日參拜、〔恐悦候き、〕散多日欝蒙候つ、恐悦不少候、連々可令參上候、御〔不增不減送尼拵（居諸カ）候、六借候、〕不食御窮屈、殊御心苦相存候、

抑一紙注進之候、〔加一見了、如此被注付候條、當座・後勘多恥候哉、〕如此事、小事なとも不勸（勤カ）之候へは、〔少々直付事候、〕忽忘難堪候、且芳命後世之準的候之間、事々可記置之由存候、依違事候者可被直下候乎、〔二卷進之候、早々可返給候也、〕通方（中院）卿抄（一名飾抄）可申出候、令校合（謹言、）早可返上候、以此旨可令洩申給、（マヽ）

後七月廿九日　　藤長狀

公賢より通方卿裝束抄を借る

裝束色目等につき藤長公賢の問答
奴袴の文

尋（藤長）申云、奴袴文、藤丸與大文差異如何、

貴（公賢）命云、大文名字世俗構（稱イ）之、不得其意、三重タスキノ丸事也、（夏）直衣文同之、此文壯年公卿幷禁色殿上人、夏時或著用生奴袴、件文用之、其外不打任事也、藤丸老少一同通

奴袴の色

用之文也、年少之時ハ鳥襷也、

尋申云、淺黄奴袴著用之後、如薄色他色不可交用哉、如何、

貴命云、九指貫色、初濃紫、中年薄淺色、其後半《ハシタ》色、赤紫色也、スコシ青ヲ過シテ著之、紫色ヲ減テ、其後淺黄漸衰老也、

及衰邁白色用之、自幼至老、其色次第渉深淺歟如此、仍著淺黄之後、强不可交薄色歟、吉事之時假著之

歟、且但宇治左府〔藤原頼長〕被著淺黄之後、白地借用成隆〔藤原〕奴袴被著之由所見、

餺飩とは如何なる物か

尋申云、餺飩如何者哉、

貴命云、餺《ハウタウ》飩、如春日行幸之時參木津〔山城相樂郡〕頓宮、且氏長者參詣之時同陪從歟、餺飩食物也、

踏之云々、

八月

八朔贈遺　近衛道嗣より麻紙を贈られ盆栽を返酬す　一條經通より讚岐圓座を贈られ鴛鴦大筥に扇を居ゑて答禮す

一日、天陰、自右府〔近衛道嗣〕稱今日習俗、被送白麻五十帖、爲報取白〔自カ〕植小樹植茶院盆〔坑カ〕、獻上〔ナシイ〕了、

二日、天陰、自去夜雨降、自一條前博陸〔經通〕、昨日俗風被送讚岐圓座十枚、鴛鴦大筥一双、居

扇獻了、

廣義門院遺令奏あり

延文二年八月二日、被奏前廣義門院〔後伏見女御西園寺寧子、光嚴・光明母后〕遺令、上卿權中納言仲房卿〔萬里小路〕參著右仗座、直端、令官人

素服擧哀山陵國忌停止

廢朝警固

音奏警蹕停止

御子左爲明來訪
二條良基撰の連歌菟玖波集を勅撰に准ぜらる
佐々木道譽の執奏
道の爲には不便なり
後光嚴天皇綸旨案

敷軾、本家使左近權中將藤原〔鷲尾〕隆右朝臣參右衞門陣外、今度依雨儀立門下、大外記〔中原師茂〕出逢、隆右申云、前廣義門院遺令云、素服擧哀・山陵國忌可被停止、師茂〔中原〕參軾申此子細、上卿目、師茂稱唯退、次上卿招奉行職事藏人次官行知〔安居院〕奏聞〔後光嚴〕、則職事歸出軾、仰聞食之由、此次仰廢朝以下事、次上卿召大外記師茂仰云、聞食ッ、此次仰云、任大宮院〔後嵯峨中宮西園寺姞子、後深草・龜山母后〕例、廢朝并警固事可行、師茂稱唯退出門外、仰勅答於本家使、其後使退出、自今日五ヶ日、可止音奏・警蹕之由可召仰內竪之處、不參之間不及下知、次上卿召內竪、不參之間、以官人六府可進之由被仰之、次諸衞左近將監三善其統〔基イ〕殿上六位、・左衞門尉代式部少丞藤原〔物加波〕懷國殿上六位、依補日上臈、懷國列基統上歟、・尉代一人、以上三人參列小庭、上卿南面居直、以笏被叩疊、次諸衞退、次上卿辨不參之間、召左大史量實〔小槻〕於軾、仰云、依前廣義門院崩給、素服擧哀停止、三關可付國司者、量實稱唯退、次上卿撤軾退出、

六日、天晴、今日二條宰相〔御子左爲明〕來、大納言〔洞院實夏〕謁之、予同又謁之、其次勅撰沙汰初聞、關白〔二條良基〕稱菟玖波集連歌打聞張行、剩可唯〔准イ〕勅撰之旨被申下綸旨、是道譽〔佐々木高氏〕法師令〔マヽ〕、申沙汰、未曾有事也、此上勅撰〔新千載和歌集〕遵行定不定歟、爲道不便之由談之、彼綸旨、去月十一日被下之云々、初聞、此事誠希有事歟、爲後勘、件綸旨案、後日相尋職事邊續之也、

菟玖波集、所被准勅撰也、可有御存知之由、天氣所候也、以此旨可令申入關白殿給、

仍執達如件、

後七月十一日　　左中辨時光〔日野〕

謹上刑部卿〔橘知任〕殿

追申、

尊氏の奏請により勅許

武家〔足利尊氏〕奏聞之間、其沙汰候之由、同可令申入給、

解陣開闔

中原師茂に解陣開闔の儀を尋ぬ

八日、天陰、今日解陣・開闔事尋之也、更不違警固・々闔儀之旨答了、先日〔本月二日〕警固・々闔儀、相尋大外記師茂之處示送、又開闔・解陣等事又〔マヽ〕尋之也、

師茂返狀

仰旨跪拜見仕候畢、

抑被〔彼イ〕御抄〔遣令奏次第カ〕、加一見則返上仕候、向後書寫分、以被仰下之趣可存知候、兼又去夜開闔・解陣、上卿以下事、上卿萬里小路中納言〔仲房〕、奉行職事藏人次官〔安居院行知〕、辨不參、外記康隆〔中原〕、史不參、諸衞左近將監基統〔三善〕・左衞門尉代式部少丞懷國〔物加波〕、如此候、

師茂注送開闔解陣儀

延文二年八月八日、庚戌、今日被行開闔・解陣、上卿權中納言藤原仲房卿、職事藏人次官平行知、奉行少外記中原康隆、諸衞藏人右馬權助藤原懷國・藏人左近將監三善基統等參陣之、尉代一人被用陣官人、子刻上卿著仗座、端、次敷軾、次藏人次官進軾、被下吉

書、上卿被結申、史不參之間、外記勤史代、依別仰也、次上卿以官人召史代、康隆參進軾、其儀如例、上卿被下吉書、康隆指笏給之、結申、拔笏候、被仰三關警固可令止之由、康隆稱唯之後、問辨、可爲右少辨之由被仰之、此後揖退出、次上卿以官人召諸衞、依內豎不參候也、懷國・基統等列立小庭、東上南面、尉代列後、上卿被仰可解陣之由、諸衞稱唯退出、次上卿已下退出、

上卿先召外記、可被問諸衞參否歟、而今度無其儀、上卿召外記、可被(仰イ)左右馬・兵庫寮警固可令止之由歟、今度同無此儀、

西園寺實俊廣義門院御佛事につき諮る

十四日、天晴、抑西園寺(實俊)大納言送狀、女院(廣義門院)御佛事々談之、內々沙汰、送料足於禪室之條、不可及御乳母沙汰歟、捧諷誦文及佛經供養者(之イ)、禪沙汰者可有斟酌歟、今度御沙汰之儀、花園院(貞和四年十一月十一日崩御)貞和御佛事爲此義(儀)歟、其時如經顯卿(勸修寺)、爲御乳母沙汰料物哉、委可被尋聞歟之旨報了、

實俊書狀

御乳夫料物の沙汰如何

女院御佛事其沙汰候、可在人々所存、可示給之由四條(油小路隆蔭)令申候、仍如形相構、可表志之由存候、先々御佛事、佛經等送進(之イ)、捧諷誦文時者、內御乳夫不修之樣見及候、但爲異文(門カ)僧沙汰之上者、以如料物密々可進之候歟、然者御乳夫斟酌之條、不可及沙汰候哉、賢慮之趣、以次尋申入候、可承存候乎、實俊恐惶謹言、

延文二年八月

北野祭正祭禮
石清水放生會延引
日野時光書狀
直奏傳奏
敷奏雲客傳奏の例不審
駒牽なし

十四日　　實俊上

傳聞、今日北野祭也、至來十七日可御旅所(脱アルカ)云々、件日可爲正祭禮云々、

十五日、天晴、放生會(石清水)延引云々、可尋其子細、

抑時光朝臣送狀有示事、續之、

其後久不申入候、何等御事令見給候哉、自一昨日祗候御所候、退出之時可參申入候、抑代々雲客之時、或時直奏、或被仰傳奏間、可釣其名之由存候、仍內々申入執柄(二條良基)候、職事殊本儀候哉、敷奏號此儀候哉、禁裏御政務之時、雲客傳奏例不審候、於當家之(者イ)、曾祖父資兼(日野)卿中興之御沙汰承置候、其外經任卿(中御門)も文永六年被仰傳奏若如然候けるやらん、于時頭左中辨、候き、これハ仙洞御治世候、萬里小路故一品(宣房)是ハ後宇多院御世務院中儀候、五位辨冬方(吉田)卿後醍醐院御在位、禁中よき貫首之時傳奏け候、古かふハ已上如本、不撰其人、直ニ申沙汰候歟、公卿傳奏なと近來事候哉、候歟、共以禁裏御政務之時候歟之由存候、此外も猶先例不審存候、被注下候者畏存候、爲下望申之條(候イ)、非無斟酌候、且不可然事候、然而近日或斟酌之間、又難繼父祖之跡候間、乍憚申入候、以此旨可令洩申給、時光頓首誠恐謹言、

八月十五日　　時光上

丹後守(藤原光熙)殿

十六日、天晴陰不定、今日駒牽不到來云々、

火事

廿八日、天晴、戌刻有火、南方町邊歟、

九月

日野時光直奏を命ぜらる

二日、天晴、今日頭辨時光（日野）朝臣送狀、直奏事被仰下、自愛之由也、珍重之由示了、又問題等勘付了、

時光書状

其後久不申入候、何等御事令見給候哉、此間參（可イ）申入候、

奏事始

抑直奏事、被仰下候、併家餘慶候歟、畏存候、奏事始吉事兩三條〔三ヶ條、或又一ヶ條、又何事候哉、〕或一ヶ條可申入候歟、〔尤可然候歟、〕故可相尋日次候哉、〔不可及相憚候歟、〕今月强不可憚候歟、條々被仰下候（者脱カ）畏存候、千萬併期參上候、以此旨可令洩申入給、時光頓首誠恐謹言、

九月二日　　時光上

丹後守（藤原光熙）殿

慈能僧正來訪

佐々木氏頼山門領を犯し日吉社僧を殺す山門大訴に及ぶ

三塔一揆

八日、天晴、慈能僧正來、謁之、神職事、於武家盡巨細所存旨談之、又云、山門神輿悉奉振上、江州守護（佐々木氏頼）押妨山門領、及宮仕法師殺害已下事訴之、以外大訴、三塔一揆云々、

平座あり

故邦良親王の王子邦世に親王宣下あり

九日、天晴、今日平座、萬里小路中納言（仲房）參仕云々、其次有立親王事、正中前坊（邦良）第二皇子邦世、被蒙親王宣旨、勅別當松殿大納言忠嗣卿云々、

洞院實夏復任

其次、大納言（洞院實夏）復任事有沙汰云々、節日可爲何樣哉之旨、局務外記師茂（中原）申之、而四月一日

平座の日薨奏の例

平座日薨奏例、大納言尋匡遠宿禰（小槻）、注進加之、旬平座次僧正（事カ）例不一度云々、仍就之被行云々、

匡遠宿禰注進

平座日有薨奏例

應和元年四月一（二）日、平座、同日有々明（醍醐皇子）親王薨奏事、

平座の日僧事の例

十月一日平座日僧事（例脱カ）

正治二年十月一日、平座、此日被行僧事、

此外僧事例數ヶ度有之云々、

地震
伊勢例幣なし

十一日、天晴、戌刻許地震、例幣又無沙汰之（マヽ）歟、

勸修寺經顯書狀
文永延喜式披講記
院中抄

十八日、勸修寺前大納言（經顯）談熨地直衣差貫事、

遙久不言上、御前邊何條御事候哉、先日被仰下候文永延喜式披講記、隨所見注進上候、兼又院中抄、參差事等見及分、加押紙候、猶條々由來以下、雖不審事等候、廣不及引勘候、追可注進仕候、

熨地直衣指貫のことを問ふ

抑熨地直衣・差貫事、唐綾候歟、只綾候哉、唐綾候者可打候哉、吉田（冬方）・萬里小路（宣房）等著用候しハ、只綾不打候しと存候、被召（公賢）候しハ、御差貫は唐綾候しやらん、不審存候、

是ハ直衣・差貫共可著用候、上下不可相替候哉、平絹ハ常ニ直衣・差貫綾相交候歟、
只今雖不及新調候、存知大切候間言上候、委被示下候者可畏入候、事々可参入言上候、
經顯恐惶謹言、

九月十八日　經顯

洞院殿

公賢返狀

御札悦承了、
抑熨地直衣・差貫事、尋常物止、しゝら候上者、强不可爲唐綾候歟旨存候、而遠文ニ
成候ぬれハ、只綾地如何ニも練裏下品之間、唐綾ニ令織之由女工所申候、此條强非古
來所習傳之說候、所詮者しゝら物ヲ止、しゝら用之儀歟之旨存候、打之事不思寄候也、
直衣・差貫著替事、綾・平絹相交用之上者、是又不可有難歟之旨存候へとも、何と候
けるやらん、さは不著交候き、定自然事候歟、事々猶難盡紙上、謹言、

九月十八日　(差出名ナシ)

此事、後日閑憶念之處、女工所義勢、雖非無子細、一定著用只綾之由案出、仍後日示遣
其子細了、

經顯返状

仰旨畏承了、熨地事、只今不及沙汰候、若秘計出候者、自年始著用仕候はやと存候間、爲才學先日言上候了、態被仰下候、且畏入候、早々可令參謝候也、經顯恐惶謹言、

九月廿二日　經顯

尊氏夢窓國師七年忌に天龍寺に詣でんとす

廿六日、今年夢窓國師〔疎石〕七年忌也、武家〔尊氏〕可向天龍寺云々、其間事、圓忠〔諏方〕法師以狀談之、今日又有談事、

諏方圓忠尊氏義詮父子の衣裝につき尋ぬ

來廿九日兩人〔尊氏・義詮〕詣寺〔天龍寺〕之間、著布衣可爲乘輿候、雜色下部者、可爲折烏帽子直衣〔垂イ〕候、而懸總鞦於引馬候之條、不相應之所難候、可爲如何樣候哉、内々有御伺、示賜候者恐悅候、（勿論之由示了、）恐々謹言、

九月廿六日　圓忠判

左馬助入道殿〔藤原親季、法名妙悟、洞院家家司〕

御燈御禊今年初めて行はる

廿八日、晴陰不定、親尹〔物加波〕來、雜談之次云、去三日御燈御禊、當年今年始有此事、連々計會、且惡日之間如此、而早旦有御忘却御魚食、而被談仰關白〔二條良基〕、猶有御拜、又陪膳藏人頭不參、五位藏人陪膳、六位役送云々、此事依珍儀談之、

尊氏義詮天龍寺の夢窓國師法要に臨む

輿を公賢に借る

光嚴光明兩法皇豫て雲居庵

卅日、天陰、今日夢窓國師七年忌也、將軍父子入寺〔天龍寺〕云々、予已輿〔之イ〕被借用、仍借遣了、又伏見殿兩法皇〔光嚴・光明〕、自去比御住雲居庵〔天龍寺〕、令營佛事給云々、武將入寺有、見物輩如堵云々、

に御座あり佛事を營ませ給ふ

石清水放生會追行

南都一乘院大乘院度々合戰す

實縁法眼書狀

一乘院實玄及び良玄沒落し寺門靜謐に歸す

實遍法印書狀

十月

十五日、天晴、今日八幡放生會也、上卿松殿大納言、忠嗣卿、辨左少辨（柳原）忠光朝臣、參議不參、
權少外記淸原良賢參仕、史不參云々、諸衞可尋、
兩門（一乘院實玄・大乘院孝覺）合戰事度々在之、依無益不寫之、○コノ傍書ハ、甘露寺親長ノ注記ニ係ルモノナラン、宣（傍書非ナラン）

十六日、天陰、今日南都實縁（興福寺僧、公賢息）法眼送狀、一乘院事示之、
其後者、彼方（一乘院）沙汰以外嚴密之間、若君（近衞道嗣息良昭）御近邊止住了、此間紛（粉）骨計略無申計候き、
而一昨日十三（四カ）日、一乘院・花林院以下沒落候了、簀川禪師實玄（一乘院前門主、近衞經忠子）・二條良玄（同上、南朝故尊良親王王子、二條良基猶子）同道候了、寺門早
速屬靜謐候、目出候〳〵、定被悅思召候ハんすらんとて申入候、但彼謀反以下、猶無
心本候、仰冥慮之外無他候、以此旨可令申入給、宣（實カ）縁誠恐頓首謹言、

十月十六日　宣（實カ）縁上

丹後守（藤原光熙）殿

此事、又追實遍法印示之、彼狀雖同前、猶載委細、仍續之、
其後不得便宜候間、乍存懈怠、恐存候、南都は去月廿八日、簀川禪（實玄）公歸寺、當方和睦
荒猿成立候者、靜謐途候やと心苦存候之處、終無其儀候き、さ候程に、去十四日、一

實玄良玄沒落したるも國中の勇士を率ゐて雪辱を圖らんとするの風聞あり

大乘院方の學侶兩人重科に處せらる

乘院・花林院・寶積院等同時被責落、令沒落給了、九言語道斷之儀、難盡紙面候、二條禪(良玄)公も同道沒落候、此分にても、猶靜謐候へしとも不覺候、引率國中勇士、可被雪恥之由其聞候、心苦候、さても去比參其御所學侶兩人、(賴重・嚴圓)被處重科了、世上轉反(變)雖不始于今事候、不可說事候、無何爲御不審、事次言上候、哀此分にて靜謐候へかしと、念願外無他候、又北國事、雖奉(擧イ)手候、大略不可有正體候歟之由承及候間、心細存候、

京都御沙汰何樣被聞食候哉、他事千萬追可啓、(マヽ)

禁裏聯句御會
洞院實夏參仕

廿日、天晴、今日有範(藤原)朝臣參內、(後光嚴)有御連句事云々、大納言(洞院實夏)依召參仕、雖禁忌中、如連句強不可憚歟、且猶愼之旨示之了、

火事

廿一日、天晴、今夜亥斜許、當東有火、頗近々、有喧嘩聲、然而無程消了、四辻以東非人等群居蝸舍一兩燒云々、

實玄等南都歸還を策す

廿二日、天晴、今日聞、實玄禪師已下又可歸入南都旨張行以外云々、靜謐無期事歟、

尊什僧正の坊燒失す

廿五日、天晴、子初許當東有火、毗沙門堂邊之由有聞、後聞、尊什僧正房云々、不便々々、

小槻量實に公賢自撰の歷代抄を貸與す

量實記錄所開闔拜命

廿六日、天晴、大夫史量實(小槻)來、召簾前謁之、暫清談、予秘抄(號歷代抄)不審申之間、取出借與之、記錄所開闔事、匡遠(小槻)宿禰所望――出仕、仍與奪之間被宣下云々、父現前奉行、誠難有事歟、

實玄南都に打入り禪定院寶積院等を燒拂ふ大乘院孝覺沒落す

廿七日、天晴、今日聞、南都一乘院實玄・良玄兩禪師、先日沒落、而已打入南都、燒拂禪定院・寶積院等、孝覺僧正又沒落、如〳〵不可有靜謐之期、以外事也、

又聞、新大納言忠季〔正親町〕卿母今曉卒、腫物云々、

近衞道嗣の嫡男卒す

廿九日、天晴、今日聞、今曉右府〔近衞道嗣〕若君五歲、卒、俄事云々、擬家嫡之仁歟、女房〔實夏養女カ、實父ハ實夏ノ庶兄實世〕所生也、可訪之處、曾無其人、

實夏兩息を伴ひ鞍馬寺に詣づ公賢これを難ず

今日大納言參鞍馬寺云々、當家參詣當寺、不聞置之事也、敬信雖勿論、參詣體不尋常、兩息〔公定・公爲〕相從云々、定爲諸家嘲哢歟、口惜事也、

十一月

實遍法印南都の情勢を報ず

五日、晴陰不定、今朝實遍法印送狀、注進南都式、凡佛法之滅盡時至歟、惜乎々々、使者說、又簀川一乘院〔實玄〕坊夜討入、追落云々、不載此狀、有虛說歟、

實玄大軍を率ゐて南都に亂入し禪定院以下の堂塔を燒拂ふ孝覺沒落す三藏院以下被官の房舍も燒却さる南都の百禮一時に頓滅す

喜便宜言上候、去廿五日、簀川禪師〔實玄〕自國中率大軍亂入南都、口々放火、禪定院則被燒落了、數宇堂塔一時回祿、凡言語道斷、寺務𦬇山〔孝覺〕被沒落候、翌日廿六日、重三藏院以下世間出世被管之輩房舍、或放火、或破却、未曾有不可說儀候、如此之際、實遍も希有而遁火中、令參籠社頭仕候、凡心細式過上察候歟、南都百禮一時頓滅、面々心中無

公家武家の成敗は徒事か
寶積院も回祿
惡行常篇に絶す

比類候歟、東門院新法眼御房ハ、井山ニ御渡之由承候、公家・武家成敗、如當時者徒事候哉、淺猿覺候、寶積院も、廿五日夜同回祿了、自他陣房舍・民屋等大略無所殘候、超常篇惡行候乎、爲御不審大概注進仕候由可令申入給、恐々謹言、

十一月四日　實遍上

丹後前司〔藤原光熙〕殿

近衛道嗣長絹小直衣著用の是非を問ふ
子細なしと答ふ

九日、天晴、今日右府〔近衛道嗣〕被送狀、張〔長カ〕絹小直衣事被談之、當家强不著用物之〔也カ〕、雖無才覺、圓明〔一條實經〕寺任大臣兼宣旨已後著之、任槐十八歲也、如彼傍例者、被著用之條、不可有子細之旨報了、

道嗣書狀
岡屋關白記

其後不申承、何條御事候哉、元三出仕構入候、三節間、一度なと出頭候ハヽ、やと存候、抑張絹狩衣小直衣等、何程年齡に可著候哉、常宿老人著用候歟、强又不可然候歟、圓明寺關白蒙任大臣兼宣旨候し後、著張絹小直衣無總、候之由、岡屋關白〔近衛兼經〕記置候、然者若壯人も不可有子細候哉、ちと不審事候て尋申候、可令勘付給候也、道嗣〔兼歟（傍注非）〕當時年齡不可有子細候哉、

公賢一條經通にその祖實經の長絹小直衣著用等につき尋ぬ

張絹小直衣事、圓明寺著用之由被示、仍以事次尋申一條前關白〔經通〕、ハリキヌト心えテ尋之、而長絹被返答、此小直衣ハ不斷著用之物也、而件圓明寺著用白襖云々、若非長絹、以張

経通の返答

綾被用之歟、其次二色毯代幷結書裹之間事尋申、有返答、有興、仍續之、
一、二色毯代事、本儀不覺悟候、所見候者、重可申候、
一、長絹小直衣事、此邊著用物者不張候、只生平絹候、圓明寺禪閣(閤)任大臣兼宣旨以後著用物者、白襖生記置候、
一、嫁娶幷女御入代(内歟)之時、結書裹樣事、結樣如常、以同色薄樣裹之、捻上下、以同色紙捻結之、如此所見候しと存候、當座覺悟分候、條々猶可引勘候、

經通心喪服菱形文袍のことを問ふ

十四日、天晴、抑先日一條前關白進狀之返報之次、有被尋事、是心喪服菱形文袍不審云々、仍引勘推量分一紙注獻之、頗有入興返事、
菱形文袍不審之處、御了見趣誠可爲如此候歟、遠文尤其興候、以事次可尋申之由相存候之處、連々忘却候つ、心喪裝束中菱形文袍と申候物者、いかなる物にて候やらん、欲示預候、

經房卿記

安元二年十一月一日經房〔吉田〕卿記云、參院、中宮大夫隆季〔藤原〕、被參入、依招引於公卿座慇懃申、其次尋申喪服間事、

心喪の裝束

又尋申心喪裝束云、黑色深心喪之由承之、又諒闇間裝束同心喪歟、又嘉承故左大丞爲隆〔藤原〕、

心喪の色遠文袍

著衣冠參殿下〔藤原忠實〕――日記〔永昌記カ〕云、著濃鈍色奴袴、心喪裝束云々、命云、心喪色說々非一式、遠文袍柳下襲謂之、心喪又近代淺黃奴袴、其色既青鈍色也、縫殿寮或染淺黃用苅安、然者淺黃可黃色、近代淺黃者青鈍也、可然之人不著之、夏間多著之、其無〔甚カ〕謂之由中院右府雅定公常被談之、吉事之時不著淺黃、是其色爲鈍色、用心喪之故也云々、

心喪菱形文袍事、不得所見、而此記文遠文袍、定非常轡唐草歟、然者以如裏菱文綾用之歟、聊有邊迹多〔矣カ〕、

吉田祭

廿日、天晴、今日吉田祭、右中辨保光〔土御門〕朝臣參行、內侍參向又如例、上卿幷外記・史不參云々、兩局不參、誰人行祭事哉、

賀茂臨時祭延引

廿一日、晴陰不定、今日賀茂臨時祭不及沙汰也、

十二月

近衞道嗣書狀

三日、天晴、今日右府〔近衞道嗣〕被送狀有被尋事、勘申畢、寫之續左、

態可令勘付給候也、

例抄を借寫す

例抄一卷、先隨書寫出返――〔進候カ〕、

節會の儀につき不審を尋ぬ

節會內辨勤仕のため多忙

月次祭伊勢官幣の離宮院下著につき勅問あり

小槻匡遠祭主大中臣忠直の事書を進む

抑去年節會、雖被垂翠簾、（此儀は元亨年中候しやらん、神木遷坐已後、如此儀候しと覺候、）猶爲出御之儀候、如御膳、猶供之候、如此之時、
（是ハ參進御屛風下、付內侍申候、宣命見參・奏聞又同、）御酒勅使幷申上御箸之儀、可爲何樣候哉、（是ハ乍隔簾申之、御膳已下供否、尋問陪膳釆女事、又如例候）雖隔簾、猶可伺天氣候哉、然者勅答之分（歟之旨存候也、）
も、可爲何樣候哉、可示預候、彼出現事、纏頭無申計候、賢察候歟、
藏人右少辨信兼〔平〕奉行、有勅問〔後光嚴〕、官幣下著離宮院〔伊勢度會郡、齋王ノ別館〕事也、請文續之、
月次祭官幣、下著離宮院之間事、官狀幷祭主忠直〔大中臣〕朝臣事書如此候、何樣可有沙汰候哉、
可被計申之由可申旨候、尤可參申候之處、此間相勞事候間、且言上仕候、以參體內々
可被伺申候也、恐々謹言、

十二月三日　信兼

丹後守〔藤原光熙〕殿

進上

祭主忠直朝臣書狀一通、

官幣下著離宮院事、副事書、

右進上如件、

十一月廿日　左大史小槻匡遠狀

進上　藏人辨〔平信兼〕殿

忠直書狀

官幣下著離宮院事、々書一通進覽之、子細載狀候歟、以此旨可令申上給候哉、恐惶謹言、

十一月廿日　神祇權大副大中臣〔忠直〕判

進上　四位史〔小槻匡遠〕殿

忠直事書

湯田野の邊に凶徒往反す離宮院の警備を幕府に仰せらるゝも實施せられず延曆の例に任せ離宮院を便宜の地に遷されんと請ふ

事書

官幣下著離宮院事

右件官幣者、下著離宮院、自十五日大祓神事、迄至十八日豐明神事、逗留中三ヶ日也、而彼在所爲陽〔湯カ〕田野砌、凶徒〔南方軍勢〕往反之中途也、云賊難怖畏、云凶徒之競來、旁難儀之上者、被仰武家、累日可被居宿直歟之由雖令言上、猶可有懈怠歟、其上年中四ヶ度官幣發遣之、每度被仰武家之條、不可有盡期哉、所詮任延曆例、被點便宜地、可被遷造矣、

此季月次祭可被行之由沙汰候也、

延暦の例は注進に能はず

(日附闕ク、以下ハ四日カ)官幣下著離宮院事、所申請之延暦例、別而不能注進候、先度進上仕候事、載事書許候也、以此旨可令披露給、恐々謹言、

十二月四日　信兼

公賢の奉答
官幣の通路新道を用ふべし

官幣下著離宮院事、官状副祭主忠直朝臣状・事書等、加一見返獻之、發遣通路、就凶徒之違亂、可被用新道之由、被經沙汰候歟、然者下著在所、又難義(儀)候者、被移轉之條、不可有相替候(儀脱カ)哉、但延暦例、雖載事書、其時子細不見之間、難商量候、委被尋究、廣有沙汰、可決時議候歟、以此旨可令計披露給之狀如件、

十二月四日　判

道嗣書狀

右府又被談節會條々事、

被垂御簾出御之儀ニハ、〱此時又勿論候哉、東大寺神輿在洛之時、可爲何様候哉、それニハよるましきにて候やらん、

雜例を借寫す

〱雜例第十給了、

節會内辨作法等につき尋ぬ

〱抑被垂御簾之儀、委承了、〱御酒勅使事、奏聞之時參進路ハ、〱經外座公卿後、出妻戸北

行、〵無相違候哉、入母屋北間參進、如此可候歟、將又奏之時、可〵御眼路之時磬折勿論候、隔御簾之時儀、所見未覺磬折候哉、又只乍立可奏候哉、
悟候、但奏請儀候へは、磬折も可然候、又隔御簾候、非御前候へは、無沙汰も何事候哉、可被任御意候哉、勅答ハ聞食なと仰候し也、
內侍申次之體、又何様候哉、勅答之體、同不審候、委可令（勅付脫カ）此狀給候、

節會次第返進

兼又節會次第、〵給了、猶委も候しやらん、不撰出候歟、可相尋候、又注出候て、可進覽候也、二巻返進候、且此由可被傳申候哉、是ハ猶不被具載候ける、（マヽ）令御著
候、追猶可爲委細候哉、然者相構可一見候、

日野時光書狀
神事中輕服人參內の可否を問ふ
然るべからず僧中には吉服宣下たるべきか

五日、時光（日野）朝臣神事中輕服之人參內有無尋事、
其後〵――
抑輕服人、月次祭已前、如〵不可然候歟、御沙汰參內先例候哉、不審存候、且大納言（洞院實夏）殿御
御神事中も、陣邊なとまて參ハ先例も候やらん、
吉服之上者、〵不思寄候哉、咫尺龍顏尤可有憚候歟、御參上不可有苦候哉、先々儀不審存候、兼又僧中吉〵此事先々未觸耳事候、曾服事、可爲宣下候
無才學候、僧中ニハ存知人も候ハんと覺候、可被尋聞食候歟、謹言、（給カ）
歟、但近年人々所存不然候、可令吉服出仕體、如此仰旨候歟、不可（有脫カ）子細候哉、被
示下候者畏（可脫カ）存候、以此旨可令洩申給、時光頓首誠恐謹言、
十二月五日　　時光
丹後守殿

藤原家倫平絹直衣奴袴著用の年齢を問ふ
七十に及ばゞ難なし

八日、天晴、式部大輔家倫（藤原）卿送狀、不審一紙注進、可注付云々、彼折紙、
卿相著平絹直衣・奴袴事候、〵古來著用無子細乎、先公（洞院實泰）・愚身自六十未滿程著候乎、強不待窮老候歟、窮老人著用歟、然者年齡可爲何様候乎、已及七旬

者、著用不可有其難候哉、且又〔許直衣之人別不及沙汰乎、〕取時宜可著歟、（衍カ）可任意可著用歟、欲被計下矣（候カ）、

西園寺實俊書状
白馬節會坊家奏のことを問ふ

西園寺大納言（實俊）談白馬節會坊家奏事、
先日委細貴報、慥拜見候了、惣節會次第、先年注預候之間、令秘藏候、白馬內教坊奏等可相替之篇目、如記錄粗雖伺見候、當時皇居之儀、注給候者可恐悅候、且加敍不審事等候、臨期出來儀等可有之候歟之間、兼日殊可令用意事候哉、千萬期參入之時候也、
實俊恐惶謹言、

十二月八日　實俊状

近衞道嗣書状
元三出仕のことにつき不審を問ふ

九日、天晴、右府又被送狀、元三出仕節會間事、節會事（衍カ）、
〔隨仰候、〕國栖奏歌止笛之時者、內辨下殿催之事、猶〔不可有相違候也、〕不違例年條勿論候哉、例可令勘付給
元三出仕、抛萬障構入之時分候、不具事等候間、〔察申入候、〕周章候、
〔一紙拜見、返進之候、管見之條、畏存候、〕抑師茂（中原）勘例無何進覽候、卽可返給候、晴御膳自東階供之候者、〔如此可候也、〕諸卿不可立座候哉、
猶又可立候哉、欲示預候也、

東大寺八幡宮神輿在洛の時節會省略につき中原師茂の勘例

永仁二年三年

東大寺八幡宮神輿在洛時、節會省略間事、
永仁（二脱）年七月十三日、東大寺八幡宮神輿三基入洛、
同三年正月一日、節會、垂御簾出御帳中、晴・褻御膳共自東階供之、國栖奏歌止笛、立樂一向停止、依春日神木遷坐木津（山城相樂郡）・神輿（東大寺八幡宮）在洛也、
七日、白馬節會也、今日天皇不御坐御帳、被垂御簾如元日、但不供御膳、無内教坊奏、國栖一向停止、樂人不吹調子、無北陣雜犯事、此外敍位方事一向被停止、依同事也、
十六日、踏歌節會、垂御簾天皇出御、國栖被停止歌笛音樂、依同事也、同（年十二月脱カ）十九日、神輿歸坐、

康永三年四年

康永三年八月十五日、同神輿（東大寺八幡宮）一基入洛、
同四年正月一日、節會、垂御簾出御、國栖奏歌止笛、立樂停止、依神木（春日社）遷坐・東大寺神輿入洛也、
七日、白馬節會、垂御簾出御帳中、晴・褻御膳共自東階供之、無内教坊奏、國栖不奏歌笛、樂人不吹調子、無北陣雜犯事、此外敍位方事一向停止、依同事也、
十六日、踏歌節會、垂御簾無出御、國栖・歌笛共停止、立樂、（停止脱カ）依同事也、

貞和二年

貞和二年正月一日、垂御簾出御帳中、晴・褻御膳共自東階供之、國栖・歌笛共停止、

立樂停止、依東大寺神輿在洛也、
七日、白馬節會、垂御簾无出御、無內教坊奏、國栖奏歌止笛、樂人不吹調子、無北陣
雑犯事、依神輿事也、於敍位方者如例、
十六日、踏歌節會、垂御簾無出御、國栖一向停止、立樂停止、依神輿事也、同廿一日、
神輿御歸坐、
今案、永仁・康永、依神木遷坐・神輿在洛有省略事、於貞和者、依神輿在洛被省略乎、

月次祭官幣離宮院下著のことにつき重ねて勅問あり

抑藏人辨信兼示送先日勅問官幣下著離宮院間事、重傳綸言、所存載請文畢、
月次祭官幣下著離宮院事、兼豐（吉田）宿禰并忠直朝臣注進如此、何樣可有沙汰哉之由、可申
旨候、尤可參申上候之處、所勞未扶得候間、且言上仕候、以參仕之體可令披露給候、
恐々謹言、

十二月九日　　　　　　　信兼

丹後守殿

公賢の奉答
新道を用ふること子細なし

兩人注進在左、
官幣下著離宮院事、祭主忠直朝臣并兼豐宿禰注進、加一見返上候、如彼狀云（者カ）、延曆沙
汰之次第、今度所申、强無差異候之上者、新道沙汰之因准不可有子細候歟、然者依請

被仰下候條何事候哉、但如兼豐宿禰申、若神宮被管之輩參洛事候者、猶具尋聞食、可有裁下候乎、得此意、可令披露給之状如件、

十二月九日　　判

吉田兼豐の勘申

神宮雜記延暦十一年の例

月次祭幣使下著離宮院難義(儀)由事、昨日七日、御書、今日巳刻到來、謹奉候畢、如忠直朝臣事書者、凶徒競來之災難、又賊難怖畏之上者、就延暦之例、被點便宜之地、可被移造云々、此條如神宮雜記者、延暦十一年七月三日、依官符、從沼木郷(伊勢度會郡)字高河原、移造離宮院於陽(湯カ)田宇羽西村、造宮使中臣朝臣豐庭也、依其成功、可任宮司眞魚秩番宣旨已畢云々、所見分明候歟、且當國違亂事、元來邂逅非常例之上者、依事雖爲難儀、被裁下、可被遵行御祭候歟、

次此事、日數已相迫令言上候之條不審候、令移造事、若可被仰祭主候歟、又此間禰宜所望之輩上洛事候者、本之離宮院可爲違亂哉否事、廣能々可被聞食候歟之由存候、兼豐同所勞事候間、此外之例、只今不及委細之披見候、仍又以他筆言上候、兼豐恐惶謹言、

十二月八日午刻　　兼豐請文

大中臣忠直の勘申

祭主神祇權大副忠直申、
月次神(祭カ)官幣祭遣(發)下著離宮院事、自十五日大俊(祓歟)神事、趣至(迄カ)十八日豐明神事、逗留中三ヶ日也、而彼在所、爲陽(湯カ)田野砌凶徒往反之中途也、云賊難之怖畏、云凶徒之競來、旁爲難儀之間、先日委細載事書言上畢、仍可注申延暦例之旨被仰下之間、案文備于右、忩被下綸旨、在所事相談神宮、可注進而已、

離宮院は延暦十六年高河原より宇羽西村に移建

古記偁、離宮院事、
在度會郡陽(湯カ)田郷宇羽西村、
件院元在高河原、而依延暦十六年八月三日宣旨、移立彼宇羽西村、造宮使大中臣豐庭、以大同二年任大宮司也、

中臣氏の神社をその坤の方に遷す

同時中臣氏神社、自筒岡奉遷、鎮彼院坤方也、

延暦十六年の神祇官符

宣旨
神祇官符伊勢大神宮司
應遷造大神宮御厨幷齋内親王離宮・諸司・宿舍等事、内外院々・殿舍・筑(築)垣・門々・鳥居等、具不記、
右被太政官今月三日符偁、大神宮司解偁、件官舍、去寶龜四年改造以來、既經廿六

年、皆悉破損、加之南北通河、暴水汎溢、崩壊不少、雖加修理猶不全堅、徒費人功、因之擬遷他所、神郡課丁、其傜盡役、望請宛給功食、早將懷遷者、今所陳合理、仍請處分者、彼大納言從三位神王宣、奉勅依請者、官宜承知、依宣施行、

參議正四位下行伯式部大輔左兵衛督近江守大中臣朝臣諸魚

大史從八位下卜部宿禰清成

延暦十六年八月廿一日　○日本後紀ニ據レバ、諸魚、本年二月丁丑ニ卒ス、位署ノ官職ニモ相異アリ、本文書疑フベキナラン、

月次祭神今食沙汰なし

十一日、天晴、月次・神今食又不及沙汰歟、

天變連續

十二日、天晴、右京大夫泰尚〔安倍〕朝臣來、此間天變、現五ヶ大變、其上前代未聞事云々、

安倍泰尚の注進

十三日、天晴、自晩頭或雨、昨日泰尚朝臣對面之次、去今月變異事談之、卽令注進也、

太白哭星を犯す

十一月廿二日、戌時、太白犯哭星、相去四寸所、

天文要錄云、哭星主哭恩愛悲也、甘德曰、哭星主喪車、〔事歟〕

天地瑞祥志云、太白犯哭星、有哭泣事、又云、五星犯哭星、天子有哭泣事、

宋書天文志云、晉孝武太元四年十一月、太白犯哭星、占曰、天子有哭泣事、五年九月、皇后王氏惡、

熒惑天江を犯す

〔十一月〕同廿五日、寅時、熒惑犯天江第二星、相去一尺所、

廿七日雨下之間、於廿五〔八カ〕日〔者イ〕消畢、但廿九日以後數日守犯畢、

太白・哭星并熒惑・天江五ヶ之大變等其一也、

太白歳星二星合

十二月三日、戌時、太白・歳星二星合、相去二尺二寸所、

犯に迫る

同八日、迫犯、二寸所、

西園寺實俊書状

若宮御魚味參仕の裝束等につき尋ぬ

十七日、天晴、西園寺大納言談、若宮〔後光嚴皇子カ〕御魚味奉含參仕裝束事、

兼又忠光〔柳原〕朝臣許御坐若宮、今夕御魚味候、可奉含之由其沙汰之處、事めつらしき様候之間、度々雖申子細候、重承候之際、可參入候、直衣下括共〔供〕人、諸大夫侍布衣上括にて可召具由存候、此行粧邂逅事候歟、衣冠又布衣下括候、可乘前駈鞍條ハ勿論候、只上括候者可宜候哉、下括にて、布衣上括共〔供〕人不可有其難者、如然可召具候、可爲何様候哉、態可被勘付候也、實俊恐惶謹言、

十七日　　　　　　實俊上

節分

十八日、天晴、今日節分也、

月次祭の日內侍所御神樂興行の可否につき勅問あり

十九日、天晴、立春朝幸甚々々、今日自內被下御書、是月次祭日內侍所御神樂事被仰合也、又所持愚抄被召也、三帖進入了、

後光嚴天皇勅書

左曆迫軸、劇忙遂〔逐〕日計會、可被察候、抑廿六日月次祭、同日內侍所御神樂候、件日廢

務、止物音之條勿論、故可爲謹愼之儀候歟、然而爲神宴之上者、不可被憚候乎、將又猶不可然歟、兩樣可爲何樣候哉、不審之間令申候、兼又歷代簡要抄とかや申候やらん抄物之由承候、可被許一見候也、

公賢撰の公事書の進覽を需める

被仰下之旨、跪奉候了、

公賢の奉答

抑月次祭、同日內侍所御神樂事、九儀者廢務日不可然之條雖勿論候、非如遊宴候、就中賢所又不可被准他事候上、神今食行幸時、左右近幄唱神樂曲候、相似有比量候、其外例引勘、所見候者追可言上候、兼又歷代要官抄三帖、隨召令進上候、老後蒙昧、爲忽忘注集候、然而遺漏失誤、甚招時輩嘲哢候歟之旨存候、不及外見、早々被返下候者、可畏存候、以此等旨可計〔令脫カ〕披露給候也、公賢誠恐頓首謹言、

內侍所御神樂子細なし

歷代要官抄三帖を進覽す

十二月十九日　藤原公賢

頭辨殿〔勸修寺經方〕

廿一日、天陰、西園寺大納言節會事談之、隨命愚報勘付了、

西園寺實俊元日節會につき不審を問ふ

又一昨日被仰下廢務日內侍所御神樂事、康永例見出之間、申入禁裏了、

（已及多年候、以外候哉、〔延文元年七月入洛〕）東大寺神輿年內不可有歸坐者、節會（此條々も〔注イ〕、雖付此次第草候也、或止笛歌類、或皆止之、年々例不）可相替之篇目等聊不審候、國栖・立

東大寺八幡宮神輿在洛中國栖立樂を停むべきや否や

同候、其儀内々問答外記、且付職事可被伺定候、
樂可被停止候歟、而此一〵強不及内辨下知、兼外記與職事談合歟、其間子細、臨時可令問答職事給候哉、立樂ハ一向止之候也、兩年已爲其儀者、重不可及召仰外記候乎、

一、〵參進簾下奏之候、其詞如常候也、御酒勅使事、出御簾中時、以内侍令奏聞事、乍隔御簾申之、其作法如何、

一、〵乍隔御簾申之歟と覺候、不可違常儀候、粉熟飯之時、候天氣儀不審候、

一、簾〵是ハ不及沙汰候也、中之間、主上入御時分不可存知者、王卿敬（磬）折可爲何樣候哉、

〵隨仰注付候也、以前條々可注預候哉、采女問答、不可違普〵更不可違候、通節會候哉、〵預御尋之條恐悦候、以外狼藉之體、其恐不少候、以御札委仰候者、可申所存候也、比興々々、謹言、年内雖可參拜候、且爲存知令啓上候、委被勘付候者恐悦候、恐惶謹言、

廿〵日　　實俊（公賢）状

公賢廢務の日内侍所御神樂の先例を進む

一昨日仰下され候廢務日發物音事、師茂（中原）・匡遠（小槻）などにあいたつね候へは、所見分明ならぬよし申候、内侍所の御神樂なとハ、官外記しるし候ハしと存候、康永三年愚記（園太暦）、はゝかりなからしるしいたしてまいらせ候、このとし月次祭、内裏穢にて式日のひ候、廢務日の儀、御沙汰もや候つらん、上卿右衞門督（三條實繼）にて候按察卿にて候と覺候、たつねも下され候へきやらん、例――用捨のやうも、猶執柄（二條良基）なとへも申談せられて、（候脱カ）治定候へく候やらん、御心候て、御ひろう候へく候、あなかしこ、

延文二年十二月

康永三年公賢自記の抄出

康永三年十二月廿六日、壬午、今日賀茂臨時祭幷月次・神今食（式日延引）、被行之、庭座事畢
右衞門督（三條實繼）向神祇官、行月次・神今食云々、廢務日臨時祭、被問例被行之云々、
又今夜（廿七日カ）內侍所恒例・臨時御神樂被行之云々、先臨時御神樂、公卿中院前宰相中將（親光）、
次（吹カ）篳篥、其外拍子、本季成（景カ）（山井）、末冬能（中御門）、和琴兼良、笛宗重朝臣（中御門）等云々、其後恒例儀者（マヽ）、
篳篥地下召人云々、

廢務の日內侍所御神樂の先例につき公賢の問に對する中原師茂の返狀

委細御定之旨、跪奉候訖、師茂依難治故障候、乍存細々不及參仕候、恐存候、構得候
者可令參仕言上候、抑廢務日、內侍所神宴音樂間事、雖引勘候、今間所見不詳候、且
久安三年三月十九日石淸水臨時祭、廿日還立、依爲奉幣之齋（マヽ）不發歌笛、永萬元年三月
九日同臨時祭、十日還立、依當伊勢幣不及歌笛、寛元四年二月十一日、被立御卽位由
伊勢奉幣使、是日被立春日祭使、依爲伊勢幣廢務、不發歌笛、近則康永元年十二月十
一日、月次・神今食、今日賀茂臨時祭還立、依廢務日不發物音云々、廢務日行幸之時、
被停止鈴奏・警蹕之條、定事候歟、然者廢務日、內侍所御神樂、若可有義（議）候乎、可令
得此御意給候、師茂誠恐謹言、

同じく小槻匡遠の返状

十二月廿日　師茂請文

廢務日、内侍所神宴、立樂有無例事、非當局沙汰候間、今間不分明候、忩猶引勘、所見候者可注進仕候、但如行幸、立樂停止之條、定例候歟、於伊勢奉幣者、前齋後猶以停止勿論候、然而自然無沙汰之時、間有立樂・鈴奏例、雖所見候、邂逅上、不可然之由注置候也、且得此御意、内々可令申上給候哉、恐々謹言、

十二月廿日　匡遠上

近衛道嗣公賢に不審の條々を問ふ
神輿在洛中小朝拜の有無

右府被談條々不審事、

⎱注付愚存進之候、
折紙進之候、可令注付給候、

⎱永仁ハ只今不及引見候、康永四年・貞和二年ハ小朝拜不候也、
抑永仁三年・康永三年・貞和二年、件年々東大寺（八幡宮）神輿在洛歟、小朝拜有無不審候、可示給候也、

氏爵未給の事

折紙
氏爵未給事

⎱勿論候歟、
邂逅其例も候哉覽、⎱或次第ニ氏爵未給之由所見候也、尻付不審、委可注給候、⎱當年氏爵次勿論候歟、先可被下勘（マヽ）候哉、任所もいつくにて候へきそ、三姓共其例候哉、⎱此尻付に何と候へきやらん、王氏藏人なとハ、未給事不聞及之様候、如何、

御酒勅使の事

御酒勅使事垂御簾出御時儀、

先日委承候了、承置候分如此候、其外説々も不定候歟、就御屏風下奏聞事、毎度儀勿論候哉、愚案分御箸事、隔簾申之ハ此勅使事、誠分別何と候やらん、庭訓分までを申候き、但出御之時、御酒勅使者起座磬折申之、御箸ハ乍座申之、是も聊分別候歟と覺候、又隔簾申上之條、何可有差異候哉、若又入御之時ハ不經奏聞、内辨仰之、唯此儀ハ不奏シテ召之如何、此事なとハ、ともかくも强不可見咎候へは、可被任御意候歟、就御屏風下奏聞事、若人目ヲ驚事や候ハんすらん如何、人上ハ不存知候、且又不及尋勘候也、但度々例所見候ハ（、脱カ）、欲示預候、

尊氏一乘院實玄同良玄以下の處分を奏請す

南都合戰科、可有罪科旨、武家先日奏聞事

南都一乘院事、武家（足利尊氏）此間有奏聞事、彼申詞等或人持來被見之、仍續之、

齋藤五郎兵衞・長澤掃部允

南都回祿事

實玄南都に亂入し禪定院以下數百ヶ所を燒拂ふ

一乘院前門主實玄禪師、匪啻破和睦、剰引率新禪師（良玄）、關白（二條良基）猶子、十月廿五日亂入南都、禪定院以下數百ヶ所燒拂云々、綷絶常篇、於實玄禪師・新禪師・印覺（興福寺、僧正）・隆圓（同上）・賴乘（同上）等者、任舊規可有誡沙汰旨、經奏聞了、至越智伊賀守・土田兵衞尉・綺春定等者、爲糺行、不日可召進京都之由、可被觸仰寺門之旨、可申入寺務（教覺）矣、

幕府興福寺寺務教覺に命じ越智伊賀守以下を京都に召進せしむ

奏聞使者申詞　小田伊賀守知春

南都回祿事

實玄良玄及び張本人印覺隆圓賴乘等を誡飭あるべし

月次祭伊勢奉幣使を發遣せらる

武家の警固は改定せられず新道を經由か

西園寺實俊三節出仕のため公賢に請うて內辨作法の口傳を受く

三條實繼書狀

元三節會に衞府佐隨身の袴の色を問ふ

一乘院前門主實玄禪師、匪啻破和睦、引率新禪師(關白猶子)、以下輩、十月廿五日亂入南都、燒拂禪定院以下數百ヶ所云々、早任舊規、可有誡御沙汰哉、宜爲聖斷之旨、可申入候、次印覺・隆圓・賴乘、爲今度張本之仁云々、子細同前、

廿六日、天晴、傳聞、今日被發遣月次祭幣使、到著離宮院事先日〔本月三日・九日〕有勅問、而武家警固無相違、不及改定沙汰、如例發遣了、如去年沙汰、經新道參宮歟、上卿松殿大納言〔忠嗣〕、辨親顯〔平〕朝臣、

廿七日、天晴、入夜西園寺大納言被入來、謁、〔之脫カ〕公事ニ三節可出仕云々、仍有小習禮事、練步以下、內辨作法悉以口傳了、先日注送委細次第了、其上口傳以下示之、文永記趣大概同注遣了、

抑今日頭中將隆家〔油小路〕朝臣送消息、禁中貢馬御覽事示之、問答勘付了、

〔三條實繼〕
都護談衛府佐隨身袴色事、

歲華抄少〔殘イ〕―― (事候、)

抑外衞佐隨身袴ハ、(可爲染分之旨所見候、) 元三節會用何色候哉、(外衞紅梅ハいたく不打任候歟、不定候也、謹言、) 近衞無差別候哉、聊不審事候、廷尉ハ府督同事候間、無不審候、正佐ハ紅梅歟染分候歟、所見不候之間申入候也、若構得候者、雖片時可參啓候、實繼誠恐謹言、

延文二年十二月

十二月廿六日　實繼 判 状

油小路隆家書状
貢馬御覧につき公賢に諮る
馬寮馬部と御厩案主と毎度相論確執に及ぶ
先朝御代落居の様を公賢に問ふ
日野時光に尋ぬべし

旁預勅問候き、彼時御厩注進、後西園寺〔實兼〕記并先朝〔崇光〕沙汰覺悟之分申入候き、其旨趣注進之候、御沙汰落居之様候歟、時光朝臣申沙汰候き、可令尋聞給候哉、

今夕貢馬御覧可申沙汰之由、俄被仰下候、左右馬寮馬部與御厩案主餝衣相論、毎度及確執候、臨期違亂、此事候之様承及候、先朝御代連年之儀、何様候乎、定被聞食及候歟、爲存知内々尋申入候、武家所進御馬、御厩舍人請取之、可渡馬部之由執之候歟、御厩相誘候之條、可依先規候哉、此事于今不被落居候之條、御沙汰不審候、先例不遠候、人々定覺悟候歟、當時誰人才學可爲指南候哉、委蒙仰候者畏入候、以此旨可令洩申給、隆家頓首謹言、

十二月廿七日　隆家上

〔藤原光熙〕丹後前司殿

西園寺實俊小朝拜の儀につき尋ぬ
神輿在洛の時は停止か

廿八日、西園寺大納言談小朝拜儀事、

恐悦候、大概御習禮目出候、老耄東西九失念等比興々々、下々名之時、〔磬〕敬折ハ異説候けり、不可候也、

夜前參拜、毎事心閑申承了、兼又神輿御在洛之時、小朝拜大略被停止候（如此候歟、）歟、若有其儀者、可著殿上様不審候、著沓入無名門代、假令（不可有相違候、）如拜賀等之時候歟、又今日年中行事障子下、（關白已下上首著座之時、出入上戸相憚候歟、）奥端相分著候哉、雖無指篇目、先々儀ふと不覺悟之間、以次令啓候、わさと（隨仰候、恐々、）可被勘付候也、實俊恐惶謹言、

十二月廿八日　　　　實判俊状

内侍所御神樂

廿八日、「戊戌、」（柳原本ニ據リテ補フ）天陰或雨、傳聞、今日内侍所恒例・臨時御神樂也、公卿所作、三條中納言實音卿吹笛、其外――及地下輩云々、實音笛初度、地下景茂（山井）弟子云々、

幕府貢馬を進む

今日武家貢馬引進云々、

賀茂臨時祭追行使山科教言

廿九日、天陰、今日賀茂臨時祭也、使内藏頭教言（山科）朝臣、兼任中將勤之、倉部・羽林兼帶依無例、先年隆持（四條）卿所望之時被閣了、然而今度被任歟、舞人以下散狀可尋、公卿三條中納言實音・日野宰相教光朝臣兩人參仕云々、

還立の儀を略す

還立儀及元日、仍被略歟、且又依神輿事、先例若無沙汰歟、可尋、

三條實繼雨儀舞人裾のことを尋ぬ

抑今朝按察大納言實繼（三條）卿談合、雨儀舞人裾可懸間事、尤可然哉之旨返答了、

賀茂臨時祭散狀

（本折紙）

賀茂臨時祭

使

内藏頭
教言朝臣

舞人

冷泉中納言（少カ）
信家

三條侍從
公澄

延文二年十二月

延文二年十二月
右衛門佐〔東坊城〕
秀長　右兵衛權佐〔唐橋〕
在敏
四條侍從〔鷲尾〕
隆廣　高倉侍從
範蔭
中務大輔〔東坊城〕
富長　行事右馬助〔物加波〕
藤原懷國
藏人彈正忠
橘知廣　新藏人
三善基統

加陪從

前左馬權頭〔日野〕
仲光朝臣　〔物加波〕
親尹朝臣
前中務權少輔〔日野〕
宗茂　讃岐守
爲俊
盛久入道子
〔源〕
盛顯

庭座

公卿

（以下本折裏）
垣下〔實音〕
三條中納言　〔武者小路カ〕〔教光〕
北小路宰相

所役殿上人

〔清水谷〕
公廣朝臣　〔中御門〕
宗春

職事

隆家〔油小路〕朝臣　　藤原永季〔高倉〕
時光〔日野〕
省略條々
舞、物聲、北陣、
陪從不參、近衞召人勤其役、

插頭花

一、一舞人、插頭花ヲ差左候き、以外事候哉、

歸立御神樂

歸立御神樂、停止弓場儀、翌朝元日、未刻、使内藏頭期日以前辭申、中將之隨身難義〔儀〕之故
云々、

三條實繼書狀
息公澄の舞人祗候につき不審を問ふ

廿九日、按察大納言送狀、
年内御事候、如在御文察申候、參拜遂以不叶、至今日候了、恐恨候、明春者、早々可參賀候也、
抑除夜儀以外候、還立可爲何樣候哉、臨時祭、今夕必定候云々、諸事計會、言詞難及候、公澄〔三條〕被押懸候、不具無極之間、
周障〔章歟〕候、結句察申候、甚雨、於事其煩多候、雨儀むさ〳〵と候ハんするに、懸何事候哉、凡雨儀懸裾之條、可爲
裾之條、通儀候歟、舞人ニ雖可〔候不カ〕可有子細候哉、何樣候哉、未練之者候、泥土うけ引候條、六借候、しかも又非自物、無心〔許脱カ〕候、爲之

輕服人は御禊以後參るべきか

如何、輕服人御禊以後可參候哉、其以前にも參候て、片方ニ蟄居、不可有子細候哉、强不及堂上、便所ニかゝまり居候條、定無子細
候歟、今度舞人三人輕服云々、けしからす候、條々可被勘下候、恐々謹言、實繼誠恐謹言、

延文二年十二月

十八二月廿九日　　　　實繼判

享徳元年九月十八日書寫了、　　按察使藤原（甘露寺親長）判

園太暦　第卌一

（見返シ）「二月・三月・四月・五月虫損云々、　第卌一

園太暦　延文三年　春夏秋

正月・六月等持院殿（足利尊氏）去月薨給事・七月・八月・九月」

園太暦目録

延文三年

正月

一日　被止小朝拜・關白拜禮等事依神輿（東大寺八幡宮）在洛也、

三日　右府（近衛道嗣）元日節會之儀示送事公卿四人事　頭中將（油小路隆家）加次將事

右府節會敍位條々不審談事節會兀子不足、可立加否事

四日　西園寺大納言（實俊）、元日節會内辨（近衛道嗣）早出、續内辨（實俊）事被示送事

五日　敍位、依關白（二條良基）衰日幷次（坎イ）日延引事

六　日　忠光〔柳原〕朝臣敍位條々尋之事公卿不人數之時辨官可取筥文歟事　參議不參之時辨官可候院宮申文歟事
七　日　今日之儀右府被注送事
散狀已下行知〔安居院〕注送事納具下名於外任奏〔筥脱カ〕奏聞事　少納言代隆右〔鷲尾〕朝臣勤仕事
八　日　右府被注送節會義〔儀〕事敍位入眼依無上卿預簿於外記事
敍位聞書、府勞有尻付、可被止之由申遣事
十三日　西園寺大納言踏歌節會不審條々尋事
十六日　右府節會次第所望幷條々被尋事
勸修寺大納言〔經顯〕、經方〔經顯息〕節會參仕、敍位等事不審事
勸修寺前大納言〔經顯〕、一昨日節會中間入御、人々起座不審事子細、
十九日　大納言〔洞院實夏〕節會著靴所事尋之事
廿七日　自內裏〔後光嚴〕、就神輿〔東大寺八幡宮〕在洛、內々御會等猶可被止歟之事
卅　日　頭辨時光〔日野〕朝臣、前關白〔一條經通〕息〔房經〕元服、理髮〔勤仕脱カ〕、非家禮、可爲何樣哉事
二月・三月・四月・五月記無之、

六月

一　日　等持院殿〔足利尊氏〕贈官事兩局勘例事

四日　〔中原〕康隆記　解陣并贈官位宣下事
五日　圓忠、諏方大進　位牌已下著服談之事
六日　位牌治定方、圓忠示送事
十三日　圓忠送狀、尋中陰願文料紙色事
十九日　贈官御禮、以代可申、裝束色目、〔石橋和義〕左衞門佐入道談事
廿一日　贈官位事、一條前關〔經通〕白問答事
廿四日　〔足利〕義詮代左衞門佐入道、參內事子細、
卅日　六月祓、輕服暇日數已後修之例事

園太曆
延文三年

七月

七日　詩御會并御樂事
十五日　〔諏方〕圓忠法師條々〔足利尊氏〕故將軍佛事、布施殿上人可取否事　百ヶ日佛事裝束事談事

八月

五日　〔諏方〕圓忠法師、百朝佛事之間當番衆僧可祈禱事如何之由談之事

六　日　自内裏〔後光嚴〕、鳳笙御沙汰事被仰合事勅書、勅答、

七　日　頭辨〔日野〕時光朝臣、武家佛事可取布施否事

知任〔橘〕三位、藏人知廣〔知任息〕武家八講布施手長事談之事

八　日　忠光〔柳原〕朝臣、武家七僧法會行向、其間事談事

一條前中納言〔實材〕、禁裏〔後光嚴〕御笙御傳受之時可祗候之事談事

九　日　贈左府〔足利尊氏〕百ヶ日佛事、人々行向事

頭辨〔日野時光〕條々尋事

圓忠法師重尋條々事行香公卿無人、可加殿上人歟事　貫首可列公卿末歟事等也、

十一日　釋奠、未明祭執行之後延引事

十三日　小除目聞書到來事親顯〔平〕昇進不庶幾事　當今〔後光嚴〕與法皇〔光嚴〕御不快子細事

量實〔小槻〕云、釋奠永觀二年如此歟事

釋奠子細宗季〔清原〕注送事

十四日　御笙始事嗣房〔萬里小路〕奉行、實材〔一條〕卿記、

十五日　右大辨宰相〔日野時光〕談一品書札禮事

同、補女院藏人狀案文事

十七日　右府〔近衛道嗣〕、敍位除目時火櫃・衝重役不審事五位藏人居事

廿　日　南方左府〔洞院實世、公賢息〕所労事

新大納言忠季〔正親町〕條々尋事

廿一日　忠季卿、於伏見殿被授下琵琶灌頂事付記六、暇中例、

卅　日　頭忠光朝臣、遣一品書札禮事談間事

九月

四　日　小倉法皇〔光嚴〕俄御惱事

甘露寺前中納言〔藤長〕、議奏幷直衣事談之事

六　日　經量卿〔勸修寺〕爲一品〔勸修寺經顕〕使來事實世〔洞院〕卿事訪之、又一品慶事、脇壁・檜皮・棟門等事談之事

十八日　忠光朝臣〔柳原〕、〔來脱カ〕神宮事勅問〔後光嚴〕事

廿　日　右府〔近衛道嗣〕京官除目事被尋事一夜・二夜不同事

廿一日　上皇〔崇光〕、舞曲有叡覽度、神輿〔東大寺八幡宮〕在洛中如何事

廿三日　右府被談事

廿六日　造宮大小工事勅問事

廿七日　上皇舞御覧被止事

廿八日　右大辨宰相時光（日野）尋拜賀條々事 名家不（召脱カ）見（具カ）前駈事
西園寺（實俊）大納言去六月中除服宣下、近日可除服間事問之事
政始事 散狀事

延文三年

正月大

東大寺八幡宮神輿在洛により小朝拜幷に關白拜禮なし

一日、王春三元之告朔、聖朝太平之佳期、一人有慶兆民頼之、幸甚々々、自今朝屬晴、依東大寺（八幡宮）神輿事、小朝拜無之、又關白（二條良基）被止拜禮儀云々、

近衛道嗣書狀元日節會の儀を報ず國栖立樂停止參仕の公卿

三日、天晴、右府（近衛道嗣）元日節會被示送事、

小朝拜停止、國栖奏歌止歌（笛歟）候、立樂一向〻――（本ニ虫損）宣下〻――

日新御慶幸甚々々、

抑元日節會參仕公卿、西園寺大納言（實俊）・萬里小路中納言（仲房）・右大辨（勸修寺經方）等候、辨忠光朝臣（柳原）・少納言信家（冷泉）・次將公村朝臣（一條）・家尹朝臣（藤原）著胡床候き、後承候ハ、隆鄉朝臣（四條）・頭中將（油小路隆家）等參著候けると云々、早出仕候き、翌日參著候歟、以外遲參候、職事ハ皆參候、外記ハ師茂（中原）・六位外記師興（中原）・師有（中原）、史量實（小槻）六位候しやらん、不覺悟候、猶注落事候歟、諸卿昇殿之後早出候き、西園寺相談奉行（萬里小路嗣房）候、可有御尋候歟、兼又硯給了、悅存候、事々自是可申候也、

道嗣書狀敍位執筆の不審を問ふ

右府被尋聞（問カ）敍位執筆條々不審事、

氏爵未給の尻付を注送す
醍醐相國次第

延文三年正月

氏爵未給尻付等、拝見了、尤其興候、一紙注進之候、此分何も不背理候、、(マヽ)字ハ不可候歟、兩樣可在御意候哉、何樣候哉、先日承候分氏爵未給候損――、氏爵未給醍醐相國(九條良平)次第ニ注載此分候、然而何年――猶可宜候哉、不(マヽ)令條不足候歟、其旨申候しやらん、

王氏未給事、先年納言被參候し時、申文定議定なと候き、其時は不可有遷替時歟、未給之子細候歟、不分明候き、然而可出申文之條勿論候、就其一議注載奥候也、先規不候歟、兼又敍位授淸書上卿事候、先々御倚子、前ノ板ニ南面候也、毎度如此候、上卿をも板に置テ傳授了、不審

此條可爲何樣候哉、若端座疊ニ懸膝テ上卿ヲ召寄テ、節會兀子內辨仰古議(儀カ)ハ誠此體候やらんにて候へとも、打任てハ只御倚子前ニて授候也、內竪令立之時、沙汰來候事は、多不守古禮候歟、參議昇殿如此候、以後ハ傳仰候歟、昇殿以前ニハ直召仰候歟、雖遲々候、强不可苦事候へは、相待參議昇殿被仰候之條可然候歟、其詞、チサワラト可召哉、微々ニ可召候哉、可爲高聲候哉、委可注給候、仰詞も、被仰參議之時、兀子如此なとこそ候ハめと覺候、立かへヨなとにて候へきやらん、彼是不審候也、

氏爵未給の尻付

氏爵未給

藤原朝臣泰憲去保延元年氏爵未敍、
正月敍位執筆參議顯業(藤原)
久安四年尻付

藤原朝臣兼經(近衞)氏、建暦二年御嘗(大歟)會未給、
正月敍位執筆左大臣良輔(九條)歟、藤氏・源氏未給・未敍不同、不審歟、
建保二年尻付

源朝臣仲具氏、建暦二年大嘗會未敍、

私注進之今案

某王、、御後、其年未給、
當年王氏次如此候之條、不可背儀候哉、
先年出來者神妙、雖無例不可有難候歟、

西園寺實俊勸修寺經顯等來狀
萬里小路仲房來訪
天龍寺火災山門及び雲居庵を除き大略燒失す
道嗣書狀元日節會儀の不審を問ふ

四日、天晴、今日西園寺大納言・勸修寺前大納言〔經顯〕・右府等被送狀、及晩萬里小路中納言仲房卿、相伴子息嗣房入來、謁之、敍位入眼奉行事也、

天龍寺火
亥斜當西火、大略終夜熾盛也、後聞、天龍寺煙化、佛殿以下大略拂地、但山門幷雲居庵除之云々、

節會及翌朝之時、外辨上卿之(者イ)可練候哉、西園寺〔實俊〕ハ不練候し、
是ハ略之條不見、弘安比元日節會故左府〔西園寺公衡〕爲參議參仕宣命使、及天明練歩之由申候き、
何様候哉と歟、其後愚身及天明候しかも不練候き、
內辨宣命拜なとに進立候ハん時、進退も同事歟、
被略之條何事候哉、內辨謝座、及(乃イ)至白馬・敍位・宣命使なとは、白晝必可練候歟、自餘は省略、晝も其例多事候也、

今朝條々申承候、悅存候、

兀子事、去元日節會、兀子以上三脚、參議床子、堂上ニ更不見候き、以內々仰奉行・參議等未昇殿之時分候き、以外違例候歟、如此之時、內辨進退
此事ハ以外違例候けり、先度言上ハ尋常事を申入候つ、今もさ様候者、御堂候とも無左右不入庇內、妻戸外邊まで(にイ)被御覽候て、さ様事候

ハ、、其邊ニ候ハん內堅ニ蜜(密)被仰候歟なとの外、不可有別故實候歟、
も可爲何様候哉、爲向後申談候、只一二脚なとの不足こそ立加事も候へ、是
は以上不見候間、何と候へしとも不覺候て、昇殿以前軒廊邊ニて、內々仰奉行候〔今もさ様御沙汰之
外、無才學候、比興〳〵、〕
き、何物候やらん立加候し體も狼藉なる様候、可爲何様候哉、
一、白馬奏事、親族拜已後大將不昇殿、〔一說候、〕立留見白馬奏常儀候歟、大將不參之時、內辨
奏聞之儀、又如此可候歟、但當時軒廊狹少、諸卿堂上時分、內辨一身留立之條、〔誠無骨候歟、先歸陣、諸卿
復座之後、更御下殿不可有子細候歟、此條本儀候歟、立留之作法、略說候哉、(脫アルカ)御所存候、〕
便宜無骨なる様覺候、大方親族拜以後昇殿、更下殿見白馬奏之條、
不可有子細候哉、兩條例可令勘付給候也、

實俊書狀
元日節會につき報ず
內辨道嗣の早出により實俊續內辨を勤む
祿法なきは不審

西園寺大納言狀
端切了
――尚以不可有盡期、幸甚々々、近日可參賀言上候也、抑元日節會、諸卿堂上之後
右府卽被早出之間、內辨相談(續カ)了、可爲簾中出御由存儲候之處、俄無其儀候之間、支度
相違候き、愚意分一事無違失之由存候、然而傍人是非可爲簡(肝)要候、且何様にか被聞食
候らん、兩見參をそ兼而禮帋ニ卷籠候しに、結句無祿法候し間、彼條々背先例之由仰
外記候之處、兩見參卷籠條常事候、又祿法目祿(錄)、於〔本ニ如本〕被同者不用意之由令申候、尤不審
不可然之旨返答候き、但追歸候者可及延〔遲歟〕引候上、祿法被同(マヽ)不候事得所見候間、これま

てと存候て令奏候了、委細預貴報候者、可爲向後才覺候、實俊恐惶謹言、

正月四日　　實俊

勸修寺前大納言、

經顯息經方のために敍位以下の作法を問ふ

〔勸修寺〕經方卿敍位已下作法事注篇目尋之、所存注遣了、

敍位の事

敍位事

一、五位王氏加階事

御次第新敍從四位上之下、（是ハ其篇可替候、今ハ無謂事を書と覺候、）從四位下之上可書之云々、（如此、）本位依爲諸臣五位之上歟、

今案、四位王氏加級者、可書諸臣四位上歟、（如此、）不可書無位字歟、

五位王氏加階敍四品事候歟、將又五位中加階候歟、（此事候也、）四位王氏加級不可書無位字云々、（是も不可書候歟、無位字書候ハ、令新敍五位事候哉、）五位可爲何樣候哉、若可有無位篇候哉、

一、無位事

御次第六位書了之後（古來如此候歟、）可書之、（事理雖不審、可在人心事候哉、）私案可爲六位上歟、兩樣可爲何樣候哉、

又無位人簿可有尻付候、不然者以何可存知乎、（此事誠不審候、然而別尻付强不候歟、然者淸書之時、縱雖書落候——不可爲執筆之失候歟、但さ程人名字——（マヽ））

一、上卿被授簿之時、可揷笏候哉、（除目淸書之時ハ、如此候本儀候、是ハ小卷候へは、被取副笏、少々懷中何事候哉、）

一、欲書之時、簿先一反可見之候哉、（强不然候、但又爲存知一見も不可有巨難歟、）

一、書了持參之時、（さのミ多ハ難治候歟、一通何《にて歟》よりも取副笏、自餘懷中、於內辨取出返上可然歟、）簿下名兵可取副笏候歟、將又可挿笏候歟、

一、兵下名可（可然候、）卷加式下名候乎、

一、加佫《銘歟》事、（加佫《銘歟》事、強不然候、）式・兵毎事――可書之乎、

笏文の事

笏文事

一、聞板聲參進云々、（令召使伺見候也、）當時可爲何樣候哉、

一、笏（如此、）當胸可持之候哉、

院宮御中文を召す事

召院宮御中文事

一、三通可取副笏候歟、其（如此、）殘可懷中之事（乎カ）、

一、有不被進之所者、其由可申執筆、其（自餘ハ是ヨリ、）詞如何樣候哉、

一、未給申文勘下候間、內記不參者可仰外記歟、其詞、（加樣ニこそ候ハめ、）給否ヲ勘ヨ、如此可候歟、

勸盃の事

勸盃事

一、納言與參議其程（其間遠之時、起座經簀子なと古禮所見候へとも、居上之條穩便覺候、）遼遠候ハ、可居上候哉、

加敍の事

加敍事

一、任本位書入之候者、若一行及兩三人之時、不謂位（此條常事候歟、但二行なとハ相構可被書入）次可書次行候歟、若兩人

者可然歟、一行可書入候哉、

一、於内辨前、聊經程可候之時如此、逃片足之由所見候、何様可候哉、

一、敍位入眼、参議可執筆候歟、若下臈候者可起座候哉、如此候、内辨誤而被目候者其子一往尤細可被申候歟、申候哉、

經顯書状

年首御慶最前向御方雖申籠候、尚不可有盡期、早可参賀言上候、抑經方委細預御諷諌之由申候、畏存候、敍位事不審條々注進上候、可被勘下候、他事参賀之時可令言上候、經顯恐惶謹言、

正月四日　經顯上

洞院殿

關白の衰日幷に九坎日により敍位延引

五日、天晴、今日敍位、依執柄（二條良基）衰日幷九坎日延（引脱カ）、可爲明日云々、

柳原忠光敍位儀につき不審を問ふ

六日、天晴、左少辨忠光（柳原）朝臣送状、返答續之、又敍位議（儀）、藏人懷國（物加波）爲行事、又有問答事、

院宮申文参議不参、未承候、参議不候之時、中納言或大納言も勤候也、辨官なと勤仕候其例候哉、

忠光書状

不可有盡期候、幸甚々々、御慶最前雖参賀言上仕候、猶以不可有盡期候、

抑敍位清書辨官勤仕、いたくは不打任候へとも、さもや候つらんと覺候、就中去延慶二年大嘗會、敍位直盧有其例之由被仰下候し、何度例候哉、聊不審子細候、

物加波親尹書状
息懐國のために敍位儀の作法を問ふ

一三二

延文三年正月

儀、執筆愚身參仕、依歡樂不候淸書、早出候き、其時參議不候しと覺候、
公卿無人之時、候筥文之條勿論候歟、近代大略重反(マヽ)之間無其
＼辨官にてや候つらん、可尋聞食

外記候哉、
儀候、＼如法古幣(弊)例候也、藏人頭・辨官共令候候歟、何＼何もいたく無差異候歟、猶流例候哉、辨官候筥文之儀、不可違公卿
候哉、＼若所持笏候歟、搢笏於御前拔之候歟、弓＼不列立、臨期於無名門立納言之筥文之所取之由承候也、場列立之儀又不審候、近比雖無此儀候、以次爲才
(衍)才學言上候、可令伺申給、恐々謹言、

正月六日　　　　忠光

〔藤原光煕、洞院家家司〕
丹後守殿

＼無所見、
左右馬允申爵申文、入諸衞勞先跡候、馬＼此短尺も有何事と覺候へとも、古抄短尺目六不見候へハ、可助申加階ハ可入諸司勞候哉、只
被相計候歟、惣加階短尺申入、不可有子細云々、
申加階可入臨時敍位哉、

敍位

＼此事府奏ハ申文體別也、然而さ樣ニ所見候ハ、不可子(有歟)細、自解ニ府奏尻付も、除目ニハ邂逅有之歟、
六府奏將監尉申爵申文、一說短尺府奏、∫自解にて申者、此短尺叶理歟、一說將監ヲハ入近衞將監
申爵東、衞門・兵衞ヲハ入諸衞勞テ、目六尻付ニ府奏ト書候、以何爲善說候哉、
(御カ)
治入內給國申文、近來書來候哉否、＼案文只今無之、申文案大切候、＼當年給御申文、當年所ニ去年御給爵未補と候院宮未給ハ付短尺、最上捶之候
之外無別子細候、
歟、申文案可申出候、院宮停內外官未給申爵候、袖書勿論候歟、長久元其例候歟、府

敍位儀今朝に及ぶ
萬里小路仲房來り續內辨のことを談ず

安居院行知節會散狀を注送す

行知書狀
敍位入眼

加敍

外任奏

女敍位

奏遣之、(候脫カ)中文案同可申出候、

條々參賀之間、可令洩披露給、

親尹(物加波)上

七日、天晴、敍位議(儀)及今朝、節會可及深更之旨風聞、末代式如此、入夜萬里小路中納言(仲房)來、今日節會可參上藺松殿大納言(忠嗣)、敍列已後可早出云々、仍繼內辨事談之、今日之儀自右府注給之、

今日節會散狀已下、奉行藏人次官行知(安居院)示送、先日來談問答之、就此儀慇懃歟、頗似知禮者了、

白馬節會散狀進上仕候、敍位入眼上卿不參之間、被預置敍位簿於外記局、執筆御退出、節會參公卿、萬里小路中納言爲上卿被行入眼之儀候之間、節會及丑刻被始行候、加敍事候間、外任奏以前奉下折紙於內辨候、納具下名於外任奏筥御奏聞候き、被下外任奏、次省略條々國栖歌笛、康永例、立樂・舞妓、仰之、垂御簾出御、御膳晴・腋共自東階供候、二省丞藤原懷國(物加波)、三善基統、・輔代宗範(惟宗)、行冬、・敍列、松殿大納言・忠光朝臣・信兼(平)・行冬、兵敍人不參候、祿所右大辨宰相(勸修寺經方)・信兼・高橋秀職候、女敍位、執筆右大臣殿(近衛道嗣)、院宮御中文公村朝臣(一條)、撰定以下所役、職事信兼・行知、入眼上卿萬里小路中納言、少納言代隆右朝臣(鷲尾)、中務輔代三善基統、內記秀長(東坊城)・藤原懷國、將監三善基統御(候カ)、執柄ハ不參候也、條々無何注進仕候、不足御信用候哉、每事可令參

入言上候也、以此旨可令披露給、恐々謹言、

正月十日　　　行知

丹後守殿

白馬節會散狀

（本折紙）
白馬節會散狀

公卿

右大臣殿　　松殿大納言

萬里小路中納言　　右大辨宰相

少納言

信（冷泉）家

辨

親（平）顯朝臣　　忠光朝臣

近衞次將

左

公村朝臣　　隆鄉朝臣

近衛道嗣書狀
白馬節會の儀を報ず

簾中出御

國栖立樂舞妓等停止

左馬頭代
隆右朝臣
（以下本折裏）
右
右馬頭代
家尹〔藤原〕朝臣

職事

時光〔日野〕朝臣　隆家〔油小路〕朝臣
信　兼　嗣〔萬里小路〕　房
藤原懷國　橘　知　廣
三善基統　行　知

八日、天陰、巳刻許雨雪交飛、然而無程雪止、雨脚終日不休、右府被示昨日節會事、

今日女敍位又可構參之由存候也、

白馬節會依窮屈申子細候之處、勅書〔後光嚴〕にて嚴蜜〔密〕仰、無所遁候之間、自去夕俄相構參仕候き、例及今朝退出候、公卿松殿敍位宣命使萬里小路〔仲房〕、・右大辨候、松殿者行外辨事候て後候敍列、以上、萬里小路・右大辨許にて候き、出御簾中、白馬奏以後退出仕候之處、暫可祗候之由被仰下候間、又還著候て、一獻まて奉行候て、早出仕候、國栖・立樂・舞妓被停止候、昨日敍位入眼、上卿損事候て退出候し〔之カ〕間、預置敍位簿於外記退出仕候き、請印

以下去夜被行候し間〔之カ〕、節會及寅刻被始行候、今朝辰刻退出候、爲御不審條々令啓候、
餘窮屈之間、僻事候らんと覺候、又可申候也、

七日儀、先六日敍位入眼、位記請印、其後加敍、其後被行節會云々、

八日、抑今日被下天書〔後光嚴〕、當年始祝著、禪定法皇〔光明〕御時、毎春拜宸筆、而事不見――後無此事、
而今春拜之、初吉々兆事、女敍位事御不審也、可然之抄可被御覽云々、年來所持秘抄女
敍位部放進候了、此抄長兼〔藤原〕卿本歟、親範〔平〕民部卿入道自抄云々、敍位・臨時敍位・女敍位
等書連本也、

後光嚴天皇勅書を賜ふ
光明法皇の御代には毎春宸翰を拝受す
女敍位のこと御不審につき抄物の進覽を需めらる
平親範撰の祕抄を進む

敍位聞書

從二位　藤原藤長〔甘露寺〕
正三位　源　善成〔四辻〕　藤原基冬〔二條〕
從三位　藤原範國〔岡崎〕　菅原長嗣
藤原行光〔日野〕
從四位上藤原定行〔楊梅〕
正五位下藤原實冬〔三條〕
從五位下藤原通定〔花山院〕　藤原家房〔清閑寺〕

安倍泰衡　狛　直興

延文三年正月七日

敍位聞書の府勞尻付につき道嗣と公賢との問答

抑敍位幷加敍聞書、今日及晩同時到來、一見之處、府勞有尻付、可被止之哉之旨、馳申右府了、

去夜女敍位又及曉更候、只今まて平臥候つ、愚報遲々爲恐々々、

府勞尻付可止之由奉候了、皆可止候哉、文和二年御卽位敍位執筆勤仕之時も、從四位下藤原信俊府勞書て候し、可爲何樣候哉、今一度委可注承候也、臨時と八、（或一向付候、若又不付）又不候、一向可止之旨後照念院〔鷹司冬平〕命候き、然而少々彼是相交、古來例候也、可注歟、たゝ一向尻付候ハさらん可宜候哉、同可承候、

尻付府勞〔近衛次將〕不可付候條、先公〔洞院實泰〕自筆次第進覽之、

尻付事、只今卽仰遣外記許候了、御次第一見、卽令返進候、

女敍位簿未書留候、自是可進候、入眼上卿萬里小路中納言候、

踏歌御次第返進候、十六日ハ不可參候也、

女敍位聞書

從五位上藤原仲子典侍、　菅原康子命婦、

紀　元子藏人、　坂上氏子釆女、
從五位下三善佐子掌侍、
藤井富子壽成門院當年御給、　清原藤子掌繼(縫)、
橘　行子女史、　藤原種子闈司(闡)、
外從五位下山上峯子內教坊、　藤井房子女史、
延文三年正月八日

西園寺實俊書狀
踏歌節會につき不審を問ふ

十一日、天陰、西園寺大納言送狀、問答續左、
追啓
〽元日不下參議、然者不進之條も、非無子細候旨存候、先日注進次第は以七日爲本、仍注出候、
祿法事引勘候之處、建治後西園寺(實兼)入道內辨之時無之候けり、今度之儀、
自然叶彼例候哉、
節會別抄注給候之條、恐悅且千候、雨儀事等大略雖存知候、相注連(被イ)候之間、殊令秘藏
候、自行光(日野)許昨日到來之際、愚報于今返(遲カ)々、恐恨候、七日難去故障候て不參入候き、
〽右府不可被參之由存候、然者始終御奉行勿論候歟、
十六日可出仕由存候、右府又被參候歟、一會內辨勤仕雖懸念候、無力次第候歟、比興
々々、十六日雖卯日非上卯上者〽不可及沙汰歟、不可奏哉、又諸司奏付內侍所之條、可爲何樣候哉、
一、〽此事、陣座諸卿留之時者可引歟、已起了者不可引何事候哉、若又(マ)、出宣仁門、出自立蔀東妻之時、又不能左右歟、
押笏紙之後經小庭進中門時ハ、可引裾歟、

一、就神輿〔東大寺八幡宮〕事、無舞妓者不可撤標之儀勿論候歟、條々能可勘給、實俊恐惶謹言、
此舞妓ハ不被止候歟、
可令撤候也、

正月十日　　實俊狀

實俊重ねて不審を問ふ

謝座事、當時軒廊二間令召之時、入自西間、更自東間可歩出候哉、
出入共可用同間候也、東間ハ一位大臣出入候也、

內辨押笏紙所事、所詮出宣仁門押之候歟、而當時以陣立蔀東妻爲彼門者、無子細候哉、若陣與床子座間門、准宣仁門者、出件門令押、經小庭可進候歟、右府所爲如然候、九者出東妻可押之條、可爲便宜候哉、
大內・閑院儀皆如此候、
不然候、但宿德大臣なと、或用此路候歟、
是ヲ稱宣仁門候也、
准本儀ハ如此可候歟、九ハ無詮之樣候、自立蔀外直至中門下之條も、可有便宜候歟、是ハ何歟よも苦候ハしと存候、

一、宣命見參奏之時、當家次第等引勘候へハ、兩見參一通にて、祿法者別ニ給外記之間、宣命都合三通候、此事違貴命一說候歟、
元日者見參祿法共賜外記候、仍宣命許を副笏候、其外日者、所詮見參祿法共可召給兩參議候、仍此二種を二三分持之條所詮候へハ、(マヽ)其上事ともかくも可在之(マヽ)

一、於軒廊所令持外記候宣命見參取之後、懷中見參宣命取副笏之由、被注御次第之處、見參祿法如宣命同取副笏之旨、當家次第候、爲之如何、
沙汰よき樣ニ相計故實之間、其由注候、加樣事ハともかくも候之條無子細候、可被計候、
笏ニ數通を副て持候ハヽ、あしくして落候て可爲失候、仍沙汰時之分を注載次第許候也、

條々委細可預貴報候者恐悅候、實俊恐惶謹言、
愚存之趣、不貽纖芥候、爲恐候、恐々、

十三日　　實俊《公賢》狀

節會內辨近衞道嗣

十六日、天陰、自、(マヽ)更雨下、自晚雨脚休、今日節會、又右相被參仕云々、其間事數度有談

合事、予咳氣猶興盛、無術之外無他、

公賢咳氣を患ふ

大夫史量實〔小槻〕秉燭之後來、未擧燈、咳病雖無術、召簾前謁之、

道嗣に自撰の節會次第の寫を贈る

今日節會次第愚草、先日右府被請見、可寫給旨被示、仍誂忠季卿〔正親町〕獻之了、

道嗣書狀
節會參仕につき不審を問ふ
著靴の所祿所の役

次第〔節會次第〕給候了、殊悦存候、昨日又被仰下候間、於今者可構參之由存候、著靴所事委承了、可相尋左幕〔鷹司冬通〕候、兼又參議一人之時者宣命見參（如此候、）同時ニ取副可給候歟、祿所參議・大（定事候、）辨常事候歟之由見及候、强又不可有其儀候哉、明日は日野〔武者小路教光〕・右大辨〔勸修寺經方〕共可參之由聞候、宣命使帶劒及候又人（文カ）勤之、大辨常勤之、就中愚身大辨・參議之時、宣命使祿所勤仕候、然者教光卿御酒勅使・右大辨兩役何事候哉、宣命使教光卿〔武者小路〕、祿所右大辨可有便候歟之由思給候、如何、

道嗣著靴の所につき鷹司冬通の返事を報ず

著靴所事、相尋左幕候之處、一紙被注送候、此外無所見候云々、降雨之時分は出立蔀上戸之條、於軒廊著靴尤可有其便之處、雨儀猶如此被注候、可爲何樣候哉、昨日令申候祿所參議等事、無子細候哉、

後照念院記

後照念院記〔鷹司冬平〕

正安四年正月十六日、

此間雨下、仍以定房〔吉田〕告雨儀御裝束事、歸來仰聞食之由、卽召辨權右中辨光定朝臣〔葉室〕、仰了、次外辨
公卿起座向外辨座、次余起座於陣立蔀間著靴、押笏紙歸入立蔀內、經小庭幷立蔀西
進立中門下、

道嗣書狀

降雨之時諸司兼〔豫〕設雨儀御裝束候者、不可奏事由候哉、其も又事〔殊カ〕更奏事由可下知候
哉、就此所見可被申沙汰候條、不可有子細旨答了、岡屋關白記〔近衞兼經〕ニ、御裝束雨儀之由被仰下之時、諸司兼〔豫〕致用意之間、示合諸卿不
及下知由所見候、

岡屋關白記

條々委細承候了、悦存候、此條猶下知可宜之樣覺候へとも、先蹤又如此例可令勘付給候、德治所見事、重遣尋了、所詮降雨之時ハ、宣仁門代之外當
時之儀不可叶之條勿論候歟、抑宣命使・祿所兩役御勤仕事、何年內辨誰人候哉、自餘
參議も誰か候けるやらん、委承たく候、無何爲覺悟候也、

勸修寺經顯書狀

息經方のために敍位幷に節會の不審を問ふ

又勸修寺前大納言送狀、經方卿不審條々注送之、敍位淸書幷節會參仕間事也、
御吉慶等最前雖言上候、猶不可有盡期、幸甚々々、御參賀之時可申入候、抑經方不審
中候條々注進上候、被勘下候者可畏存候、依此事連々驚高聞候、恐存候、

敍位の事

敍位事

一、下名四位五位六位之間無其人者、不可書其篇候歟、加敍其人出來之時、可更續加爲何樣

紙書入候也、
候哉、

一、每行爲加敍用意一行可置之云々、六位最末書入候、（六位者强不可置行候歟、）然者無此儀歟、

一、簿内記付式・兵一二合合點之由、見御次第候、而今度不然候、先例兩樣之由承候、不合點之儀、（尤大切之事候歟、被合點何事候哉之旨存候、）執筆若可加點候哉、

節會の事

節會事

一、自外辨（當時式請益人候歟、强不可然存候、）起座之時、可請益下﨟候乎、

一、越著床子候者、（中央ニ著之、如此可候歟、）起座之時後サマニ可越之候哉、若（下﨟不加者如元自下可退、若下﨟來著者、其時著上、退之時自上可退歟、）自下著之候者、起座之時可爲何樣候乎、（無其儀候、）可經下﨟前候歟、

一、雖致家禮、爲宣命使者不可有其禮歟、（此條正儀歟、）而久我太政大臣（源雅實）内辨、雅俊（源）卿爲宣命使（一說候歟、先規ハ兩端ニもやらん、守正儀候（候カ）條、强不可背禮候哉、）降殿之時平伏云々、猶持宣命不平伏、爲正說之由所所（行）見候、何樣可候哉、

柳原忠光書狀
公賢より政記を借寫す
武者小路教光の上階の慶を遂げずして踏歌節會に參仕せしを訝る

十八日、天晴、左少辨忠光送書、條々不審事等談之、愚存之旨返答了、

御前邊何條御事令聞給候哉、自去比致（被イ）侵風病蟄居仕候、以和暖日旁可參申上候、抑去年申出候政記一卷返上之所、殘又可申請候、兼又踏歌節會教光（武者小路）卿參仕、（勿論事候、）先可奏上階慶候歟、而令略之由申候之條、尤不審候、若先例候哉、如辨官一級、（不能左右候、）每度必可申慶之由記置候、公卿又勿論事候歟、依何事可有省略之儀候哉、且不承還昇殿、無左右堂

簾中出御中間入御の際諸卿起座すべきや否や　西宮記裏書

上候段、理豈可然候哉、依御計（此事無被談仰之旨候之間、不申意見候、若立何列人事ニ令思渉給候哉、七日不立敍列、後日出仕事、不申拜賀候哉、雖不被尋遮不申候ける、越度之至候歟、）如此候之由語申候、如何樣候哉、於著陣者遵行候云々、其儀宜陽殿幷殿上令略候云々、於宜陽殿者狹少、內裏先々不及其沙汰候歟、隨而著座之儀も省略勿論候歟、殿上尤可著候哉如何、但去年臨時祭之時、著殿上候云々、

（此前後ハ强不及沙汰候也、）雖著陣已前、於殿上者不可有苦候哉、九著陣之儀、先著殿上、於宣仁門邊召官人問吉時、著宜陽殿、次著仗座候歟、殿上宜陽殿令略之時、猶可問吉時候哉如何、雖非當用事候、自然存知大切候間、委細申上候也、出（群臣諸仗不起之條勿論之由存候、近仗不稱警蹕、是震（宸）儀動靜不見候故歟、西宮裏書なと分明候也、）御簾中之儀、入御之時諸卿可立候哉如何、於御膳者自脇令供之時不立候歟、一昨日節會出御帳中、二獻已後入御之時、內辨右相府、已下被立候、右大辨一（此條誠雖有所存、若猶可隨內辨儀候やらん、可不未思得候、）人不立云々、是若存異義（儀）候歟、但雖違失內辨已被立了、參議何不動座候哉、近（此條々勿論候歟、）仗不立胡床候云々、如次第記六無所見候、九出御帳中永仁已後事候歟、但神輿・神木之時、已以爲連綿之上者、定分明候歟、不及出仕之間、雖不見及候、就傳說爲向後驚高聞、以機謙（嫌）可令洩申入給、恐々謹言、

正月十八日　忠光

丹後守殿

勸修寺前大納言〔經顯〕一昨日節會中間入御之時、內辨已下起座、經方〔經顯息〕一身不立、不審條々尋之

事、

勸修寺經顯書狀

節會中間入御の際勸修寺經方の起座せざりしは公賢の諷諫による

右につき經顯と公賢との問答

御咳氣―――

抑節會雖御帳中、被垂御簾之時、御出入王卿不起座之由預御諷諫候之間、（勿論之由存候、）存其旨候、仍去（其旨粗承及事候、彼御進退愚意無相違候、）十六日中間入御之間、內辨以下雖被起座候、一身不起之由經方申候、此事見西宮記裏書由承候之間、引見候之處、延（此事を申候き、）喜十六年正月一日御南殿坐帳中、只下御簾在內、齊衡・貞觀等例歟、近仗（以此文不起座之由了見候、驚〔警〕蹕者奉見宸儀之時稱之條、定習候、依隔御簾不拜龍顏、就之不驚〔警〕蹕候、此儀王卿立否不可異候、且不起之由受庭訓候之間、他人所存者不知、於愚意者無相違候也、）不驚〔警〕蹕之由雖注載候、王卿不起座之條無所見候、所持本若注落候哉、不審存候、次縱雖爲失禮、內辨大臣起座之上者、（此條者誠可爲何樣候やらん不思得候へとも、先日儀ハ縱雖爲無禮、御所存ハ露顯可然存候、猶此條ハ可有思案事候哉、謹言、）參議可起候哉由申仁候之由其說候、此條又可爲何樣候哉、爲向後存知大切之由申候、被勘下候者可畏存候、經顯恐惶謹言、

正月十九日　　　公―　經顯

實夏來りて節會著靴所のこと等を問ふ

十九日、天晴、今日大納言〔洞院實夏〕來、依風氣自去十一日不來、昨日來也、此間尚出仕也、節會著靴所事尋之、雨儀之時每度自立蔀上至中門南廊著之、又九條殿〔道教〕禪閤、今左府〔九條經教〕內辨之時雖晴日被用此路云々、又簾中出御之儀、公卿不立之條、年來出仕之間數年有此事、不審之條勿論也云々、

後光嚴天皇勅書

神輿在洛中内々御遊等の可否如何

神輿在洛三ヶ年に渉る

嗷訴のことは一向武家の沙汰

廿七日、天晴、在風呂之間、自内裏有御書、罷〔マヽ〕上之後引勘愚記、翌日進上請文了、

東大寺神輿〔八幡宮〕在洛時興遊、一向停止之條不能左右候歟、然而堅固内々如御樂、先御代〔崇光〕樣ニも候歟之由承及候、蜜〔密〕々如詩歌會披講、猶可有憚候哉、近習輩等就懷紙之次内々披講なとは、不可事々敷之上、定可有准據哉之由存思給候、在洛渉三ヶ年候、頗無盡期之樣候、神慮雖難謝盡候、一向爲武家之沙汰之間、無力候、心事期後信候也、

公賢の奉答

光嚴上皇萩原殿に於て内々御歌合の前例あるも准據となし難し

時宜に決せられ巨難なからん

被仰下之旨跪以奉候畢、

抑東大寺八幡宮神輿御在洛之間内々御會等事、康永・貞和比御沙汰之次第粗引勘候之處、不得分明所見候、但上皇〔光嚴〕御幸萩原殿、内々御歌合〔康永三年十月八日〕なとは候歟旨見及候、但是ハ御法體主人於城外御沙汰、不可足准據候やらん、商量難決候、其外仙洞にてハ御談義なとハ連々沙汰候歟、頌聲不分明候、但以大概之因准爲時宜被決之條、强不可有巨難候哉之旨存候、以此趣可令計披露給候也、公賢誠恐頓首謹言、

正月廿七日　　藤原公―

頭辨〔日野時光〕殿

日野時光一條經通息房經の元服に理髮勤仕の催しを蒙る

卅日、天晴、頭辨〔日野〕時光朝臣前關白〔一條經通〕息〔房經〕元服理髮事談之、愚存返答了、

時光公賢に家禮に非ずして此役勤仕子細なきやを問ふ
先例存知せず

何等御事令見給候哉、此間可參申入候、抑前關白若君來月十一日可有御元服、理髪可勤仕之由蒙催候、非家禮身無左右勤仕、可有斟酌候歟、未前途大臣なとは可有儀候歟、此事先例當座不存知候、所詮之次不可(マヽ)可在賢慮歟、愚存ニハ已先途人事候、前關白御勤仕不可有巨難歟之旨雖存候、如此事偏難申定所存候、可有賢察候、御息なとは不可有子細候哉、先例定候歟、不審存候、被示下候者悦畏存候、勤仕候者、作法不審候、近日可參申入候、竹事、悦入候、今兩三日之間召寄可進候、以此旨可令洩申給、時光頓首誠恐謹言、

正月卅日　　　　時光(公賢)

丹後守殿

二月・三月・四月・五月記無之、虫損云々、

六月大

日食正現せず

一日、天陰、日蝕遂不現、尤珍重也、

時光書狀
尊氏贈官の奉行を命ぜらる
先例不審につき指南を請ふ

頭辨時光(日野)朝臣送狀、談大樹(足利尊氏)贈官奉行事、

其後久不申入、何等御事令見給候哉、此間可參申入候、抑大樹贈官事可申沙汰之由被仰下候、此事先例不審候、如記六未撰見候、上卿以下相

催候文章も不審候、上卿外、少納言・內記可參陣候歟、上卿、來其日可有贈官事、可令奉行給候歟、可爲宣命候歟、若又可爲位記候哉、內記ニハ禮紙ニ、故鎌倉前大納言〔足利尊氏〕可被贈左大臣、宣命事、任例可存知之由可書載候哉、條々不審之間申入候、委被注下〔候脫カ〕者悅畏存候、以此旨可令洩申給候、時光誠恐頓首謹言、

五〔六〕月一日　時光上

公賢返狀

悅承了、

抑彼贈官事、藏人方奉行、上卿已下催促之外不可有殊事候歟、上卿內記・少納言可被催候歟、上古參議已上、或兩三人向幕家宣制候、而中古以來、少納言罷向候歟旨所見候也、御教書文章、官外記以上一同、只可有宣下事とて、禮紙ニ其事と被載候條可然候哉、但近來細々不被行事候間、暗令申候分定漏脫候歟、去比も贈位事なと沙汰候哉、可令尋聞給候歟、謹言、

六月一日

時光書狀

贈官事、昨日仰委細畏存候、仰詞事不審候間、相尋兩局候之處、返報如此候、依有贈

贈字あるにより故字略すべきか

詔書宣命位記作進の仰詞

従一位も贈らるべきか

字略故字候之條、誠其謂候歟之由存候、然者

前權大納言源朝臣尊氏、（若正二位字可有候哉、）可贈左大臣従一位、詔書・宣命・位記令作進ョ、

如此可候哉、猶又可有故字候哉、被贈左大臣候之上者、従一位同可被贈候歟、委被仰

下候者畏存候、以此旨可令洩申給、時光誠恐頓首謹言、

六月一日　　　　時光上

丹後守〔藤原光熙〕殿

仰詞に故の字の有無につき中原師茂の勘例

被仰故字之條若叶理候歟、且宣命載故字哉、少納言・中務輔・内記等可入歟、定

御沙汰候乎、

恐鬱之間、仰旨悦承了、

尊氏母藤原清子贈位の仰詞

尊氏父足利貞氏贈位の仰詞

足利直義贈位の仰詞

抑大樹贈官事、御教書給了、請文進入候、仰詞事先々儀如記録委不注置候、但故大樹母儀康永二年三月四日贈位之時仰詞云、故従三位藤原清子可被贈従二位、令作宣命幷位記ョ、同年八月廿一日親父讃岐入道〔足利貞氏〕贈位之時仰詞云、故従五位下源朝臣貞氏可被贈従三位、宣命幷位記令造ョ、加之、今年二月十二日故入道兵衛督〔足利直義〕贈位之時仰詞云、従三位源朝臣直義卿贈従二位位記令作云々、宇治左府〔藤原頼長〕贈官位之時仰故字、然而依有贈字、

以今案被略故字云々、今度儀可有御計候也、恐惶謹言、

六月一日　師〔中原〕茂狀

同じく小槻匡遠の勘例

恐欝之處御札之旨――

抑大樹贈官事、御教書下預了、御文章無相違候歟、則進入請文候也、仰詞事、安元三年七月廿九日宇治左府贈官位事、被宣下候、仰詞云、故左大臣從一位藤原朝臣頼長、可贈太政大臣正一位、詔書・宣命・位記令作進、今間所見如斯候、大概以此分可被准處〔據〕候歟之由存候、猶御不審子細等候者、細々蒙仰可注進候也、每事併可令參啓候、恐惶謹言、

藤原頼長贈官位の仰詞に故の字あり

六月一日　匡〔小槻〕遠狀

時光宛公賢返狀

明後日六位史事如此間、定別申御沙汰候歟、彼〔マヽ〕可得御意候乎、

先例多く故の字あり

贈官事、兩局請文加一見返進候、仰詞事故字有無兩樣、誠非無子細候歟、但先例多加故字候之旨存候、然者今度仰詞、故前權大納言正二位源朝臣可贈左大臣、詔書・宣命令作進ヨ、被加贈從一位者、宣命下可有位記詞也、從一位事、太政大臣者依相當必被仰候、左右大臣者正二位

今度の仰詞案

從一位は太政大臣に相當

強ち加へらるゝに及ばず

相當也、仍强不被加歟、若別可被加贈否可在時宜歟、然者仰詞內位記字者、可依加級之有無也、大概愚意所存如此候也、謹言、

尊氏贈官位につき勅書を賜ひ御諮問あり

二日、天陰、今日自內裏〔後光嚴〕被下御書、故將軍贈官次位階事也、所存載請文了、

後光嚴天皇勅書

贈官は左大臣然るべきか

正一位の贈位如何

其後依無指事不染筆、積欝候、大樹事、追日愁歎之外無他候、就其贈官事、此間沙汰候、內大臣無先規、右大臣實朝〔源〕例不快、太政大臣又餘過分候、左大臣可然之由武家形勢候、此段非無其謂候歟、丞相贈官之時被付贈正一位之條、先規常儀候哉、雖癖〔辭カ〕申候、過分之流例勿論々々、推可有其沙汰候歟、爲之如何、

公賢の奉答

被仰下候之旨畏承了、大樹事、驚歎不能左右候乎、就中老臣又多年舊好、心神不聊候、惣別之哀傷難盡筆端候、

贈官は左大臣然るべし

贈位も有るべくば從一位たるべし

正一位は太政大臣幷に外祖に限り他に執柄及び神化の人々の例あり

抑贈官事、誠可然候歟、左大臣何事候乎、位階事、今度雖無沙汰强不可有巨難候歟、但猶可有沙汰者可爲從一位候歟、正一位者太政大臣幷外祖定事候、其外執柄臣神化人々粗雖先例候、菅丞相〔菅原道眞〕猶最初者被贈本官右大臣正二位候歟、此上事可在時宜候哉、以此等之說〔趣カ〕可令洩披露給也、公―誠恐頓首謹言、

六月二日　藤原公賢

尊氏に贈官位の沙汰あり

尊氏五七日佛事導師乾峯士曇

尊氏贈官宣下儀中原康隆注送記

解陣吉書

尊氏贈官位仰詞

位記請印

頭辨殿(日野時光)

三日、晴陰不定、後聞、故征夷大將軍尊氏卿贈官位事、今日有沙汰云々、

四日、天晴、今日將軍(足利尊氏)五七日佛事、如此間乾峯(士曇)和尚爲導師云々、去夕贈官位事、尋參仕外記康隆(中原)、注送之、又圓忠(諏方)有示旨、

康隆記(中原)

同年六月三日、庚午、今日解陣〇徽安門院崩御ニヨル諸陣警固、幷贈官宣下也、上卿權大納言藤忠嗣(松殿)卿、職事頭左中辨時光朝臣、少納言信家(冷泉)、大內記秀長(東坊城)、大外記師茂朝臣、少外記康隆參陣之、亥刻上卿著右仗座、奧、頭辨進奧座仰可解陣之由於上卿、卽被下吉書、次上卿移著端座、以官人敷軾、次上卿召外記、康隆參進、仰云、諸衞候哉、康隆申云、左近將監基統(三善)候、次上卿召內豎、召諸衞、左近將監基統參列小庭、上卿南面ニ居直笏(マヽ)、被四疊、次基統退、次頭辨就軾、仰云、以前權大納言源朝臣(足利尊氏)可贈左大臣從一位、令作詔書・宣命・位記ヨ、次上卿召大內記秀長、仰條々事、次大內記詔書・宣命等草幷位記入一莒覽上卿云々、見了返給內記、々々給之退出小庭、上卿就無名門代、以頭辨奏聞、次上卿歸著仗座、返給內記令淸書、位記不淸書、次內記進淸書、次有位記請印事、次次(行カ)掃部寮撤案、次上卿納淸書詔書・宣命・請印位記等於莒、召大內記給之、上卿就無名門代、以頭辨奏聞、內覽事被申、

免之云々、頭辨返下上卿詔書、有御畫日、上卿歸著仗座、大内記進菖退、次上卿召少納言給贈位記宣命等、次上卿召外記康隆、給詔書、被仰可傳給之由、康隆唯稱退、次上卿已下退出、少納言自陣直被參向本所云々、

御畫日

詔書

詔、德高者餘芳永傳、功大者遺烈遠覃、舊史之彝範斯著、曩聖之格言聿宣、故征夷大將軍正二位源朝臣、信同金石、操比松筠、扶鴻化而立賢行、久備朝之羽翼、掌虎旅而振兵威、專爲國之爪牙、是以辨三隊(隧カ)殆軮(軼カ)雲臺、四七將之舊躅、惣六軍忽鎮柳營、一萬里之風塵思其徽猷、盍加褒章、故可贈左大臣從一位、庶餝官階之崇號、或照泉壤之幽冥、普告遐邇、俾知朕意、主者施行、

延文三年六月三日

宣命

天皇我詔旨良万止、故征夷大將軍正二位源朝臣□(虫損)(爾カ)詔倍止勅命乎聞食止宣、頃間身勞止所聞者(看カ)行弖(給カ)、何時(何日イ)加病平无止旦暮爾待賜間爾、我朝廷乎棄天、他國乃不知處爾罷退奴止聞食天、驚賜仁(比カ)悲給仁(比カ)大坐須大命坐詔久、是以左大臣乃官・從一位乃爵乎贈給比崇賜布天皇大命遠聞食止宣、

尊氏贈官宣下儀上卿松殿忠嗣記

徽安門院崩御による諸陣警固の解陣追行

位記請印

諏方圓忠尊氏位牌の書様幷に義詮著服のこと等を尋ぬ

延文三年六月日

今日贈官事、上卿松殿大納言〔忠嗣〕記、或人相尋て尋取、續之、

延文三年六月三日、故征夷大將軍可有贈官事之由、奉行時光相催之間參陣候、先々有解陣事、前徽安門院〔光嚴妃壽子内親王、花園皇女〕獻遺令、廢朝・諸陣警固等去廿六日有其沙汰、然而上卿依不參解陣于今延引、仍今夜以參陣之次被行之、次奉行職事時光朝臣來軾、仰云、前權大納言源朝臣可贈左大臣從一位、詔書・宣命・位記令造ヨ、忠嗣微唯、職事退、次以官人召内記、大内記秀長來軾、仰云、其詞相同職事仰詞、秀長微唯退下、則持參詔書・宣命草・位記清書、入筥、就軾進之、披見、内覽事相尋之處、兼申請了、奏聞如常、秀長持筥相從、返給、可清書之由被仰之、則復本座、内記置筥、則返給筥於内記、仰清書之由、内記退下、則持參清書、取之披見、召外記召近衛司、將監橘基統〔三善〕參進、仰云、印、基統唯退下、此間掃部寮立位記束、次請印、召内記令持筥、奏聞詔書、被加御畫被返下、復本座、内記置筥退出、次召使、少納言信家參進、取出宣命位記賜之、信家退下、次召中務、々々不參之間召外記、少外記康隆參進、召軾賜詔書、可傳賜中務之由仰之、康隆唯退出、召内記返筥、内記賜筥退出、次起座退下、及申更〔半イ〕了、

四日、〔諏方〕圓忠送狀、位牌書樣幷羽林〔足利義詮〕著服等條々談之事、

圓忠書狀

公賢返狀
位牌のことは
僧家に任せて
子細なし
日本樣一紙を
注送す
義詮五旬以後
の著服

贈官位去夜已到來候、位牌と申候物、如此可書改候、僧家・寺號已下事者如此候、其
上官位模樣可爲何樣候哉、可被示下候也、
羽林著服事、至明日黑染直垂候也、明日已後者可爲淺黃候哉、是ハ內々儀候、勅使な
と來臨之時直垂不可然之間、可爲布衣候者、其色可爲何樣候哉、同可被示下之由內々
申入候、可得御意候、恐々謹言、

六月四日　　圓忠判

進之候、

條々申入了、御贈官位去夜沙汰進候、目出候、位牌事、被任僧家之外不可有子細候、
但日本樣儀、一紙被注出候、若可被用唐名者、爲御心得傍ニ被注付候也、
御裝束事、如勅使御對面之時、最前御著用黑染御狩衣可然候、服者廣絹狩衣・平絹白
指貫著用事候、是ハ細々出仕之人、就簡略、五旬已後なと用候、五旬中黑狩衣勿論之
由存候、但又可爲御直垂者、其色別不可違日來候歟、黑染・淺黃著替候儀未存知之由
申候也、恐々謹言、

六月四日　　妙悟〔藤原親季、洞院家家司〕

日本様位牌案

贈左大臣〔左府如何、〕從一位 長壽寺殿仁山義公尊（位脱カ）
官位上下可爲何樣候哉、 寺號 道號 法名爲妙義、

官位の唐名

故征夷大將軍贈從一位（唐名開府儀同三司、）行左大臣（唐名左僕射或左丞相、）

尊氏五七日佛事

公賢重ねて位牌の書様につき圓忠に所存を述ぶ

五日、天晴、今日贈左府五七日佛事云々、位牌事昨日就問返答了、而圓忠注出分不叶愚意之由有傍難之由去夕有示告人、仍今日以使者遣圓忠示所存了、所詮、故征夷大將軍贈從一位行左大臣源朝臣仁山義公尊位可宜歟、將又贈左大臣從一位歟、此條者可在賢慮之旨示了、

圓忠位牌のこと落居の旨を公賢に報ず

六日、天晴、今日圓忠法師送狀、彼位牌事、落居之篇注送也、故令申候條本意之由報了、

圓忠書狀

昨日專使恐悅之上、自正親町（公蔭）殿御書兩通送給了、懇懃御沙汰被畏申候き、

位牌に寺號を載する先例

抑寺號事、讃州（足利貞氏）禪門者號淨妙寺、武衛（足利直義）禪門者號大休寺、是則先代最明寺（北條時頼）・法光寺（北條時宗）皆以載寺號於位牌之故候、今更難休之由注疏各別書顯了、爲散御不審獻短册候也、內々可得御意候哉、恐々謹言、

六月六日 行（圓カ）忠判

左馬助入道殿（藤原親季）

幕府決定の尊氏位牌案

故征夷大將軍贈從一位行左大臣源朝臣長壽寺殿仁山義公靈位

彼御位牌、粗傍難觸耳旨候之間、昨夕令申候き、今注給之旨更無子細候歟、愚意之所存

被中達候者本意之由申了、

圓忠公賢に中陰願文料紙の色を尋ぬ

十三日、天陰、今日圓忠法師遣狀於親季法師〔藤原、法名妙悟〕、中陰願文料紙事尋之、紙裏鈍色、面色色紙不可有薄之旨答了、

石橋和義義詮の代官として尊氏贈官御禮のため參內せんとし裝束行粧につき尋ぬ

十九日、天晴、左衞門佐入道〔石橋〕和義、此間有示事、故將軍贈官事爲畏申可參內之由雖存之、凶服非無憚、爲代官〔足利義詮〕宰相中將可參旨示之間領狀了、就其裝束・行粧以下事談之、使者大河內——〔藤原〕光熙朝臣緣者、仍以彼申之、愚存之旨注遣了、

今日見新穀、頗早速云々、

公賢注送の折紙裝束

（本折紙）
一、御裝束事

鈍色　裳

表袴　袈裟長絹、

襪平絹、　鼻廣

禁裏・仙洞已下參入儀式、可爲此分歟、

布衣袴薄墨染、

紗袈裟同色、有文、

裏無或沓、

仙洞已下内々參、此分歟、

行粧

一、行粧事
著鈍色之時儀、雜色兩三人可被召具歟、又大童子體物一人可有之歟、但省略不可有巨難、
可被用車歟、布衣青侍一人若可被召具歟、
(以下本折裏)
斂役人法體不相應上者、直垂昵近人持之、何事有乎、
可爲内々儀衣袴者、大童子不可及沙汰歟、雜色有無又可在賢慮、乘物又輿可在御計、

贈官につき一條經通と公賢との問答

經通書狀
小一條院院號愚記を公賢に注送す
贈官位は葬儀以前か

廿一日、天晴、今日一條前關白(經通)被送消息、贈官事有被尋事、問答續左、
先日示預候小一(三條天皇第一皇子敦明)條院々號愚記、隨所見一紙注進候、
抑故武將贈官位事、若勅問候けるやらん、先規葬儀以前候歟、前後御沙汰次第無何不審存候、穴賢々々、

公賢返狀
左大臣に正一位加贈の御内慮を拜す
從一位然るべき旨奉答す

抑故武將贈官事、兼日御沙汰曾無承旨候、宣下前日にて候しやらん、可被贈左大臣、正一位可被加歟之旨被仰下候間、若殊子細候者勿論候へ共、非其分、只官位必可候者從一位何事候哉之由申入候き、其外事無觸耳旨候、常儀葬儀以前勿論候歟、其者當職

丞相なと大略毎度事候哉、此贈官者いたく無比量候歟、有無治定も違期候けるやらんと推量仕候也、事々期參拜候、恐々、

義詮石橋和義を參內せしめて尊氏への贈官位を拜謝す

廿四日、天晴、宰相中將義詮(足利)(代官脱カ)左衞門佐和(石橋)氏(義カ)法師、贈官事畏申內裏云々、裝束等事談之了、

又內々禁中可被召間事已下、相尋芝禪尼(日野資名後室カ)示遣了、

黑戸御緣に召されて拜謁す

後聞、候西面對屋妻長橋邊、藏人引導被召黑戸御緣、主上出御御對面云々、爲一族參上、御對面非常儀、義詮爲代官進旨稱之、仍如此歟、可謂面目歟、隨分合體之上、近親昵也、仍進之云々、

洞院家六月祓

卅日、天晴、今日六月祓予輕服中也(去年六月室藤原光子薨ズ)、然而暇日數過了、仍如例修之、

服者六月祓の先例

今日六月祓事、常說重輕服無沙汰事歟、而去比見或記之處、

承德二年六月卅日、大閤(藤原師實)幷關白(同師通)、已上去四月十日宇治僧正覺圓(師實弟)入滅、六月七日關白除服、同廿五日大閤除服、

今日有六月祓事、爲房(藤原)問道言(賀茂)、々々申不憚之由、憚服(輕イ)人除服後日數內不憚云々、

嘉應元年六月廿九日、建春門院(後白河女御滋子、高倉母后)六月祓去四月知信朝臣(平、建春門院祖父)子知任死去、先々(之カ)時忠卿(平、建春門院兄)問師光(中原)、

不憚之由申之云々、

公賢祓を修し菅貫を停む

重喪又忌之條常說也、而大外記師遠(中原)記說、六月祓重服幷姙者雖撫物不菅貫、陰陽頭家榮(賀茂)說又同云々、就之、實夏(洞院)元來雖重服不著服之上、暮(碁)(本ニ如本)月雖今日就之、今夜修祓之條尤大切

歟、就是等所見、召大麻祓之、不召輪也、以今案如此所爲也、
此事後日問泰尚〔安倍〕入道、更無子細、且近衞家二代〔家基・經平〕、六月有事、皆如此沙汰歟之旨申之、

都護藤〔甘露寺親長〕判

本ニ
長享元年九月廿五日書了、

園太暦
延文三年

七月

内裏に詩御會并に御樂あり御子左家の故障により和歌御會なし

七日、天晴、今日内裏御會、詩題二星秋有信、一字、〔洞院實夏〕大納言參仕、又有御樂云々、歌雖有催儀無沙汰、〔御子左〕爲定卿一族故障之故歟、

（本折紙）
御會

公卿

讀師
洞院大納言　　〔藤長〕甘露寺前中納言

萬里小路中納言〔仲房〕　　〔武者小路教光〕新　三　位

殿上人

〔日野〕時光朝臣　　〔油小路〕隆家朝臣

〔菅原〕高嗣朝臣　　〔東坊城〕長綱朝臣

〔菅原〕在胤朝臣　　講師〔菅原〕豐　長

下讀師〔東坊城〕秀　長

御樂

笙　隆家朝臣　（山科）教言朝臣

（豊原）惟秋　（豊原）英秋

篳篥　兵部卿（藤原兼親）　橘知廣

笛　洞院大納言　實（澄カ）修朝臣（橋本）

（山井）景茂

琵琶　左衛門督（今出川公直）　（園基隆）右衛門督

鞨鼓　豊原成秋

大鼓　（豊原）信秋

（以下本折裏）

磐（盤）涉調

秋風樂

蘇合序

同三帖

同四帖

同五帖

同破急

千秋樂

詩題

延文三年七月

詩題二星秋有信
諏方圓忠義詮の除服復任及び佛事布施取等のことにつき尋ぬ
圓忠書状
公賢の返答
百ヶ日佛事の装束
孝子一関の間除服せず

二星秋有信、各分一字、

十五日、天晴、抑圓忠（諏方）法師有付妙悟（藤原親季）示事、宰相中將（足利義詮）時服（除歟）并復任、佛事布施衣（取カ）等事也、問答續之、後日狀又續之、

此間者遙不申入候、恐欝候、抑彼（足利義詮）百朝佛事之時裝束可爲何樣候哉、除服并本官還補事等者可相待勅命候歟、其機謙（嫌）可爲百日已後候哉、彼是內々有御伺可示給候、又同佛事之時、藏人頭・職事なと被執御布施候之條、不可然事候歟、不苦候者由緒人々可催中候由其沙汰也、（候脫カ）同可承存之旨內々被申候、可得御意候、恐々謹言、

七月十三日　圓忠判

一、百ヶ日御佛事之時御裝束事、不可違此間儀、九一期之間、至固關・除服已前、皆無差別者也、

一、除服并本官還補事、除服者有指所要奉別勅之外、一闔（関カ）間不除服、孝子儀勿論也、本官還補謂之復任事、本所相觸外記局、外記申沙汰也、近來或內々付便宜人奏聞歟、時分五旬已後常儀也、或不待五旬復任、非無例、百ヶ日前後强不及沙汰矣、

佛事の時の布施取人

一、御佛事之時布施取人事、職事（頭辨、五位、）及宮司・主上御乳母人、公方猶不被催之、但別勅之時或勤其役、有例歟、

圓忠重ねて義詮の裝束につき尋ぬ

先日御返事御一見之後可返給候、爲後記部類事候也、

昨日御事書謹拜見仕了、彼裝束間事、至一廻不可依返（違變カ）之由承了、尋常最初黑服五旬、百ケ日已後者淺黃幷白色なとに改事候、隨而先日如此承候間、淺黃（前白也、）張絹直垂なとにて候、是ハ內衣直垂事はかりにて候やらん、布衣ハ始終可爲同色候歟、前後御返事有了簡之樣候之間、重言上候、內々得御意可伺給、恐々謹言、

七月十三日　圓忠判

（藤原親季）左馬助入道殿

又進了、

公賢返狀

彼御裝束事、最初被用之黑服者、至五旬已後一周闋可被用之條勿論候也、且百ケ日御佛事御聽聞著御、孝子禮候也、先日も申候しやらん、細々出仕之人近來白平絹狩衣指貫著用事候、其ハ細々著用事候、此御事ハ强不可有細々御著用候者、只如初黑御狩衣

何事候哉之旨存候、淺黄なと被交事、御直垂事ニ就之〔てカ〕被申候しと覺候、狩衣ハ黑染白平絹等著用候也、純〔鈍〕色ハ心喪色々〔候カ〕、重喪人狩衣ニハ不見馴之由內々候也、恐々謹言、

七月十六日　　妙悟〔藤原親季〕

八月

圓忠書狀
尊氏の百ケ日佛事中武家祈禱僧の息災追善兼帶は然るべからざるか

五日、天晴、圓忠〔諏方〕法師又有不審題目、存知之分注遣了、續之、

此間者又積欝候、何條御事候哉、

抑先公〔足利尊氏〕百朝佛事之間、聊有其沙汰子細候、所詮祈禱當番僧衆、修中之間出其壇所歟、從彼佛事候之條、息災・追善兼帶不可然之由其難候、普通之儀無相違事候、不可苦之由雖會釋候、先例未分明候、若准據之例候哉否、內々有御伺、御意之趣可示賜候、於武家者無都鄙覺悟之例候間、如此申入候也、殊可得御意候、恐々謹言、

八月五日　　圓　忠判

公賢返狀
現世の息災と追善とは各別の沙汰

御祈禱當番參勤僧修中、先公御追善御佛事被召加之條可有禪〔憚〕候歟、三寶利益不可有差異之條雖勿論候、現世儀息災・追孝、兩端各別沙汰來候哉、一廻以後如八講列人數之〔圍線本ノマヽ〕

條ハ先規も候ハんと覺候、尋常存知之分如此候哉之由候也、

笙御稽古につき勅書を賜ふ

六日、天晴、自內裏（後光嚴）被下御書、笙御沙汰之間事也、卽如先例引勘之上、召龍（豊原）秋大概相尋了、無分明申之旨、仍存知之趣大概捧請文了、且又勅書一段續之、

後光嚴天皇勅書

管絃所作は代々の傳統

笙の御稽古を思し立たる

堂上その仁なきにより豊原龍秋を召さんと思召さる

勅書

兼又管絃所作事、代々面影なる樣候之間、乍晩學思立候、隨而琵琶始なとも、去年已遂其節了、全分未能稽古候、笙事、一向遊態ニ樂十許候之間、相雙可令勵稽古之由思給候、堂上所作當時曾無其仁候、地下申入之段不限之、笙已下先例勿論候歟、然者可召龍秋之由思給候、地下輩備師範之段者、先蹤雖不能左右候、事始之儀者分明不勘得候、若云准據云記錄所見等、被引勘被計申者可宜候、隨思出令申候、他事期後信候也、

公賢の奉答

笙道近來陵夷不便

琵琶と相竝んで御沙汰然るべし

地下の御師範傍例あり

龍秋は宿老堪能傍若無人

抑鳳笙事、天曆・寬治兩代嘉躅不能左右候之處、近來陵夷不便之處、興廢之朝義（儀）珍重候、四絃相竝御沙汰不可有子細候哉、御師匠間事、堂上縱雖有其仁聞食地下說之條、先傍例候、當時龍秋宿老堪能傍若無人候歟、但彼輩被召御前之時、堂上可然之人必候

堂上人をその砌に候せしむべし

一條實材その仁に當るか

其砌候歟、景光（山井）奉授萬秋樂東曲於法皇（光明）御方候之時、種々被經沙汰、大炊御門入道大納（氏忠）言參候、其外連々例勿論候乎、然者今度實村（材）（一條）卿、於藝之堪否者雖不存知、於家三代相續仁之上、幸爲龍秋之門弟接公宴、已遂當道灌頂候歟、若可有恩喚之仁候乎、兼又御笙始儀事、如琵琶者近來流例沙汰來候歟、其外諸藝又問其儀候哉、然而古さまハ若强不及其沙汰にも候やらんと覺候、隨而貞和景光雖申出候不及沙汰、秘曲御傳受許候歟、今又當道樂曲少々雖内々御練習之上、如蘇合曲被聞食之、御笙始儀被通用之條、若可爲隱（穩）便之沙汰候乎之旨存候、就勅問及巨細候、出物至、殊恐申上之旨、加御詞可令計披露給候、公賢誠恐頓首謹言、

八月六日　藤原公賢

日野時光尊氏百ケ日佛事の公家布施取のことを尋ぬ

時光書狀

布施取を命ぜられしも藏人頭としてこの役不審

七日、天晴、抑時光（日野）朝臣送消息、武家佛事布施取以下事談之、如此佛事、公家・仙洞猶雖著座聽聞、取布施等事、職事・貫首・内御乳母人等憚之哉之旨報了、

其後久不申入候、何等御事令見給哉（候脫カ）、此間可參申入候、

抑武家佛事、爲布施取可出現之由令申候之間、先領狀仕了、當職（藏人頭）如此役、禁中・院中猶以細々不從候歟、不審存候、委細蒙仰候者畏存候、爲殿上人著座又不可然候歟、以此旨可令洩申給、時光誠恐頓首謹言、

橘知任その息藏人知廣の武家八講に布施取等勤仕の是非を尋ぬ

勤仕然るべからず

堂童子勤仕も憚るべし

一條實材後光嚴天皇笙御傳受の儀に參仕を命ぜらる

等持寺に於て尊氏の百ケ日佛事營まる

十種供養

八月七日

丹後守殿〔藤原光熙〕

〔橘〕知任三位來、藏人知廣〔知任息〕武家八講布施公卿手長事談之事、

抑今朝新三位知任卿來、談雜事之次、武家佛事愚息藏人知廣被相催、武家々禮之上者不及固辭可令出現也、就其布施取、公卿取次等事何樣候哉、今日尋之、九職事於追善佛事布施取上之〔マヽ〕憚之、四位歟五位候事歟、公卿取次事、公家・仙洞候時者大略傳之、猶於院中者不可然之由有執之輩歟、然而爲臨時勅定之時不及違儀歟、其外如諸家不可然哉、但又有別儀者、准公方取傳候條不可有巨難歟、

又堂童子、地下五位相竝勤仕可爲何樣候哉之由申之、同可憚之條勿論候歟、其上地下五位・殿上六位、以何可爲上臈哉、尤可有儀〔議〕、禁中外就守位次儀者、頗無面目歟之旨報了、

八日、天晴、入夜忠光〔柳原〕朝臣來、明日武家七僧法會行向、其間事談之、又一條前中納言實村〔材〕卿來、禁裏〔後光嚴〕笙御傳受時可參仕之旨、内々有女房奉書、予奏聞之由被仰下、尤本懷之由謝之、先日之趣粗示了、

九日、天晴、傳聞、贈左府〔足利尊氏〕百ケ日佛事、今日於等持寺修之云々、松殿〔忠嗣〕大納言・日野宰相〔武者小路教光〕・兩貫首〔油小路隆家・日野時光〕等行向云々、此八日ハ〔間カ〕令書如法經、昨日於等持寺十種供養了、萬秋樂曲〔マヽ〕、之云々、

武家佛事の布施取行香等につき時光と公賢との問答

時光公賢の諷諫により布施取は辭退し行香には立つこととす

笏を持つべきや否や

頭辨時光〔日野〕朝臣送消息問條々、所存返答了、

先日委細仰旨恐悦存候、此間可參申入候、

抑今日武家佛事布施・行香事、(公家・仙洞儀猶被憚之上者、宜被仰其子細候條有何事哉、)雖可斟酌候、時議不可然、近日事難及子細候歟、無術事候、此條罷武家商量申候哉、(布施取事問題申候間、職事・御乳母人、公家・仙洞被憚之由申候き、)然者心安存候、於布施者雖略候、行香ハ可立之由申候、可存其旨候、(無殊子細歟、但綱所并上首作法外無他候、難盡紙上候、)行香進退未存知候、大概被仰下候者畏存候、次笏事、(自堂上之時、可被略候也、)爲佛前候上者一向可略之哉、(賜僮僕候也、)堂上後可賜下部候哉、又著座所、(不可然候、)可爲廂者可所持候哉、然者行香時分者可給下部候歟、委被仰下候者畏存候、以此旨可令洩申給、時光誠恐頓首謹言、

八月九日　時光上

丹後守殿

諏方圓忠書狀

行香につき不審を問ふ

卿相人數不足の時雲客を加ふるの可否

辨官は顯職により超越すべきか

藏人頭は卿相の末座か

又圓忠〔諏方〕法師有尋事等、問答續左、

習禮所、卿相・雲客不可有同座候哉否、同可承存候、

行香之間、卿相人數不足之時、任﨟次可被加雲客之條勿論候歟、居辨官人、依爲顯職可超越之由一說出來候、可爲何樣候哉、

貫首座事、可列(末歟)卿相之條勿論歟、若然者可爲同疊候哉如何、

今日法會聊不審事候、忩々有御伺可示給候、恐々謹言、

八月九日　　　　　　　　　　　　　　圓忠判

公賢返書

行香之時卿相人數不足、加雲客之條勿論事候、顯職・閑官强無差別、然者隨便爲時宜之條又無子細候也、

貫首座、公卿末勿論候也、

習禮とハ、參集所事候哉、强不及列（別カ）沙汰、ともかくも隨便宜可有進退候歟、

行香は布施取同様藏人と御乳母とを憚るべし

兼又先日御問題之內布施取事、申承候き、行香を注落候しと覺候、布施（取脱カ）同事候、職事・御乳母ハ被禪（憚カ）候也、爲御不審以次令申之由可申旨、（候脱カ）恐々謹言、

八月九日　　　　　　　　　　妙悟（藤原親季）

釋奠を追行せんとし上卿の不參により中途に停む

十一日、丁丑、天晴、今日釋奠也、上丁延引、權辨親顯（平）朝臣・大外記師茂（中原）・助教宗季（清原）等參仕、未明祭初、不知其故、候料（歟カ）等申沙汰之處、上卿（松殿忠嗣）俄不參、不被行其後儀云々、

小除目

十二日、天晴、傳聞、今日被行小除目云々、

聞書を見る
平親顯は一文不通の人
勸修寺經顯後光嚴天皇と光嚴法皇との御

十三日、天晴、未刻許聞書到來、面々昇進頗驚目、就中親顯朝臣、以謂平家一流登用、剩帶尚書、一文不通人也、尤珍重、又一品（勧修寺經顯敍従一位）不能左右歟、遣賀札了、後聞、殊私恩別有子細

不和につき法皇を諫め奉る

延文三年八月

云々、或云、當今〔後光嚴〕與法皇〔光嚴〕御父子頗不快、而彼卿諫申法皇、此間和順云々、

小除目聞書

權中納言 藤原〔勘解由小路〕兼綱

參議 藤原〔日野〕時光

藤原〔油小路〕隆家

左大辨 藤原〔勸修寺〕經方兼、

右大辨 藤原〔日野〕時光兼、

左中辨 藤原〔土御門〕保光

權左中辨 平親顯

右中辨 藤原〔柳原〕忠光

左少辨 平〔西洞院〕行時

中務權大輔 藤原家明

權少輔 平繁春

侍從 藤原〔西園寺〕公兼

文章博士 菅原時親

兵部權少輔 藤原藤定

刑部權大輔 源仲高

宮內卿 平惟清

少輔 藤原〔物加波〕懷春

彈正大弼 源〔中院〕長具兼、

越前守 三善言衡

能登守 藤原重俊

備中權守 藤原清春

隱岐守 賀茂長忠

左近中將　藤原〔一條〕房經　將監　源義行
左衞門尉　藤原賴直　神恒貫
越智康秀　宮道武兼
右衞門尉　藤原義廣　藤原景長
左兵衞尉　藤原宗德
右兵衞督　藤原〔油小路〕隆家兼、
左馬助　紀宗顯　右馬助　源長繼

延文三年八月十二日

敍位聞書

從一位　藤原〔勸修寺〕經顯
從二位　藤原家倫　藤原〔二條〕師良
正三位　藤原〔四條〕隆宗　資英王
藤原〔法成寺〕親長
從三位　菅原高嗣　菅原〔東坊城〕長綱
正四位下　藤原家尹　藤原〔世尊寺〕行忠

從四位上　卜部兼繁　〔山科〕藤原教繁
丹波長世　丹波頼景
藤原實秀正五位下云々、
從四位下　藤原嗣長
正五位上　中原師守
正五位下　〔坊城〕藤原定量　藤原爲綱
大中臣國世
從五位上　中原章頼　小槻兼治
源有方　源知治
賀茂定直　藤原範蔭
〔室町〕藤原雅秋　平基綱
平惟兼　〔花山院〕藤原基定
從五位下　〔海住山〕藤原氏房　〔世尊寺〕藤原伊能
源有孝　源兼世
源義行

從五位下　源　義　行
　左近將監如元、

藏人頭

藏人頭
　權左中辨　平　親　顯
　右　中　辨　藤原〔柳原〕忠光

釋奠中途停止翌日續行の例

今日量實〔小槻〕云、釋奠儀不便、但初日〔十一日〕未明祭初獻、翌日講論已下被行之、永觀二年春有此事歟云々、

清原宗季に釋奠儀の始末を質す

釋奠事、頗以違例勿論歟、事儀不定之間相尋宗季〔清原〕、注送之、助教教氏〔清原〕爲座主參行、宗季同扶持也、

宗季注送釋奠記
朔日料足違亂により延引
十一日未明祭遂行後上卿不參のため中止となる

延文三年八月十一日、丁丑、晴、今日釋奠也、上丁依料足違亂延引、清〔清原〕助教教氏酉刻參官廳遂行未明祭畢、于時權左中辨平親顯朝臣・大外記師茂朝臣等參入、而上卿松殿大納言忠嗣卿俄稱有所勞事不參之間、辨・外記・助教等分散畢、于時子終、
今夜辨・外記廟拜幷都堂儀等更不及沙汰云々、上卿・參議・少納言・六位外記・史等不參、

上卿以下不參の例

同十二日、申刻、御教書到來、藏人次官行知〔安居院〕奉行、上卿・參議・少納言等不參例可令注進云々、卽

宗季載請文、永承四年二月・暦應三年二月但少納言參入之也、・觀應元年八月等例令注進上了、又釋奠翌日被行講論例、永觀元年八月五日戊子、博士等參內之由、內々同令注進之、又及晩頭同職事御教書到來、釋奠初獻執行以後停止例無所見之上者、以遂行儀𢘟可申沙汰云々、卽相催座主幷本道方諸司以下、助教氏（々イ）戍刻參入之處、辨親顯朝臣一人參入之外無人、欲遂行講論儀之處、木工寮不參之間高座以下无之、仍不遂其儀、辨・助教等退出之處、又寅刻御教書到來、木工寮床子事重嚴蜜（密）有其沙汰、定令參著歟、辨重可參行之旨被仰了、早可存知云々、卽助教々氏重參入之、而辨又夜前稱有昇進事不參之、仍助教空退出、

十四日、陰晴不定、未刻自內有御書、請文同續之、

貞和禁裏御笙事、招引大納言（洞院實夏）尋之、語曰、於東西御學問所有其儀、如形儲伶人座、日來有之、候此所、主上（光明）御引直衣、被卷御簾、我身直衣上括、候御前、景光（山井）衣冠、御笙元來御隨身、不及傳進云々、

先日（本月六日）委細之請文、散蒙候き、可爲今日之由存思給候、實材卿（一條）就先日御意見無何可令祗候之由仰了、其儀可被上御簾候哉、便宜仁可令候御傍圓座候乎、地下可被儲圓座候や、委可被計申候也、

翌日講論の例

十二日初獻以後停止の例なきにより遂行を命ぜらる

木工寮不參のため高座以下の室禮なし

辨平親顯藏人頭昇進により不參し又中止となる

御笙始の儀につき勅書を賜ふ

公賢實夏を召して貞和の例を尋ぬ

後光嚴天皇勅書

御笙始に一條實材を召さる御不審につき御諮問あり

被仰下之旨跪以奉了、
鳳笙御沙汰事、今日被果遂之條目出候、實材卿被著候、尤可然存候、
其所出御後被卷御簾、御師範砌下儲打板、或可被加圓座候歟、
堂上祗候人、簀子可賜圓座候歟、如此內々儀、强雖不可有定準、假令不可過此分候哉
之旨存候、有御用捨可有計御沙汰候歟、以此等之趣可令披露給、公—誠恐頓首謹言、

八月十四日　　　　　　　　藤原公—

頭辨殿《(平親顯)》

一條實材注送後光嚴天皇御笙始記

今日儀相尋一條前中納言《(實材)》之處、注送之、
延文三年八月十四日、庚辰、天陰、自夕雨降、今上《(後光嚴)》有御笙始儀、主上彼御沙汰邂逅事歟、村上天皇有秋《(豐原)》・堀川院時文、兩代御師範如此、今度被召龍秋、道之恢弘、家之繁昌、難盡筆端、又實材應召之條自愛了、實材兼日內々以女房奉書續左、可參之由蒙催之間申領

奉行萬里小路嗣房

狀、入夜參內、衣冠、上結、暫候黑戶、藏人左兵衛佐嗣房《(萬里小路)》奉行此事、於朝餉有此儀、御

御笙鑾繪丸

裝束敷御座二帖、東西行、其傍兼《(豫)》置御笛箱、納御笙鑾繪丸、垂南面御簾、臨期嗣房卷之、簾外東西立高燈臺供掌燈、軒廊乾柱同供之、傍高欄敷菅圓座一枚爲實材座、軒廊北簷下地上儲打板、其上敷

御師範豐原龍秋

簾中出御

平調音取幷に萬歲樂三手

圓坐《(座)》一枚爲龍秋座、小時出御御引直衣、簾中、次實材參上著座、北面、次龍秋衣冠上結、參上著座、北面、次實材目許之後、吹平調音取幷萬歲樂只拍子、三手、次宸儀同被遊之、但今夜無音取、次龍秋退

出、次入御、實材蹲居、卽退入、招龍秋賀今夜儀、御樂之體殊勝之由頻感申、次出御黒戸、依召參、彼儀無爲無事、又實材參神妙、於向後者如御樂可申沙汰之由蒙勅言、拚《(抃)》悦無極、次有御樂、笙實材、・篳篥橘以廣、・笛三條中納言實音、萬歳樂・甘州・三臺急・五常樂急・林歌、教言《(山科)》朝臣雖候此座不所作如何、事說《(訖)》實材笙櫻木、累代古物、有叡覽、次入御、謁宰相典侍退出、于時子刻、翌朝以女房奉書去夜儀無爲、故實材參叶叡慮之由蒙仰、可謂眉目者也、

女房奉書案　八月八日

さしたる事候ハぬ程につねにもおほせられ候ハぬ、あはれなにともして、時々ハかまへ《(て脱カ)》御まいり候へかしとおほしめし候、さて御ふへ《(えカ)》の事、けんこ御てすき《(さカ)》みなる様に、一二年御さた候ほとに、御樂なとも十はかりにはすき候ハねとも、とても御てにふれられ候ぬるうへ、上さまの御所さなとハ、又ことさらなることのミせんれいもさふらへはとおほしめし候て、この程に御ふえはしめ候ハやとおほしめし候、御しはんハしゆくらうかんのうにつき候て、たつ秋をめされ候ハんとおほしめし候、そのきハたゝ一かうない〱のきにて候へく候、それにつき候てハ、かやうのときしかるへき人御せんにしこうさたまりたるきしきなるやうに候、たま〱たつ秋もんていひきよくさ

御樂

實材の笙櫻木を叡覽あり

實材に賜はりたる女房奉書

御笛の稽古を志さる

御師範龍秋

實材は龍秋の門弟

公賢の進言により實材に當日の祇候を命ぜらる

うてんにても候へハ、御しこうかた〳〵たよりあるやうに候、とう院〔洞院公賢〕なとにもこの程おほせあはせられ候つる、あはれ御まいり候へかし、くらまきれの事にて候ハんすれは、いかなるしきもくるしく候ましく候、さも候ハヽ、十四日なとゝおほしめされ、

猶〳〵かまへて御まいり候へきよし、よく〳〵申とて候、あなかしこ、

さてよへうけ給し侍従殿〔公次カ、實材息〕御一きうの事、しさゐ候ましく候、をりかミを給候へく候、

同じく實材宛女房奉書
御笛始參候を嘉せらる
重ねて櫻木の進覽を需めさせらる

同案 同十五日

よへの御ふえはしめことゆへなく候し、返々めてたく候、御まいりもことにめてたくおほしめし候てこそ候しか、さてよへのうつわ物、ちと御らんせられたく候、このつかるに、ときのほとまいらせられ候事ハかなゐ候ましきやらんと申せとて候、あなかしこ、

豊原龍秋の實材宛返狀

龍秋返事案 取要

内裏御笙はしめの御ことハ、はや仰下されて候、又御しこうの御事申され候ハんするも、洞院とのへめされ候て、內々仰とて仰あわせられ候し御事にて候、當道はんしやう、めんほく此御事にて候、申はかり候ハす候、又上さま御しこうの御事申され、御

延文三年八月

くわんちやうのしるし、御すき御けいこの御ゆへ、御みやうか返々御めてたくおほえさせおハしまし候、いまハいよ〱かしこくそとおほしめされ候ハんとをしはかり申入候、御心候て御ひろうあるへく候、あなかしこ〱、

たつ秋

日野時光一品昇敍の勸修寺經顯に對する書札禮等につき尋ぬ

某謹言など然るべし

十五日、天陰、右大辨宰相〔日野時光〕談一品書札禮事、

其後不審事〔間カ〕爲悅承了、久不申入、何等御事令見給候哉、此間可參申入候、抑事々不能左右候也、勸修寺〔經顯〕一品珍重候歟、書札禮可爲何樣候哉、准大臣之後者勿論候、其儀不候者聊可有差異候歟、常大納言禮用事も候へとも、聊思入被出候條、又可在御意事候、大臣可爲同事候哉、不審存候、兼又武家〔足利義詮〕一品昇殿擧〔進カ〕申事候、可爲藏人候歟、所被補何門院藏人や、如此こそ候ハんすらめと覺候、可存知之由可書遣綸旨於其人候哉、委被示下候者悅存候、以此旨可令洩申給、時光誠恐頓首謹言、某謹言なと若可然候哉、

八月十五日　時〔日野〕光 判

丹後守殿

近衛道嗣書狀

敍位除目大臣執筆の時火櫃衡重役は五位藏人か

十七日、右府〔近衛道嗣〕敍位除目時火櫃・衡重役不審事、

此間者遙久閣筆候、恐鬱候、

抑敍位除目執筆之大臣、火櫃・衡重五位職事役之其例候之由存候、且一紙注進候よし、猶可被引勘候哉、勿論事候歟、且中山內府〔忠親〕夕郎之

比勤其役歟之由見及事候、但彼記〔山槐記〕不所持候之間不審候、近例又何様候哉、賢慮之分、
例可令勘付給候也、

中山抄

中山抄〔中山忠親〕

五位藏人居執筆大臣火櫃・衝重例、

康和三年爲隆〔藤原〕記、正月廿七日火櫃・衝重如例、執筆前予役之、依人數少也、今夜執柄不參、

爲隆記

同四年十一月十三日、先居火櫃、次居衝重、予〔爲隆〕取之進殿下〔藤原忠實〕前之處、令讓左府〔源俊房〕給、仍居之、

綿書取杓事、瓶子取同事歟、

基綱〔源〕卿云、非五位藏人之五位、頭勸盃之時不可取杓、於五位藏人者依爲一官所取也者、

家俊〔藤原〕取之云々、

公賢の息南朝左大臣洞院實世病重しと傳ふ

廿日、天晴、今日聞、南方左槐〔洞院實世〕所勞、去比聊宜體、自十三日再發、大略無其憑云々、

正親町忠季書狀明日琵琶御傳受の儀につき公賢に諮る

抑新大納言〔正親町忠季〕送狀條々示〔有脱カ〕事、返答之趣注付此狀也、

昨日愚狀慥經高覽候乎、已進了、琵琶袋ハ明旦可進上取(マヽ)候、

抑明日之儀、最蜜〔密〕々、毎事省略勿論候、就其御琵琶進上事、傳受事至極省略、猶も御早始(マヽ)、訖內々可進上之

堂莊嚴如法嚴重

御不受之義〔儀〕なともやと恐怖之餘申候き、
由被仰下候間、存其旨候、但堂莊嚴之體なと如法嚴重樣候、事候、本尊御拜之儀已下定可被

妙音院次第贈物持參すべきや

勅筆の譜拜領か

崇光上皇伏見殿に於て忠季に琵琶祕曲啄木の御傳授あり

兩流泉は先に光嚴法皇より傳授さる

忠季注送御琵琶傳業記

琵琶灌頂

伏見仙洞御所に道場を構へらる

道場の室禮

本尊

御琵琶黃葉

守〔藤原師長〕妙音院次第候歟、然者贈物〔只何とも〳〵省略之儀にて候し間、當座ハ御厭却もやとて、追可被進歟之間申〔旨カ〕候しかとも、爲受者ハ如何程も可被盡心中事候上、さ様嚴重にて候、自身御持參尤可宜候、羽林〔正親町實綱、忠季息〕被祗候由承候、取次尤可然候歟、〕可持參之由載彼次第候歟者（マヽ）、若持參可宜候哉、但猶内々進上可相叶今度之儀候歟、可被計下候、又可被下譜候、其儀（マヽ）依御目參進御前、給之可懷中歟、就其今度被染勅筆候之上者、〔此事雖無本儀、當座拜成至極儀、頂戴尤可然事候歟、臨時儀、先例も傍例も不可及沙汰事候歟之旨存候也、〕若可頂戴件譜候哉、其も餘嚴重候へきやらん、同可令伺申入給候（マヽ）、

八月廿日　　忠〔正親町〕季上

丹後守殿

廿一日、天晴、傳聞、新大納言忠季卿今日於伏見殿有琵琶灌頂事、至兩流泉太上〔光嚴〕法皇令授給了、啄木一曲相貽、法皇御黑衣之後、不（マヽ）義不可叶、仍院〔崇光〕御方令授給云々、自一昨日祗候彼御所、今日果遂云々、

今日儀、後日相尋新大納言、注進之、

延文三年八月廿一日、丁亥、天晴、今日忠季可果遂琵琶灌頂事也、兼日令陰陽師右京權大夫〔安倍〕親宣朝臣勘日時、於伏見仙洞有此儀、今度依有子細最蜜〔密〕儀也、以寢殿東間角三ケ間被構道場、西一ケ間并北三ケ間懸翠簾引廻斑幔二帖於西二ケ間、副西幔懸本尊、東西、前机禮盤已下如常、在供具・花香・燈明等、副北幔敷大文高麗端疊一帖東西行、爲御座、可有御茵龍鬢等也、而今度蜜〔密〕々儀也、仍被略之、但敷毯爲彼代、御琵琶一

崇光上皇出御

御所中の男女を悉く門外に出し門を閉づ

音律を辨ぜざる者一人のみ物音の聞えざる所に祗候せしむ

妙音天御拜

傳授御啓請

祕曲御傳授

宸筆の御譜を下さる

開門

入御

服暇中の傳業を聽さる

忠季光嚴法皇の假御所小倉殿に候す

面黃葉、幷御文臺在御譜一卷、等被置之、副東幔逼南、敷小文高麗端疊一帖爲私座、向本尊、琵琶一面夾鐘、同置之、戌刻出御〔崇光〕、御服香御小直衣、御指貫上絬、道場御座、此間御所中男女悉被出門外、卽閉門、範康〔高倉〕法師明康、一人被殘置、爲有自然御要也、被撰不辨音律之人、然而猶祗候物音不聞之程也、次忠季依召參進、著淨衣、建久已來度々例大略束帶或直衣也、況今度被下勅說(マヽ)、尤雖可刷冠帶、嚴重之儀爲蜜(密)々之儀之上、忠季服暇中也、仍如此、且故入道殿〔正親町實明〕侍(傳カ)業之時、令著狩衣給、入南面妻戶幷東幔等蹲居、依御氣色著座、聊向乾、次上皇令進立正面中央板敷給、此間忠季退座蹲居、御拜妙音天、三度、忠季同進立御後方、頗寄南、同時奉禮之、上皇御蹲居、御啓請可授其曲於忠季之由、次御復座、次忠季復座、次上皇被披置御本譜、令取御琵琶給、忠季同取琵琶、以(次歟)被授下祕曲、傳受已畢令置御琵琶被直御調、給、予同置之、直調、次依御目參進御前、被下御譜、忠季給之頂戴、此事雖無先例、今度依被染宸筆、爲表異他之儀也、卽懷中復座、次起座出南面廂退入東方、此間開門、取御琵琶、花梨木甲入赤地錦袋、擬御贈物者也、中將實綱〔正親町〕朝臣相儲傳之、經本路歸、參進踞御前、取直御琵琶置之、左廻退下、次入御、

抑服暇中〇忠季去年十月母ヲ喪フ、絃管傳業事、相尋先例之處、於地下輩者其例連綿、堂上例未勘得之、仍伺申入之處、法皇〔光嚴〕仰云、誠雖不打任可依事歟、今度之儀一向爲別義(儀)之上者、雖無其例有何事哉、但猶可申談太相國〔洞院公賢〕者、彼貴命又無相違、仍所遂其節也、

同廿六日、壬辰、晴、入夜參小倉殿、法皇〔光嚴〕御閑居地也、祕曲間事委細有被仰下之旨趣、不能記盡、先

祖父實明幷に靈山尼より讓與の灌頂譜及び譜撥等を持參し御前に於て封を解く

年故入道殿〔正親町實明〕所預給灌頂譜、被加封、是山本入道太相國〔洞院公守〕御自筆也、幷靈山禪尼觀惠院良直女、加封所讓與之譜撥等已上灌頂已後可披見之由被示置、持參之、如去廿二日勅〔法皇〕虫損、於今者彼裏物等披見不可有子細云々、然而猶斟酌、今夜於御前披之記〔訖カ〕、且上皇御不審事等以便宜可伺申入之由、含勅言之條々悉決之、及天明退出、

南朝祇候の弟實守より實世の訃を報じ來る

水腹の病

廿二日、天晴、入夜實守卿〔公賢弟、南朝祇候〕有音信事、實世去十九日薨逝云々、自去四月比所勞、水腹云々、去比聊減氣、兩三日之後又增、十九日午後閉眼云々、父子相違、前後尤爲恥者也、

實遍法印來訪南都の情勢を語る

廿八日、晴陰不定、實遍法印來、聊勸一獻、且有隨也〔分カ〕子細也、語曰、南都兩門〔一乘院・大乘院〕事、武家〔足利義詮〕去廿五日歟經奏聞、且有申寺務〔教覺〕事、

幕府奏狀

一乘院實玄同良玄以下賴乘印覺隆圓等の處罰を重ねて奏請す

南都事延文二〔三カ〕年八月廿五日奏聞云々、

於一乘院前門主〔實玄〕幷二條新禪師〔良玄〕〔南朝故尊良親王王子、二條良基猶子〕・賴乘・印覺・隆圓等者、任舊規可被授罪名之由、先度被奏聞畢、依無不日之糺行、南都濫惡追日倍增、剩南方凶徒擬亂入企之由有其聞、依兩門確執及法滅、且賴乘以下三人殊令張行云々、被改所職・所帶、尤可有嚴刑之御沙汰哉、宜爲聖斷之旨可申入矣、

幕府興福寺寺務教覺に牒し兩門確執の落居を策せしむ
良玄南黨を引入れんとするの風聞あり
良玄を二條家に追ひ返し賴乘等を嚴刑に處すべし
落居せずば軍勢を發向せしめん

甘露寺藤長實世の薨去を來弔す
崇光上皇洞院實夏の院別當を罷め勸修寺經顯を大別當に補せらる
高階成房來弔す
柳原忠光經顯に對する書札禮を問ふ
忠光と公賢との問答
某恐惶頓首充所人々御中は禮に過ぎん

南都事

一乘院前門主以下罪名之段、先而奏聞畢、爰二條新禪師、而為歟非器競望門主、妨和睦之條、濫惡重疊之處、賴乘・印覺・隆圓等令同心張行、結句擬引入南方凶徒之由有其聞、罪責絶常篇者也、所詮於新禪師者、被懸中〔故尊良親王〕中務卿親王家・二條〔良基〕關白家、可被責上了〔于ィ〕京都也、至賴乘等者、改所職・所帶可有嚴刑之旨、重執奏訖、此上被止兩門之確執、爭無一途之落居、殊可被廻靜謐之籌策哉、若尚不事行者、爲有嚴蜜〔密〕之炳誡、致官軍發向用意之由可申入寺務矣、

今日甘露寺前中納言〔藤長〕入來、訪南方卿〔洞院實世〕事、

今日聞、自伏見殿〔崇光御座〕被遣女房奉書於大納言〔洞院實夏〕、大別當事一品〔勸修寺經顯〕有申旨、及御沙汰、且定無執心歟云々、大別當生放〔マヽ〕雖不辨先規、又不可及對捍事歟、澆季每事只如此、

廿九日、晴陰不定、入道大藏卿成房〔高階〕法名本惠、入來、訪南方亡息事、

頭右中辨忠光〔柳原〕送狀尋書札禮事、所存答了、

何條御事令聞給候哉、

抑一品書札禮事、未案得候、事候、不可有定法候、只可在人々所存候歟、遣大臣藏人頭禮、某某恐惶頓首、宛頓首候歟、然者餘ニ事過やし候ハんすらん、内々狀なとハ如此も候へかし、凡書禮一樣不書定之條、先哲之所爲所人々御中、如此可候歟之由存候如何、自他家强雖不可有別段禮

候歟、候、名家宿老極位、勿論事候歟、又異于他候、深可存禮節候歟、可被計下候、若猶可綸旨なとハ如此爲居所候
こそ候ハめ、哉、人々稱候程にては、某誠恐可宜候歟、是ハよくやと覺候、然而只可在人々心事候、不可及他人之意見事候哉、等差只可任賢慮候、兼又家司雲客
之時、別當案主許補候哉、令ハ雲客も勿論候歟、知家事且々分明覺悟候ハす候、引勘追可申候、令・知家事は不候哉、委細可令伺申入給、恐々
謹言、

八月卅日　　忠光判

丹後守殿

頭辨平親顯拜賀

卅日、天晴、頭辨親（平）顯朝臣來、昨日拜賀、三ケ日之中所來云々、面謁了、

九月小

光嚴法皇御惱

地震

光明法皇及び直仁親王御見舞のため萩原殿に渡御あり崇光上皇も渡御

大炊御門氏忠光嚴法皇の御容體を報ず

四日、天晴、或云、小倉法皇（光嚴、嵯峨小倉殿御座）御惱以外候（御カ）事云々、仍方々尋問、及晩、昨夕以外重令見給、
今朝者聊宜御事云々、今曉卯刻許地大震、近來無比類之由諸人稱之、篤直（丹波）云、宇治殿
新法皇（光明）、一昨日渡御萩原殿、入道宮（直仁親王）今日令參給云々、後聞、上皇（崇光）自伏見殿俄御出、後——
暫御止宿、聊御落居之間、幸菊第（今出川公直第）云々、
西大路大納言入道（大炊御門氏忠）送使、小倉殿御事篤直朝臣狀令送見、所詮昨日酉刻自後架謂小便所、還御之
後絶入、隨而御詠（脈）已絶、有若亡御坐、奉勸蘇合圓、然而暫無御氣力、而及子刻聊御心地

大略憑みなし

甘露寺藤長書狀

藤長議奏を命ぜらる

公賢に議定目錄案を請ふ

直衣始に袙著用か

直衣始以前に衣冠著用の可否

勸修寺經顯弟經量を遣はし實世の薨去を弔らはしむ

脇壁檜皮棟門等のことを尋ねしむ

出來歟、自丑刻御脈頗出來了、其後若存若亡、然而御心神ハ更不違歟、今朝御安否可見定申、大略ハ於今無、（憑カ）歟云々、

甘露寺前中納言（藤長）送狀、議奏事幷直衣事談之、問答續之、

先日參上恐悅候、咫尺之間細々可申入候、

抑〔雖（非歟）參可驚申候珍重候、〕議奏事昨日被仰候、不背（肯）之質、虛受之至、恐悅相半候、議〔只今不撰出候、如此事相尋先達定事候、可令談一品（勸修寺經顯）給候哉、無殊事候、雜訴沙汰目六大概無相違候歟申伺所ニ、雜訴ハ人々申云々々（――カ）、議定ハ關白、權大納言藤原朝臣・正二位藤原朝臣等定申之書（とカ）違（遣カ）（マヽ）存許歟、〕定目六案可被撰下候哉、旁以參拜可啓候、兼又直衣事被聽候之間畏入候、〔誠察申候、〕來月可構試之由存候、直衣始之時袙なと〔尤可被著候歟、白綾勿論候、〕可著用候哉、可被示下候、若可用袙者白綾可候哉、凢被聽直衣之後更衣以前、猶〔何事候哉、不可有子細候歟、大納言（洞院實夏）も暫さ樣候仕（にカ）候しやらんと覺候、衣冠〕衣冠不可然候哉、直衣始之前內々出現、不可有妨候哉、但雜訴沙汰なと參仕、可爲何樣哉、委可被示下候哉、事々期參拜之時候、以此旨可令洩申給、（マヽ）

九月四日　　藤長狀

丹後守（藤原光熙）殿

六日、朝間陰雨、午後或晴、前治部卿（勸修寺）經量卿來、爲舍兄一品（勸修寺經顯）使、實世（洞院）卿間事訪之、又一品慶自愛、可奏慶、其間條々追可來訪、脇壁・檜皮・棟門等事且示合也、裏壁・脇壁差別

否事問之、不可別歟間之之〔行〕趣示了、

一條實材來弔

九日、天晴、入夜一條前中納言實材卿來、謁之、訪南槐〔洞院實世〕事也、

慈能僧正慈昭法印等來弔

十一日、天晴、今日慈能僧正・慈昭〔公賢息〕法印等來、訪南左槐事、

義詮南都合戰のことにより關白二條良基の改補を奏請すとの說

後聞、今日歟、武家〔足利義詮〕以兩使安威入道・齋藤入道、南都合戰已下事、關白〔二條良基〕有不義風聞、可有改補歟〻――示之、而道譽〔佐々木高氏〕法師ハ、使者此事不可被奏聞旨示之、而大納言問答難〔マヽ〕、旨之由風聞、定例浮說歟、爲實者以外事也、

後光嚴天皇より神宮造宮使官符請印のことにつき勅問あり

政始前の請印延長八年の例は不快

十八日、天晴、忠光〔柳原〕朝臣爲勅使〔後光嚴〕來、有勅問事、

勅問云、外宮造替式年例、至造宮使事被仰親世〔大中臣〕朝臣了、就其卽給官符可令執行山口祭、而件官符請印欲有沙汰之處、今年々始政未被行、政始已前請印政事、被問例於兩局之處、師茂〔中原〕朝臣者先規不勘得之旨申之、匡遠〔小槻〕宿禰注進延長八年〔六月二十日〕例一度已有例、可被行歟、將又延長例頗不快、可被憚歟、可計申者、

公賢の奉答

政始行はれ難くば山口祭を延引すべし不吉の例は准據し難し

申云、如此事、曾無先規事始被行之條者、准據非一匆論也、又善惡相交之時被宥用、不能左右、不吉一度例不被〻〻〔本ニ不見〕事可爲何樣哉、今勅問之趣誠難義〔儀〕歟、猶被政始〔政始被カ〕沙汰可然、猶難被行者、山口祭縱雖令延引、以不吉例可被行之旨者難儀〔議カ〕奏、但神事猶無止、而可有沙汰哉否、可在臨時勅斷歟、猶廣可被經沙汰之旨申了、

近衛道嗣京官除目のことを問ふ
道嗣公賢の問答
政次第の借覽を請ふ
義詮關白二條良基の罷免を奏請するも聽されず
道嗣は關白職を競望せず
京官除目一夜二夜のこと

廿日、天晴、右府〔近衛道嗣〕被送狀、京官除目已下事被尋之、愚存之旨答申了、
　政上卿次第一見之志候、忩可撰進候、可申請候也、
此間者又恐欝候、何條御事候哉、さても大麓事、粗雖觸耳、巷說眞僞非信用之限候、武家經奏聞候歟、然而猶豫儀候歟之由其聞候、存旨候之間、今度不出微言耳外目外候、御所存察申入候〳〵、
抑京官除目御前初度儀、一夜・兩夜古今之例相交候歟、先規不同候歟、寛元四年已來至貞和四年一夜も其例多候、代始除目當京官之時者、大略毎度二夜歟之旨存候、當年御沙汰如何候ら(衍)んすらん、兩夜之時任官、初夜任外國候歟、いつくまてにて候へきやらん、强無定儀候歟、いかさまにも、顯官擧ハ入眼夜勿論候歟、勿論候、御不審可撰進次第候哉、可隨仰候也、委欲示預候也、

崇光上皇神輿在洛中舞曲御覽の可否を問はしめらる

廿一日、天晴、及晩右衞門督〔園基隆〕來、傳上皇〔崇光〕勅定、此間京都御座之間、內々御樂之次舞曲御覽之志有之、神輿〔東大寺八幡宮〕在洛之間雖不可然、禁中內々御樂已下有其沙汰歟、仍御樂之次蜜(密)ニ(々カ)一兩曲可被覽、可爲何樣哉者、神輿事、禁中不被憚之上者、所聞强(マヽ)不可違歟、有無卽可在時宜之由申了、九者無詮事歟、此卿申沙汰如此事之仁也、爲之如何、

道嗣書狀政次第を返進す
吉書奏につき不審を問ふ

廿三日、天晴、抑今日右府被送狀有談合事、
政式返進之候、給了、不被讀解之字候之間付符候、可示預候、萬黃〔萬里小路仲房〕申請候次第、返上之時可令一見候、
抑吉書奏、一上與奪已次之時、必以大辨申候條定事候、史達事由之條さも(候脫カ)やらん、常說大辨申達之由承置候、近例又如何候ハん、已次大臣申行之時者、以史兼日申請一上之由所見候、近日は出座

古來儀、如匡遠宿禰才覺候らん、可尋聞食候、
なと不可說候し、近來之儀內々以如（爲別勅職事直仰其大臣事も候しと覺候、所詮官可存知事候哉、）奉行職事申請にも候やらん、不審候、政被行
候者、（事候、）吉書奏當年定被行候歟、仍內々爲用意不審候、先々ハ初度勤仕之時ハ、（近日）公卿扈
從候へとも、（脱アルカ）（儀、有無只可被現在之儀候哉、）其も更無其仁候、不可及沙汰候、比興々々、官奏已候、（是も定奉勅定使）南領〔殿イ〕奏ニ候し
ニ可相准哉否も、官可存知先規候歟、旁可尋聞食哉之旨存候、
かは、一向又非初度之儀候歟なと存候、堅固荒猿及委細、比興々々、

造大神宮大小工のことにつき勅問あり

廿六日、天晴、今日頭右中辨忠光〔柳原〕爲勅使入來、被問造太神宮大小工事先例、大略禰宜相計
、補、〔マヽ〕而曆應度御杣在所用他國之間、每事楚忽不合期、仍造宮使計沙汰之間、今度又任
先規可申沙汰旨禰宜等欝訴、而造宮者禰宜等沙汰强非本儀、件大小工及人夫皆爲諸國惣〔マヽ〕
神宮曾不相行者也、而近來諸國對捍之間、神宮沙汰出來歟之〔マヽ〕、禰宜自專强不可爲本儀之
旨申之、可計申云々者、

公賢の奉答

申云、此事九爲造宮使進止大小工、不乖其儀歟、就中任曆應例今度已可計沙汰之由被仰
下者、何可有違轉哉、親世朝臣〔大中臣〕申趣無子細歟之旨申了、

柳原忠光の政始の儀についての問に答ふ

又頭辨〔柳原忠光〕明後日政可參衙云々、其間子細尋之、所存勘付了、
〔本折紙〕
一、（經床子幷柱外簷中之由所見候也、）自假粧間著結政座路、經床子與柱中央歟、〔マヽ〕（晴雨）床子與立蔀間歟、
一、（强不然、於前披文見之、了聊押合卷之歟、如此候けり、所見候由也、）於座下可披文歟、

一、右辨如此、仰手テ取笏、伏手テ可拔文歟、共ニ伏手テ可取笏拔文歟、

一、不列外記門出立擧候、結政座辨出立、非參議大辨留結政之時官掌上卿出之由、申時起結政座歟、辨少納言至南所之後、起結政可行向出外記門先相揖上官、了南行於南所門外、又揖已次辨、四位者樹南、五位者樹北、其後入門歟、同所歟、

一、四位辨與五位少納言所々出立以下不依官司、但如此、著南所時少納言先入歟、猶不然候、可守（以下本折裏）位次歟、

一、深沓・靴各別事候、政之時者必用深沓候也、官政或著靴異説候へとも、代々抄用深沓候也、式日具深沓、靴事歟、深沓爲別物之上者、非式日政可相具靴歟、

一、車立様事

（以下ハ小字、勘返ノ文カ）此事未勘出候、溝東ニ東西ニ立之由所見候しやらんと存候て引勘候か、未見出候也、

崇光上皇舞御覽の儀を斷念し給ふ

廿七日、晴陰不定、上皇舞御覽外聞及廣、仍被止云々、神妙事歟、

正親町忠季公賢の影像を寫す

新大納言（正親町忠季）來、予影像自先日寫之、今日終大概切（功カ）了、

日野時光拜賀につき不審を問ふ

西園寺實俊除服出仕につき不審を問ふ

廿八日、或晴或陰、今日右大辨宰相時光（日野）朝臣送狀尋問拜賀條々（八月十二日任參議）、

又西園寺大納言（實俊）除服事、去六月宣下、近日可除服、其間事同問之、各問答續左也、

時光の問及び公賢の答

一、近來例不及沙汰候歟、且御當家も大略如然候歟、被略之條可然候歟、前駈事、壽永云々（ニハカ）雖召具候、名家輩中古以來不召具候歟、且又被載副符候歟、可不能左右候、略候哉如何、

延文三年九月

一、青侍事、召具前駈候者可略條勿論候歟、略前駈候者可召具候哉、然者下絬勿論候歟、共可略候哉、
或雖召具前駈、猶相加之例も候歟、然而近來大略不然候、今度被略前駈候て、青侍上絬、帶劔、可宜歟、

一、車事、申下執柄候、然而可依時候哉、
常儀、申執柄候、或又申所縁人、申下執柄車之時、半帖差改之由、若其說候歟、

一、車副男、如木平禮候歟、
白狩襖、如此候、

一、牛童裝束、靑丹上下、黃衣帷、壽永如此候、可爲此分候歟、衣ハ可略候哉、
何事候哉、但色なとハ他色も不可有子細候歟、
勿論候歟、

一、笠持・雨後(皮カ)持共用白裝束候、退紅不可然之由壽永注置候、可爲如何樣候哉、
退紅ハ參議已下制候歟、然者笠持・白帳(張)ニ通用常儀候哉、

一、禁中申次事、壽永五位職事可爲其分候哉、勘解由小路之(者カ)每度五位職事之由申候、當流近代不注置間不審候、
先例勿論候者可令語試給候歟、不候者六位何事候哉、大納言も四五位無領狀之時六位勿論事候歟、

一、仙洞參事、可爲何樣候哉、
兼內々可令伺給候哉、九ハ可被參候條勿論候歟、

一、日時事可覽候哉、可略候哉、
可被覽候歟、

條々隨仰勘申候也、謹言、
條々被注下候者可畏入候、以此旨可令洩申給、時光誠恐謹言、

九月廿八日　時(判)光上

貴報態可勘給候、
隨仰候、

実俊の問及び公賢の答

政始

散狀

此間無指事候間久不申入、（恐欝之間芳問、尤爲悅候也、）恐欝且千候、以行光（日野）蒙仰篇目驚入候間、（楚忽之御音信迷惑之間、爲散不審令申候き、旁猶如定禪尼來臨之次候者可申旨存候也、聊參差――候歟之旨存候間、爲向後欲申置候也、）（候脫カ）愚意之趣卽令申御返事候了、於今者定申入候歟、實俊吉服事、去比被宣下候間、今（先日彼卿（行光）語申候間承（旨カ）候き、可除服候者、內外服不可相違候也、）朝可除服之由存候、然者內々衣服も可爲吉服之條、勿論候歟、又如御膳陪膳、普通之儀可加斟酌候哉、（如此候歟、但別勅不被憚候、不可有子細候哉、可令隨時宜給候歟、――恐々、）公所出現之時者早々可參啓候也、實俊恐惶謹言、

九月廿八日　　實俊

又今日被行政、今年未及沙汰、年始政始通用、是神宮造宮使官符請（依脫カ）印也、又有內文請印云々、

（本折紙）
政始

上卿

萬里小路中納言（仲房）

參議

不參、

少納言

秀（東坊城）長

延文三年九月

辨

〔柳原〕忠光朝臣

外記

〔中原〕康　隆

史

〔小槻〕量　實　陣申文秀　盛

南申文家　連

官掌代

成　兼史生役兼行、

召使

資　豐

南所勸盃一獻、

次有出立事、

次陣申文、

（以下本折裏）次內文請印、

上卿少納言・外記同前、
職事頭右中辨、
將監代官人、
中文國々
南中文
但馬　　和泉
馬料　　秀減（盛歟）
陣中文
伊勢　　伯耆
馬料　　家連

本ニ
長享元年十月一日書寫了、

按察使判〔甘露寺親長〕

園太暦　第卅二　延文四年春夏秋冬

(見返シ)「四月十五日出家事」

園太暦目録

延文四年　于時前太政大臣

正月小

一日　無拜禮・小朝拜事依東大寺(八幡宮)神輿在洛也、

九條(經教)關白拜賀事

節會無出御事

右大辨時光(日野)尋節會條々事

內府(久我通相)拜賀散狀事　○コノ項ハ十六日條ヘノ誤入ニ係ル、

五日　被下勅書(後光嚴)、敍人(豐原)龍秋御尋事公卿執筆、參議二人事

聞書(敍位)事

加叙事兼綱（勘解由小路）卿尋加叙子細事

八　日　昨日節會之儀隆家（油小路）朝臣注送事

十　日　前關白（二條良基）節會之儀問答事

十五日　頭辨忠光（柳原）朝臣送狀、節會內辨關白、可載散狀否事

神輿（東大寺八幡宮）在洛、御會（詩御會）勅問事

十六日　就關白內辨、可有出御否事付勘例、攝籙內辨例事　同散狀忠光送事

內辨著陣已前被押笏紙、不審事

少外記康隆（中原）（注脱カ）送節會之儀事

同實冬（滋野井）卿記事頭中將（三條公貫）持笏懸裾事不審事　內辨（二條家經）以大辨尋諸司事

十八日　西園寺（實俊）尋二合中文事

被下勅書事節會事也、

廿一日　忠光朝臣送狀、御會事問答事雖爲廢務日可有否事

廿五日　勸修寺一品（經顯）、宿老狩衣袖結事尋之事

廿六日　禁裏內々詩御會事

廿七日　內々御遊事

延文四年春夏目録

廿八日　公定〔洞院〕復任事子細、

廿九日　内々和歌御會之事

二月

四　日　祈年祭・大原野祭・釋奠等無之事

五　日　將軍〔足利義詮〕參内裝束尋申事

六　日　重又色文事已下尋事雖爲拜賀已前可著下袴事（哉脱カ）

十六日節會内辨奏（外任イ）不被結事

十三日　長光〔葉室〕卿拜賀條々尋事前駈人數（事脱カ）可著袙否事

十四日　釋奠事

十六日　大原野祭事

將軍參内、重喪〔尊氏ノ喪〕間如何事

廿五日　圓忠〔諏方〕法師申、夢窓〔疎石〕追號眞（宸）翰勅使、可申謝禮否事

（廿七日脱カ）又葉室大納言〔長光〕拜賀條々尋之事巨、裾寸法事

廿九日　又拜賀條々葉室尋事

三月小

十二日　泉誦(涌)寺舎利盗人取之、重(マヽ)出現事子細、

十九日　葉室大納言(長光)除目條々尋事

廿三日　又葉室大納言重條々尋事

廿六日　議定、昨日除目竟夜遲々、群儀(議)及日中事

諏方大進圓忠法師尋二ヶ條事不參召(公カ)請僧綱、武家八講參可爲何樣哉事　故將軍(足利尊氏)撰集(新千載和歌集)名字可入、何樣哉事

除目聞書事

內府(久我通相)執筆不審條々事

廿九日　西園寺大納言(實俊)送狀、三臺急笙付所不審事

四月

三日　御鞠事

右府(近衛道嗣)參仕被仰談事

六日　二條宰相(御子左爲明)來廿八日四季(新千載和歌集)可奏覽、仍故者名字等談事

八日　素懷(公賢)事思立之由被談按察卿(三條實繼)事付勘例、

十一日　頭辨(柳原)忠光朝臣內々御鞠申沙汰、座事已下談事

御鞠事人々見物事　地〔下〕家參加事

十二日　圓忠〔諏方〕又兩條不審事

十五日　逐素懷事巨、衰日可憚否事六十九、

十六日　自禁裏〔後光嚴〕素懷事被仰（驚脱カ）事

（十九日脱カ）　頓阿法師、（來脱カ）撰集奏覽事面談事

廿一日　撰集奏覽手箱役人事

祭除目聞書事

廿三日　圓忠法師武家八講行香、可爲一度歟可爲兩度歟事（尋脱カ）

火舍取六位闕如之時可爲五位事例、

廿六日　基〔園〕隆卿拜賀之時來拜事

廿八日　新撰集新千載且四季奏覽事

就新撰集奏覽其儀、（之カ）可爲何樣哉之旨勅書事中御返事、

按察〔三條實繼〕大納言就撰集事送狀事

就撰集事右府〔近衛道嗣〕送狀事

廿九日　光之朝臣〔藤原〕和歌所寄人、來、同爲遠朝臣〔御子左〕來事

五月

一　日　毎朝奉念春日大明神事同歌事
新陽明〔門脱カ〕院〔新待賢門院ノ誤カ、後醍醐後宮、後村上母后〕崩御事
三　日　御子左大納言〔爲定〕入道書狀事
六　日　土岐善忠〔頼康〕爲武家〔足利義詮〕使來事座敷事
九　日　同使事被送重寶事
十二日　忠光朝臣〔柳原〕送狀、多寶院〔天龍寺〕與御室〔妙法院宮ノ誤カ〕相論事評定目六可進門跡否事
十六日　向御子左大納言〔爲定〕入道和歌所事
十九日　右府〔近衛道嗣〕送狀、禁裏御鞠參裝束幷御會事等談合事
內府〔久我通相〕送狀、先日除目條々被示合事
廿二日　內裏御鞠事

六月

二　日　自內裏〔後光嚴〕新儀式可點進之由事
同御神事中僧尼御對面可爲何樣哉事
六　日　太一定分厄年愼日事

十三日　兼綱卿〔勘解由小路〕就詩歌老述懐意、自何年可載哉事
十九日　一品經顯卿〔勸修寺〕天龍寺造營料日本國棟別事武家〔足利義詮〕申之事談合事
　　　　園中納言〔基隆〕亭鞠事
　　　　自梶井宮〔尊胤法親王〕願文淸書事被仰、右府〔近衛道嗣〕談合事
卅　日　六月祓事法體已後無沙汰事

園太曆目錄

延文四年

七月

四　日　興福寺恠異事
七　日　內裏詩歌、〔御會脱カ〕題事

八月

十五日　放生會事
十七日　諸方天狗横行事

十八日　梅津邊〔山城葛野郡〕天狗事

廿一日　眞木嶋〔山城久世郡〕日來所在大石流失、又河水枯渇、不經時日如元出來事

廿六日　自內裏〔後光嚴〕、就炎早〔旱〕可有改元歟、幷三臺急笙付所〔被仰談脱カ〕事

九月

二　日　諸方天狗充滿事

九　日　重陽平座事

詩御會事

十二日　北野別當綸旨事

藏人右少辨行知〔安居院〕平座散狀書樣談合事

十三日　內裏和歌御會事

十五日　御參〔樂〕事萬秋樂曲、

十月

三　日　出家後不供亥子餅事

十二日　仁木頼景〔章〕死去、仙洞不被憚御參〔樂〕、不審、內裏七ヶ日御憚事

十九日　元亨釋書可有施行否勅問〔後光嚴〕事

廿二日　被申勅答事
廿四日　甘露寺前中納言（藤長）役夫工米勅答申詞被談事

十一月

一　日　東國軍勢數萬騎上洛之由聞事
　　　　就此儀南方人々望歸降事
四　日　遣消息尋按察卿（三條實繼）事
六　日　畠山（國清）上洛、七八騎、褐衣・冑直垂事
七　日　平野祭如例、臨時祭延引事
　　　　春日祭上卿使不參事
　　　　同鎭西宮（懷良親王）・武光（菊池）等追伐綸旨（後光嚴）談合事
九　日　群盜亂入東軍旅館事
十　日　小山軍勢又數百騎上洛事
十一日　下京邊狼藉事
十二日　右相（近衛道嗣）送消息、一上以後未著陣、除目參勤通用可爲如何樣哉事
十四日　畠山清國（國　清）法師招請將軍（足利義詮）事

十九日　日吉祭事

廿　日　梅宮祭事

〔入道内府カ〕〔三條公秀〕内府入道〔後光嚴皇子緒仁御乳母〕御乳母事談合事

廿五日　〔實俊〕西園寺除目不審條々事

右府同事談合之事

廿七日　別當〔日野〕時光卿拜賀事

廿八日　南方發向沙汰事

卅　日　西園寺除目申文已下事談之事

十二月

二　日　太一定分厄之年者有愼日事

西園寺〔實俊〕大納言除目不審條々事

五　日　〔西園寺〕實俊卿除目習禮事巨細、

九　日　京官除目事

自〔九條經教〕執柄御使、條々被尋事

實俊卿除目之儀被尋、古墨事

自內裏(後光嚴)御文事兄弟大辨竝否事

十　日　實俊卿除目不審被尋事同尻付事　按察(三條實繼)中文事

聞書到來事

京官二夜・一夜事

右府(近衞道嗣)送狀、相博尻付事

十一日　月次・神今食延引(事脱カ)

十二日　西園寺(實俊)送狀、除目諷諫謝之事引馬、

十三日　前源大納言通冬(中院)卿自南方歸參事

十六日　侍從中納言(御子左爲明)來、勅撰名字等不審事

十七日　除目諷諫悅思食之由自內裏被仰事

十八日　宣旨、長助親王(後伏見皇子、圓滿院宮)淨金剛院檢校、可下辨歟事

十九日　將軍(足利義詮)可發向南方、自內裏被下御旗・御馬事

廿　日　將軍進發、帶甲冑事

廿一日　實時(守)卿(洞院)自南方歸參事

廿四日　畠山(國清)已下東軍發向南事(方脱カ)

廿五日　西園寺小朝拜・節會事等條々不審事
　新千載周備事
廿六日　仁木義長發向南方事
廿七日　畠山起八幡入河內之處、於四條付（村）合戰事
　神今食、又內侍所御神樂事
　北野臨時祭事
廿八日　西園寺節會事又尋事
　仲房（萬里小路）卿內辨進退練（様イ）習事
　同夜、大樹（足利義詮）發向南方之上者、節會已下可爲警固否事
廿九日　追儺、衞衞督可帶弓箭否事
　遁俗塵之間、自明年不可記六事

園太暦

延文四年

正月小

于時前太政大臣

關白九條經教奏慶

一日、乙未、今日新博陸〔九條經教〕奏慶、可被出仕云々、

東大寺八幡宮神輿在洛により關白家拜禮幷に小朝拜を停む

後聞、今日無拜禮・小朝拜、是東大寺八幡神輿在洛之間、近年如此、關白丑刻參內拜賀、不及殿上前駈、扈從公卿右大辨宰相〔日野〕時光、殿上人頭辨〔柳原〕忠光、八條中將實興連車、地下前駈四人、隨身八人、日數相迫被構出、神妙之事也、

節會內辨洞院實夏

節會大納言〔洞院實夏〕申領狀、而每年不具〔事〕、前駈馬以下不及用意、仍又向新大納言〔正親町忠季〕亭出立、無心事歟、前駈二人召具之、

後聞、內辨大納言、外辨萬里小路中納言〔仲房〕、參議時光〔日野〕・隆家〔油小路〕兩朝臣、御酒勅使右大辨〔日野時光〕、宣命使右兵衛督〔油小路隆家〕、依神輿事南殿懸御簾、無出御云々、

出御なし

日野時光書狀節會の儀につき不審を尋ぬ

右大辨時光尋節會條々事、問答續左、

元三御慶萬端重疊、更不可有盡期、幸甚々々、早可參賀候、抑節會出仕事、去夜參上、大概散不審候、就其御酒勅使、依內辨召參上之路、床子之上下之間、隨便宜經之、不下簀子、直自庇參進內辨後、如此可候哉、又出西妻戶經簀子、自西入第二間、可參進候哉、著奥座候人路、大略如此候歟、又著端座候者、如此可分也、大辨宰相必可著端行雜事、不可經簀子候哉、兼亦同使下殿候不依下﨟之有無候也、外記之時、進交名候、此交名不及披見、乍木可懷中候哉、又撤木披見體兩說也、可被

計用、
にて、西第二間ニテ、向東如此、聊ウシトラ又可向東候哉、一揖、日・月初淺是顧、日花門方左侍從儀、後深是顧、月花門右侍從、花門ノ方を顧可揖哉、
四節八座抄〔藤原定能撰〕ニハ、此儀ハ不可相違候歟、顧南二度候、スミニ可向歟、これハ東禮御所儀候、可相替候歟、愚存聊丑寅ノスミニ向て揖、後ヒツシサルノ角方ニ顧兩度、其後揖、經本路可著床子哉（候イ）、此三ヶ條猶不分明候、委被示下候者畏入候、以此旨可令洩申給、時光誠恐頓首謹言、

正月一日　　時光上

關白九條經教
拜賀散狀

（本折紙）〔經教〕
關白九條殿、
御拜賀散狀
公卿
時光朝臣　隆家朝臣
殿上人
忠光朝臣　〔八條〕實興朝臣
前駈
前大藏權大輔英長朝臣　民部大輔量長
延文四年正月

延文四年正月

前信乃守 永説　前刑部少輔 嗣長

前佐渡守 泰名　左近將監 橘以相

御隨身

左官人

秦武次

右官人

秦重茂

(以下本折裏)

左番長

秦延兼

右番長

秦久方

近衞

秦延任　同武茂

下毛野元右　秦頼音

同延武　同弘直

反閉

時　經

○以下ノ久我通相拜賀ノ散狀ハ、十六日條ヘノ誤入ニ係ルモノナレドモ、姑ラク底本ニ從ヒテコノ所ニ存ス、

（本折紙）

通｜相

內大臣拜賀散狀

殿上前駈

烏丸中將 俄故障、定氏朝臣　園少將 基賢朝臣

源少將 雅方朝臣　弼中將〔源〕長具朝臣

左少將 通富　藏人右馬權助 藤原懷國〔物加波〕

新藏人 源長繼

地下前駈

左京權大夫〔源〕長重朝臣　前左馬權頭〔源〕仲光朝臣

前宮內權大輔〔源〕仲定　前中務權大輔〔源〕仲名

前中務權少輔〔源〕仲興　右近將監 源仲賢

延文四年正月

隨身

官人下毛野元種
（以下本折裏）
番長同　武峯

近衛

一座秦　兼村
二座下毛野武增
三座秦　久元
四座同　弘員
五座同　重枝
六座同　久宗

反閉

清（賀茂）周　俄故障之間、兼言朝臣奉仕之、

下家司

紀信弘

敍位

五日、天晴、藏人次官行知（安居院）來、大納言（洞院實夏）謁之、予歡樂之間不及對面也、今日敍位執筆無大臣

執筆洞院實夏

參云々、仍大納言申領狀、又自例陣家〔正親町忠季第〕出立可參云々、亥刻許渡彼家、衝黑之間被下勅書〔後光嚴〕、

年始初吉兆也、進上請文了、今日敍位、執柄〔九條經教〕無參云々、

後光嚴天皇勅書

新春之嘉慶追日重疊、就中海內清平、民間愷樂、政德幷至唐虞之舊代、王道已歸三五之淳風、歡悅之至、非翰墨之所及候、猶以參賀之次可解心緒耳、抑今夕敍位、納言兼日領狀之輩俄故障之間、參議兩輩之外無人、珍事〔候脫カ〕、納言不參之例只今不覺悟、仍相尋外記了、何樣候哉、兼又龍秋〔豐原〕一級事、頻依望申尻付、未能宣下候、所詮事々敷歟、傍難候ハすハ可仰付尻付歟、云先例云時宜、能々可被計申候也、

敍人豐原龍秋の尻付のことにつき諮問し給ふ

　尙々龍秋事、蘇合・萬秋樂なとハ猶事淺候樣ニ候へは、事々しき傍難候ハすハ、被付尻付之條不可有儀〔議〕候歟、自窮冬可申合之由存候之處、計會之間忘却了、若假令被載尻付者可爲何樣候乎、

公賢の奉答

被仰下之旨跪以承了、

一天太平之歲、萬方娛樂之春、民庶迎羲皇向上之風、群臣誇我君無偏之澤、嘉祝之趣併可參賀言上候、抑敍位議〔儀〕納言無人、驚承候、先規雖〔不脫カ〕分明候、實夏卿相扶觀〔歡〕樂參仕之由申候、參議二人候者不可妨其議候歟、兼又龍秋一級尻付事、被許賞之上者雖不可有

延文四年正月

龍秋除書の尻付は略せらるべし

子細候、向後皇帝等乃至荒序時、可爲何樣候哉、爲御師匠授申秘曲、每度尻付不覺悟候、如此尻付、大略限諸道御灌頂時候歟、就中後西園寺入道相國（實兼）伏見院、・今出川故右大臣（兼季）後伏見院、御琵琶師勸賞一兩度之外不見及候、今度雖被敍一級候、被略尻付之條可爲隱（穩）便之儀候哉、但龍秋若存知事候歟、可被尋聞食候哉、老耄之間每年廢忘（事イ）、中狀難被指南候哉、以此旨可令洩披露給候、公賢誠恐頓首謹言、

正月五日　藤原公賢

頭辨殿（柳原忠光）

退言上

新法皇（光明）御代、景茂（山井）敍留之時歟、口宣仰詞、神樂御傳受賞被載事候き、後日先規不分明之由、傍難候歟之旨承及候と憶念仕候、以便宜同可得御意候、重誠恐頓首謹言、

敍位聞書

敍位執柄不參、實夏卿執筆、筥文實夏外參議二人、時光（日野）朝臣・隆家（油小路）朝臣、勸盃略之、關白不參之儀常儀也、院宮御申文、入眼上卿實夏兼行、天明事、（了脫カ）

從二位藤原公直（今出川）臨時、

正三位藤原基隆（園）臨時、　藤原忠基（九條）臨時、

從三位藤原時光（日野）臨時、　藤原實遠（小倉）臨時、

藤原〔油小路〕隆家臨時、　藤原〔正親町〕實文臨時、
藤原〔橋本〕實隆〔澄歟〕臨時、
正四位下平　頭右大辨親　顯臨時、　藤原〔右〕頭左中辨忠光臨時、
左中將〔一條〕藤原房經臨時、
從四位上藤原〔清閑寺〕資定臨時、　藤原〔葉室〕長宗臨時、
從四位下藤原〔坊城〕定茂臨時、　藤原〔吉田〕資顯臨時、
藤原〔四辻〕公全臨時、　藤原〔西園寺〕公永臨時、
藤原〔法性寺〕親春
正五位下豐原龍秋臨時、　藤原〔甘露寺〕良藤臨時、
藤原〔大炊御門〕冬宗臨時、　藤原隆廣臨時、
從五位上藤原〔廣橋〕仲光〔後伏見皇女璜子內親王〕章德門院當年御給、　藤原〔難波〕宗世臨時、
藤原定基臨時、　平　繁　春臨時、
藤原〔持明院〕保冬臨時、　藤原嗣頼臨時、
源　具　雄　藤原業範臨時、
藤原清春臨時、　藤原〔西園寺〕公兼臨時、

從五位下資能王〔花山天皇〕寛和御後、　源貞直式部、
藤原貞職民部、　源仲持氏、
藤原家兼〔後二條皇女㛢子內親王〕壽成門院當年御給、　藤原隆賢壽成門院去文和三年御給、
藤原貞衡諸司、　紀時直諸司助、
藤原成氏諸司助、　藤原親長外衞、
藤原光盛外衞、　藤原經重臨時、
菅原〔高辻〕音長臨時、　藤原基資臨時、
高階冬政臨時、　源仲直臨時、
藤原〔洞院〕公頼臨時、

延文四年正月五日

正親町公蔭の請により孫實綱の加敍を勅許あり

七日、天晴、今日正親町〔公蔭〕大納言入道、件孫子實綱〔正親町〕朝臣申一級之事候處、可有勅許、可候敍列之旨仰云々、

實夏病により節會內辨を辭す

今日節會大納言〔洞院實夏〕日來領狀、而敍位了退出以後有持病更發氣、仍申子細云々、

九條經教參內

頭右中辨忠光朝臣入來、又以人謝遣了、後聞、執柄今日被參內云々、

加敍聞書

正四位下和氣匡成

従四位上藤原實綱〔正親町〕府労、　源長重
従四位下藤原實光
従五位上藤原永季〔高倉〕　藤原資俊〔武者小路〕
藤原資康〔裏松〕
従五位下藤原教音〔山科〕　藤原顯高〔冷泉〕
源資義　藤原具隆〔水無瀬〕
太〔大〕神景宗〔山井〕

延文四年正月七日

勘解由小路兼綱加叙につき不審を尋ぬ

抑新中納言兼綱〔勘解由小路〕卿送消息、加叙事尋之、返報勘遣了、寫留之、

〵隨仰候、必可被勘下候、

年始御慶〵——

抑加叙參議給下名、書〵入其間候、叙人多之時ハ、書〵他紙切續候歟、有〵上階加叙之時、不書加下名之條勿論候、内辨仰内記、令作白紙位記許候歟、上階之時、別續紙勿論候哉、然者其も宿紙候歟、近年或參議、書白紙候ける之由式〔或 仁カ〕仕令申候、不審存候、書様〵加叙上階、是ハ更不書候、凡下名ハ四位已下候、仍被注下折紙之時も、四位已下許を書て、上階ハ不書加候也、常叙位書様不相替候哉、兼綱當職時、叙位下名一度右筆仕候き、加叙不相遇候、仍不審相貽候、以次可散蒙之由存候、他事可參入言

上候、以此旨可令洩申給、兼綱誠恐謹言、

正月一日(七歟)　兼(判)綱

丹後守殿〔藤原光熙、洞院家家司〕

油小路隆家節會の儀を報ず

中原師茂來訪同じくこれを報ず

公賢不例

八日、天晴、昨日節會儀、右兵衛督〔油小路〕隆家、注遣大納言彼狀歟、取續之、又後日大外記〔中原〕師茂來、予歡樂之間不相逢、以人問答之次、問節會事、主上出御簾中、御帳・御膳自東階供之、御膳了入御、國栖・坊家奏・立樂・北陣等停止、是依八幡神輿事、近年如此、

隆家書狀

御歡樂、猶々驚存候、十六日節會以前、能々可有御療養候乎、抑白馬節會、公卿松殿大納言〔忠嗣〕・萬里小路中納言〔仲房〕・右大辨宰相〔日野時光〕・隆家、少納言秀長〔東坊城〕、辨親顯朝臣〔平〕、次將左隆右〔鷲尾〕朝臣・羽林〔正親町〕實綱朝臣・隆仲朝臣〔西大路〕、右實興朝臣〔八條〕等候き、敍列、式右大辨・隆家・兩藏人頭〔平親顯・柳原忠光〕、兵羽實綱朝臣林・匡成朝臣〔和氣〕・永季〔高倉〕等候、御酒勅使右大辨、宣命使又勤仕候畢、萬里小路親族拜了早出候、其以後無人以外候つ、可有高察候也、誠恐謹言、

正月十日　隆家

洞院殿

二條良基節會の儀につき公賢に問ふ

十日、自曉更雷雨、午刻休、抑前關白〔二條良基〕被送狀、問答續之、

良基書状

九陽佳節、萬人歡娯、禮(儀カ)、興行可在今春候歟、併期參謁候、敍位大納言殿御參仕、珍重候、除書可爲今月之樣內々被仰下候、定又御參候哉、白馬節忠嗣(松殿)卿不慮勤仕內辨仰天候間、、(本ニ文字不見分、)〵――以外無人候歟、近年、、、〵――不能申沙汰候、違(遺)恨候、以文永元年儀遂內覽宣〵――、便宜〵――可御入候歟、細々以參會、禮(儀カ)、興行事可申之由相存候、且抑白馬宴、依無人敍人加外辨參勤候き、此事近年見及事候き、然而猶、、、〵――依別勅被召留候條、御(マヽ)先例勿論候也、參勤〵――以事次內々令啓候也、如此事不違〵――自(白カ)地可申承候、、、〵――恐々謹言、

正月九日　判

公賢返状

改年御慶〵――

抑敍位執筆實夏卿令參勤候、無執柄御參候間、失申談之便之由申候、除目月中延引不可然之處、如然御沙汰、目出存思給候、白馬內辨も可參旨實夏申候き、而敍位儀例刻限至翌日及入眼奉行仕候間、歡樂更發、申子細之由申候き、松亞(松殿忠嗣)相內辨珍重候、是ハ先々も勤仕候歟如何、敍人最前參列事、以外新儀候けり、召之時敍人留外辨之條、流例不能左右候歟、右大丞(日野時光)公務時々相訪候、而此事不及所談之間、不申意見候き、任賢

察候、
內覽事、粗觸耳候、目出存候、且文永・元德御嘉例雖不可驚申候、奉悅仕候、朝儀御口入察申入候、誠凌（陵）夷公務、相稱（構）可被盡興行、御贔屓候歟、當年始拜委細嚴札、恐悅相兼候、恐惶謹言、

正月九日　　公賢

後光嚴天皇柳原忠光をして詩御會につき尋ねしめらる忠光書狀

十五日、天晴、頭辨忠光朝臣送消息、問答續左、

關白拜賀之儀、可注進仕候、散狀以下未尋取候間延引候、恐存候、宣下以後事等、大概必可令注進候、

忠光私に踏歌節會につき不審を問ふ

私言上、

明日節會、執柄可被勤內辨之由承候、可載申散狀候哉否、不案得候、臨時之儀候上者、不書載之條可宜候歟、但文永十二年、攝政（一條家經）左大臣被勤內辨之時、兼日被觸奉（如此）行職事云々、（被觸者可被入散狀歟、）今度若兼承（豫）存候者、（所詮可被申執柄候也、）不載申之條可背道理候哉、一上未被與奪之間、笏紙自里亭可被押候歟、然者旁々（マヽ）可書載候哉如何、同可申入給、

神輿在洛數ヶ年に及ぶ內々詩御會の御志あり絶句と句題

御會事、依神輿在洛雖被停止候、及數ヶ年公宴中絶之間、去年堅固蜜（密）々被講四韻詩之（候イ）了、今春可有其沙汰之由被思食候、可爲何樣候哉、御會始絶句之（候イ）、然而爲有差異、被

用問題(句イ)候之間、強無據候哉、内々可被計申之由其沙汰候、可參入之處、咳氣歡樂責伏候、且言上候、以此旨可令洩啓給、恐々謹言、

正月十五日　　忠光

丹後守殿

公賢返狀

詩御會事、去年御沙汰事舊候歟、絶句與句題差異強簡要(非脱カ)候乎、只其儀内々體被刷之儀、可題(顯イ)然候歟、内々御會分、人々裝束なと、就時宜斟(肝)酌候之條、可令得御意給、謹言、

正月十五日　　判

踏歌節會
九條經教内辨を勤む
久我通相奏慶節會に候す
深夜實夏をして神輿在洛中節會出御の前例につき勅問あり

十六日、朝間陰或雨、今日節會、關白可被勤内辨云々、内府(久我)通｜相又奏慶、可候節會云々、朝廷禮義(儀)之興復、尤珍重事歟、亥刻許實夏問(自カ)例新大納言(正親町忠季)陣家出立參内云々、予就寢已(之イ)後丑終刻、自内裏送實夏卿狀傳勅定、節會出御間事也、予申愚意之所存了、其子細載左、後聞、簾中出御、如此間一獻供了入御云々、内辨關白、自里第押笏紙、一上未與奪、不見、是謝座堂上事等行之、外辨・内辨以下堂上、内府卽早出、其後内辨起座退下、被參候御後、依東大寺神輿在洛、内辨實夏卿續之云々、

延文四年正月

實夏書状

今年節會、元日無出御、白馬出御簾中、今夜關白勤仕内辨候、而適元應例如此候、可為何様候哉、今間（不見、悉歟（傍注非ナラン））忩（忩カ）可申談之由被仰下候、可然様可令計申入給候哉、恐々謹言、

正月十六日子刻　　實夏状

丹後前司殿〔藤原光熙〕

公賢の奉答

今夜節會間事、博陸内辨、邂逅規模勿論候歟、出御儀、元應例雖非無子細、神輿在洛之間被垂御簾之條、大略流例候哉、且者當代于今被用其儀及多年候、然者就元應一度例、若難被改此間儀候歟、但件度外、猶若此例候哉、可被尋問兩局候歟、於出御度數者、三節會候間（之カ）一度出御、雖連綿候、依内辨規模今夜出御、白馬之外及兩度候之條、何事候哉、不被懸御簾、被改此間儀之條者、無左右難計申入候、可令得其意給之状如件、

正月十六日

元應神輿事、若有子細、聊相違年來之沙汰事候やらん、此條も兩局定存知候歟、可被尋問候哉、同可得御意候哉、

追申

九條經教久我通相にも申し談ぜらるべし

此事執柄ニハ被申談候けるやらん、尤可被申候歟、且又内府參候者、兩公勅問、被治定之條、不可有難之由存候也、

元應三年東大寺八幡宮神輿在洛中節會の例

元應三年東大寺八幡宮神輿在洛時節會間例
正月一日、節會晴儀也、御膳以下被略舞樂・國栖、（止笛奏歌、）今日小朝拜如例、
同七日、出御以下如例、於事有興行之沙汰、被止舞妓幷坊家奏・國栖（止笛奏歌、）等、北陣・雜犯者如例、
同十六日、出御如例、無舞樂・國栖（止笛奏歌、）等、

踏歌節會散狀

（本折紙）
踏歌節會
公卿
關白 今日先著陣、次被勤内辨、早出、
内大臣 先拜賀、卽著陣、早出、
御〔洞院實夏〕參
二條大納言〔良冬〕早出、
松殿大納言
花山院中納言〔兼定〕
萬里小路中納言〔仲房〕
右大辨宰相
延文四年正月

右兵衛督
少納言
秀長
辨
（土御門）保光朝臣　（西洞院）行時朝臣
次将
左
（以下本折裏）
（鷲尾）隆右朝臣　（持明院）基秀朝臣
（園）基賢朝臣　實綱朝臣
隆仲朝臣　（法性寺）親忠
通富
右
（八條）實興朝臣　（四辻）公彦朝臣
（源）雅方朝臣　（源）長具朝臣
（一條）實村（材）朝臣

職事

親顯朝臣

抑今日節會已下儀可注進之旨仰少外記康隆〔中原〕、續之、

今日內辨自里第被押笏紙云々、先有著陣事、笏紙如何、著陣儀了被押之條可叶宜歟、

中原康隆注送踏歌節會記

內辨九條經教

久我通相以下諸卿參陣

延文四年正月十六日、庚戌、今日踏歌節會也、公卿關白左大臣殿〔九條經教〕內辨、・內大臣殿・權大納言藤原實〔夏〕—卿・同良冬〔二條〕卿・同忠嗣卿・權中納言同兼定〔花山院〕卿・同仲房〔萬里小路〕卿・參議同時光〔日野〕卿右大辨、御酒勅使、祿所・同隆家卿右兵衛督、宣命使、・頭權左中辨平親顯朝臣・頭右中辨藤原忠光〔柳原〕朝臣奉行、・左中辨同保光〔土御門〕朝臣位在親顯上、・左少辨平行時〔西洞院〕朝臣・藏人右少辨同信兼・藏人次官同行知〔安居院〕・藏人佐藤原嗣房〔萬里小路〕・大內記菅原秀長〔東坊城〕少納言、・大外記中原師茂朝臣・左大史小槻量實・少外記中原康隆・權少外記同師興・右大史高橋秀職等參陣之、

關白著陣事

關白經教著陣

節會以前關白殿有御著陣、其儀令經陣奧座給、橫座著御、西面、頃之令起座給、有御堂上、中文・吉書等無之、

內府拜賀并著陣事

內大臣通相著陣

次內大臣殿御拜賀也、申次頭右中辨忠光朝臣、次御著陣、大辨不參、直辨左中辨保光朝臣、座頭大夫史量實、右大史秀職〔高橋〕候申文、其儀如例、次藏人佐進軾下吉書、上卿召左中辨被下之、左中辨下大夫史、次內大臣殿令移著奧座給、先是花山院中納言〔兼定〕殿御拜

寅刻節會始行

外任奏

立樂國栖等停止

實夏續內辨

三獻

坊家奏舞妓

賀也、中次藏人將監基統（三善）、
寅刻許被始行節會、內辨御著陣、直端座、卿相五人相次令著陣給、二條大納言殿・花山院中納言殿依未著陣、不令著陣給、內
辨召官人令敷軾給、次以官人召大外記師茂朝臣、令問諸司給、仰外任奏事、師茂朝臣
歸出、持參外任奏退、內辨招頭右中辨（柳原忠光）奏聞之、卽被返下之、此次依東大寺八幡宮神輿
在洛、立樂・國栖等停止之由被仰之、次內辨召師茂朝臣、被下外任奏、又省略事同被
仰之、次內大臣殿起座、令向外辨給、其儀如例、此間花山院中納言殿令加著外辨給、
次左中辨（土御門保光）・菅少納言（東坊城秀長）・外記康隆（中原）・史秀職・召使助豐等同著外辨座、各座定之後、上卿
召々使令下式筥、次召外記被問諸司、其儀如常、先是內辨令起座給、於立蔀外令著靴
給、笏紙自御里亭被押之、著御宜陽殿兀子、次內侍臨西檻、次內辨謝座昇殿、先是左右近次將等退
胡床、次開門、次闈司分著、次內辨召舍人、大舍人稱准（唯歟）、次少納言就版、內辨宣侍從
召セ、少納言退、次外辨公卿參例（列歟）標下、內辨宣敷尹、次公卿謝座・謝酒如常、次諸卿昇
殿、但二條大納言殿不及昇殿御早出、次自東腋供御膳、次內大臣殿御早出、次松殿大
納言早出、次內辨御退出、次洞院大納言殿（實夏）相次令勤內辨給、次居臣下餛飩、參議時光卿下殿仰內豎、
次居飯汁、同上、次一獻、參議時光卿乍座被催之、次二獻、御酒勅使參議時光卿下殿仰外記、次三獻、
坊家奏、內辨御下殿召之、於無名門代付頭右中辨（柳原忠光）奏聞之、次內辨歸（マヽ）御昇殿、次舞妓出

宣命見參

巳刻分散

攝關內辨の先例

文永十二年白馬節會實冬卿記

攝政一條家經內辨を勤仕す

廻南庭、（廻版位也、）樂前五位二人（經享（マヽ）、光盛（源））等前行、次內辨御下殿拜舞、（北上東面、）次內辨不及御昇殿、著御仗座、召宣命見參等、自餘卿相等昇殿、次內辨令起陣座、於無名門代付頭右中辨奏聞之、卽被返下之、次內辨於軒廊令拔取宣命見參等給、御昇殿、次內辨公（召歟）參議隆家卿給宣命、次內辨召參議時光卿給見參祿法、次時光卿下殿著祿所、左中辨・史秀職（高橋）等同著之、內辨・萬里小路中納言等下殿列立、北上東面、宣命使就版、內辨已下再拜々舞如常、內辨不及御昇殿御退出、宣命使昇殿、次萬里小路中納言昇殿、次萬里小路中納言・宣命使等下殿取祿退出、次參議時光卿取祿退出、此後上下分散、于時巳一點也、

攝籙內辨事、元慶・承平等先規暫（闇イ）聞之、近則文永十二年白馬攝政（白馬後光明峯寺攝政、後光明峯カ）（一條家經）後光明峯寺・元應元年踏歌芬陀梨花院關白（一條內經）・曆應二年白馬今一條前關白（經通）等也、其外建武二年白馬、後光明照院（二條道平）爲內覽左大臣、前關白、被勤仕云々、

少外記康隆（中原）後日申云、文永・元應召外記於直廬被問諸司、曆應幷今度於陣被問、又曆應以往每度不召官人、傳參議被行次第事、而今度召官人每事下知云々、定有子細歟、

博陸內辨、文永記一條前中納言（實材）注送、爲後勘續之、

實冬卿記（滋野井）

文永十二年正月七日、己卯、天陰、及晚屬晴、間々雨灑、節會攝政（家經）被勤仕內辨、承平

忠仁公(貞信カ)(藤原忠平)例云々、於直廬召大外記清原良季被問諸司、酉刻權大納言(花山長雅)・善勝寺大納言(四條隆顯)・右大將(近衞家基)・左大辨(久我具房)・大炊御門宰相中將(冬輔)・予著仗座、攝政遂(逐カ)被著、參議平伏、仰大辨令敷軾、左大辨召官人、微音、又令召外記、攝政著陣之時、諸司仰大辨令催先例云々、以頭中將公貫(三條)朝臣被奏外任、公貫朝臣垂裾取笏參軾、此事職事出陣之時不取笏先例也、古賢之所爲已如此、今案不可然歟、又闕腋裾懸垂事不容易、常懸之、今又令垂、雖背先例引陣之時垂之、今又令引裾之條不可有難歟、次將依候陣、雖職事用此裝束、於取笏者似會釋、外記申代官、內辨令押笏紙、著宜陽殿兀子、召內豎下給下名已後、脱靴昇殿、主上(後宇多)出御、被候御裾歟、次下殿、於軒廊取宣命被奏謝座、外辨內大臣(花山院師繼)・花山大納言(長雅)・善勝寺大納言(四條隆顯)・右大將(近衞家基)著外辨、・左衞門督(一條實家)・堀河中納言(具守)・德大寺中納言(公孝)・左大辨(具房)・大炊御門宰相中將(冬輔)・予・殿三位中將(二條師良)參列、謝座・謝酒了著堂上、予依無座早出了、攝政關白勤仕內辨、元慶八年・承平二年・同三四五六年云々、天仁大嘗會云々、今度被遲練、

承平藤原忠平の例

遲練

十八日、天晴、西園寺大納言(實俊)送狀、問答續左、

西園寺實俊書狀

二合年子息申文ハ、無子細事候哉、

此間（其由風聞候歟、）――

兼亦今月中、可被行春除目之由其聞候、年給申文事、文和三年二合申文候き、（文和三年被出二合御申）

二合申文のことを問ふ

文候者、今度二合者可爲明年候歟、隔同三年、前後相竝五年申之歟、兼又無除目事(年カ)者除之候、文和四五年不被行除目候

其後天下動亂時分なと不及沙汰候、今年又可相當二合年候歟、然者息

之間、以外年記(紀)延引候、然而無力如此候也、恐々謹言、

子二合可出之條、可爲何樣候哉、其間事不審候、委細態可被勘下候、實俊恐惶

謹言、

正月十八日　　實俊(西園寺) 判

後光嚴天皇勅書

公賢自撰の歴代最要抄の進獻を嘉せらる
公賢の病を軫念あらせらる

抑予年來秘藏知囊號歴代最要抄(前出歴代至要抄)、去年不慮達天聽(後光嚴)、有召之間進覽一本、可寫進旨奉勅定、此間種々經營、再三加添削、今日進入之、次踏歌宴嚴重之由、奉目出之旨申入之、卽勅答、其次一昨日勅問事亦加(被カ)仰之、仍寫之、

三節已下年始公務無爲、誠爲悅候、踏歌儀嚴重候き、晴出御事、關白(九條經教)頻申沙汰候間、已可爲其儀之由面々令申、(候イ)流例也(已イ)爲簾中儀之上、元應之外更無先規事候、强不庶幾之上、彼時儀又別有廢立歟之由加推量之間、旁不可然歟之間再三仰(旨カ)候き、隨而意見之趣不違愚意候間、遂默止了、其次第大納言定語申候歟、抑彼抄無心元候之處、被送進、爲悅不少、特可爲箱底之抄候也、違例事、此間粗聞及候、猶不能信用之間不申候き、返々六借候、能々可被謹愼候也、事々又可申候也、

廿一日、天陰、今日頭辨忠光朝臣送消息、御會事談之、問答續左、

柳原忠光書狀廢務の日御會憚るべきや否やにつき勅問あり

來廿五日廢務日ニ、内々御會可有憚候否、可被計申之由其沙汰候、以此旨可令洩申給、恐々謹言、

正月廿一日　忠光

丹後守殿

公賢の返狀他日に延引穩便か

來廿五日廢務日御會事、如此内々儀不取敢被行之條、雖不可有子細候、就御不審及勅問候之時、可有御沙汰之旨難申入候、以他日被行之條、可爲穩便朝義(儀)候哉、可得其意候也、謹言、

正月廿一日　――

公賢右筆不合期により勸修寺經顯への返書を息實夏に代書せしむ
經顯書狀宿老狩衣の紐のことを問ふ

廿五日、天陰、時々雨灑、抑今日一品(勸修寺經顯)送狀、宿老狩衣紐間事談之、予右筆不合期、誂大納言令書返事了、

年始雖事舊候、最前向御方申籠候了、(脱アルカ)不可有盡期、可參賀言上候、抑狩衣紐、此間用組分紺淡候、今も不可有子細候哉、若猶宿老所用分や候らん、不審存候、可被示下候、他事可參申入候、誠恐頓首謹言、

正月廿五日　經(勸修寺)顯

公賢返状

抑狩衣紐事、組分紺淡之外、宿老體强不承及候、但就狩衣色白、組分なと用事や候ハ(らカ)ん、依御尋、ふと存寄樣候、可有計御沙汰候哉、自舊冬〳——(マヽ)

禁裏詩御會詩題萬物感陽和

參仕の公卿

廿六日、天陰、抑今日禁裏内々詩御會也、萬物感陽和、春字、大納言參仕、直衣上紐也、非絕句、是内々體也、實夏卿・實音卿〔三條〕・仲房卿〔萬里小路〕・俊冬卿〔坊城〕・時光卿・隆家卿〔油小路〕・行光卿〔日野〕・長綱〔東坊城〕卿等參仕云々、

禁裏内々御遊御所作笙

廿七日、天晴、今日内裏内々有御遊事云々、大納言參仕、傳聞、御遊拍子成賢朝臣〔綾小路〕、笙御〔後光嚴〕所作・教言朝臣〔山科〕、笛實夏・實音卿、篳篥兼照〔親カ〕〔藤原〕卿、琵琶基隆卿〔園〕、箏和琴忠季卿〔正親町〕云々、呂安名尊・鳥破・席田・同急・美作・加〔賀〕殿急、律伊勢海・萬歲樂・更衣・甘州、依傳聞記之、

實夏息公定及び公爲の復任を中原師茂に通報す

廿八日、天陰、抑公定〔洞院〕〔去年二月母ヲ喪フ〕復任事、自然懈怠、于今不申沙汰、而忌月來月也、然者今月中可復任歟、相待縣召除目之處延引云々、仍父卿〔洞院實夏〕相談師茂朝臣、彼朝臣請文付女房奏聞、可宣下之旨被仰忠光朝臣云々、件請文爲後勘續左、

師茂請文

除目延引、如仰頗無念存候、

抑彼御復任事、去年十月卅日御狀、十一月十日到來之間、翌日付遣頭權辨〔柳原忠光〕候畢、而自然于今無沙汰候條、且恨〔恐イ〕仕候、縣召除目以前復任雖邂逅候、以往存例候、來月一廻御忌月候者、御復任事、今明兩日之間可有沙汰候乎、局沙汰更不可道行候、別被伺申時宜、且被仰頭權辨候之條可宜候歟、忌月復任例、不打任存候之間、如此言上仕候、復任宣下事近例候、今月中復任除目事難被行者、若〔忿カ〕可被宣下候歟、可有計御沙汰候哉、

師茂誠恐頓首謹言、

正月廿八日　　師茂請文

復任宣下を賜ふ

復任宣下出來、未聞事也、而當代此事出來、誠容易事也、遣萬里小路〔仲房〕口宣案、忠光朝臣注送云々、依新儀爲後勘注付也、

宣旨

延文四年正月廿八日　宣旨

權中納言公定

權中納言藤原朝臣〔公定〕公、

左少將公爲

左近衛權少將藤原朝臣〔洞院、公定弟〕公爲、

以上宜令復任、

藏人頭右中辨藤原忠光奉

禁裏和歌御會
歌題庭上鶴

廿九日、朝間陰、午後或晴、今日禁裏和歌會、題庭上鶴云々、大納言兼日領狀、脚氣更發、

俄不參也、

二月大

幣料不足により祈年祭行はれず
大原野祭及び釋奠も延引

四日、天陰、自去夜雨下、今日祈年祭又無沙汰歟、大原野祭事可尋、後日聞、大原野祭依廢務日延引、祈年祭又無念、幣料無足也、然者何爲可(マヽ)申哉、釋奠同延引云々、

諏方圓忠義詮參內の服裝等につき尋ぬ

五日、天陰、今日圓《諏方》忠法師、將軍(足利義詮)參內時服・行粧等事尋之、愚存之旨注遣了、問答在左、

圓忠書狀

近日拜(羽)林(足利義詮)可有參內候、任將軍之後初出仕候哉、當時之儀不及拜賀之沙汰候、可有賢察候、所詮裝束・行粧之體、可爲何樣事候哉、時儀相應之中樣可被示下之由、可申入之旨内々其沙汰候、有御伺可注給候、恐々謹言、

二月五日　圓忠判

左馬助入道殿(藤原親季、法名妙悟、洞院家家司)

公賢の返答
裝束は衣冠下袴を行粧は尊氏參內時の例によるべし

將軍御參內御裝束以下事、於御裝束者可爲御衣冠候歟、雖御拜賀已前、若可被著御下袴候哉、於御行粧者、布衣輩少々可被召具候歟、狩衣御牛飼・御雜色以下、先公(足利尊氏)御出仕時儀、不可相替候哉之由可申旨候、恐(々謹言カ)、

二月五日　妙悟〔藤原親季〕

圓忠重ねて衣冠指貫の色文のことを問ふ

昨日御返事之趣、申遣奉行人齋藤五郎〔秀基〕左衛門尉、候之處、重書狀如此候、衣〔冠カ〕貫幷著〔差カ〕貫色文尋申上候、未練之故歟、定色事、裝束師存知事候哉、然而難自專之間重申入候、可被示下候歟、帶劔事同前候、可得御意候、恐々謹言、

乃〔刻カ〕ー　圓忠判

堀川某宛幕府奉行人書狀

御差貫之色文、御表衣色文事にて候、又可帶劔候哉、同可奉候、

御裝束事、衣冠之由承候、就其御衣冠色幷御文上下共、重可有御尋候歟、不審之間令申候也、昨日彼狀之趣披露候了、忩々御尋可然存候、恐々謹言、

二月六日　判

堀川殿

衣冠式目

御衣冠式目

一、御袍

輪ナシ、文ノ綾、平絹裏、
一、御袙
薄色綾、平絹裏、
一、御指貫
薄色堅織物、文藤丸、
〔一、脫カ〕御下袴
白平絹
〔一、脫カ〕御劔
不可被帶也、

踏歌節會內辨九條經教外任奏を結ねず實夏先例の有無を近衞道嗣に問ふ道嗣の返答

抑十六日節會、內辨〔九條經教〕不被結申外任奏、仍大納言〔洞院實夏〕先日向右府〔近衞道嗣〕之時申出此事、若攝家有此說哉旨尋申、而二代記〔殿曆・玉葉〕皆結申云々、其旨被示遣大納言、彼狀續之、
抑外任奏返給之時結申之條、知足院〔藤原忠實、殿曆〕幷法性寺〔後法性寺藤原兼實、玉葉〕記錄分明候けり、彼〔一條經教〕所爲不審候、然而定被存一儀候歟、前相〔國脫カ〕〔公賢〕なと若被聞食及候哉、被尋申、便宜ニ可承候也、

春日祭無沙汰

九日、天陰、壬申、今日春日祭又無沙汰歟、不便、

公定亡母一廻忌

十一日、天晴、今日公定〔洞院〕亡母一廻忌辰也、

葉室長光書狀
權大納言の拜賀を遂げんとし行粧及び服裝等につき尋ぬ
拜賀遲引已に五六ヶ年に及ぶ

十三日、天晴、長光（葉室）卿問答續左、

此間何樣御事候乎、今明旁可參申入之由相存候之處、兩三日咳氣以外候間、種々快試（扶カ）候、聊得少減候者忩可參上仕候、

抑長光御（及御沙汰之條□（悅カ）入候、）拜賀于今遲引、（文和三年四月任權大納言）已及五六ヶ年候、事儀絕常篇候、爲家爲身歎存候之處、舊年又嚴蜜（密）被仰下之旨候間、今は（春カ）ともかくも可構試之由、無左右雖申入候、更無成立篇候、有若亡之次第候、然而心之所及、尙廻愚案之最中候、就其前駈まねかた一兩人可召具條勿論候歟、近代兩三度ハ大略雖四（顯職之人々猶强不守先規、只可隨構得候歟、）人候、當時曾無其器候、不具又不能左右候上者、只可爲二（更不可有子細候哉、）人之旨支度候、旁相應儀候歟之旨存候、且可爲何樣候哉、又葉室入道（光賴）永曆ニハ、（無御坐候、二代御佳例不可有豫儀候歟、）地下前駈之外、付親疎一向無扈從者候き、故入道（葉室賴藤）（御子孫中當出仕之輩）粗又追彼例候、於子孫當時更無出仕體候之上者、無沙汰中不及申候、自然叶永曆所存候ぬと比興存候、兼又著（被略之條勿論候歟、當時諸人大略此儀候哉、右筆難叶候間用他（筆候カ）、恐（々謹言カ））袙之條、已及老年之上者、可令略之由存候、定無子細候歟、條々猶雖可參申入候、咳氣少減之時分可遲々歟之間先申上候、何樣にも兩三日間可參申入候、長光恐惶謹言、

二月十三日　　長光狀

釋奠

東大寺八幡宮神輿の在洛により宴穩座を停む

清原宗季注送釋奠記

十四日、丁丑、天晴、傳聞、今日釋奠、納言實夏〔洞院〕卿・實音〔三條〕卿、分配人故障、參議時光〔日野〕卿參行、不被行宴隱〔穩〕座、是依東大寺〔八幡宮〕神輿事也、

今日釋奠儀、後日宗季〔清原〕注送之、

延文四年二月十四日、丁丑、今日釋奠也、右大辨宰相時光卿・左中辨保光〔土御門〕朝臣・大外記師茂〔中原〕朝臣・大夫史量實〔小槻〕・權少外記師興〔中原〕等參行之、上卿・少納言・史不參、未明祭初獻博士宗季、座主直講良賢〔清原〕、講書孝經、參議以下廟拜并都堂座儀如例、

大原野祭追行

十六日、天晴、大原野祭也、式日延引、又依祭料無足歟、頭右中辨忠光〔柳原〕朝臣・權少外記良種〔清原〕等參向、又新內侍同參仕、祭禮以前早出云々、

諏方圓忠義詮の參內につき重ねて公賢に諮る

圓忠書狀

亡父尊氏の一廻中然るべからずとの說あり

十七日、天晴、今朝圓忠〔諏方〕法師又有示事、將軍參內事、問答共續之、

將軍參內事、可爲近日之由治定候、而雖爲吉服已後、一廻〔父尊氏去年四月三十日薨ズ〕中不可然之由一說出來候、可爲何樣候哉、云先規云之〔御カ〕意、內々可示預之由、可申入之旨其沙汰候、可得御意候、恐惶謹言、

二月十六日　　圓忠狀

左馬助入道殿

公賢の返答

將軍御參內、御重喪一廻中可爲何樣哉事、曾不可憚候、九重喪人雖不除凶服、出仕勿論事候、況御除服宣下、不能左右候、且件宣旨、宜除服出仕或除服從事、之條、文章分明候、

斟酌に及ばず公家御神事の日は憚るべし

旁不可及御斟酌候歟、但公家御神事日者可有憚事候、愚存如此之由可申旨（候脫カ）、恐―（々謹言カ）、

二月十七日　　妙悟（藤原親季）

禁裏に御蹴鞠あり

賀茂教久祇候

廿二日、天陰、時正中日也、傳聞、今日禁裏有上鞠事、近來連々事也、今日賀茂前神主教久參申數、今日天陰不風、天氣得時云々、

崇光上皇天龍寺に普濟國師の宸翰を賜ふ

廿五日、天晴、今日圓忠法師又有示事、夢窓（疎石）國師追號（普濟國師）、被下眞（宸、下同ジ）筆於寺家（天龍寺）、勅使四條大納言（油小路隆蔭）入來、可謝申禮有無事也、更無才覺之趣報了、

禁裏御樂幷に舞御覽

後聞、今日內裏有御樂、次有舞御覽、左右舞人各三人、伶人、、―（本ニ已下不見）舞只、番云々、

圓忠書狀

天龍寺に宸翰拜受の御禮參內のことにつき諮る

夢窓國師追號、被下伏見殿（崇光）眞翰候、一昨日（廿三日）、四條大納言家爲勅使入寺候、可表其禮事候哉、云先例云色數、無故實候、內々可被示下之由可申入之間（旨カ）、寺家傳申候、得御意可伺給候、恐々謹言、

二月廿五日　　圓忠判

左馬助入道殿

公賢の返答
叢林のことは才覺なし

夢窓國師追號眞翰、寺家可謝申否事、如此叢林事、曾不蕭（マヽ）才學候間、不能御意見候、但事已違越了、後日沙汰若不可有所表候歟、然而猶々加濃淡、可有商量歟之旨（候脱カ）也、恐々謹言、

廿五日　妙悟

公定除服

廿七日、天晴、抑今夕戌刻公定卿有除服事、去十一日亡母忌日過云々、

葉室長光奏慶につき不審の條々を尋ぬ
公賢の病中を憚り書狀を實夏宛となす
長光公賢の問答

抑葉室（長光）大納言明後日可奏慶、其間不審條々示之、予病中顧無心、遣狀於大納言云々、彼篇目予相扶病體注遣之了、寫之續左、

一、乘車事

卿相雲客之間、扈從人入來并父祖同宿之時者、於門外乘車勿論候、不然之時者、常事候歟、輦於中門廊車寄戶可駕之候歟、永曆葉室（光賴）入道時議（儀）、雖相似今度候、此事まてハ不注置候、其外度々例、相替今儀候之間不審存候也、

一、中門廊乘車時事

爲如此之時、前駈御定（マヽ）不及取松明候歟、各取松明蹲居前庭候也、然者各先在庭上、簾幷裾役兩人昇自沓脫、可役之候歟、若又直ニ自堂上可進候歟、兩樣何も不可有子細候、可從便宜候也、

一、雑色追前間事
於門下乗車之時者、降沓脱之時一聲、出門之時一聲、常儀如此候乎、而於中門駕車者、如此候歟、遣出門之間只一度可追前候歟、将又乗車候(トイ)出門候(トイ)、兩度可追候歟、

一、路次行列幷取松明間事
如木四人時者、乍四人皆取火可前行候歟、車前二人、車後二人ニて候へく候、若又二人ハ取火、可在車後候歟、
前駈ハ二行、以左爲上首之條勿論候、是も行列候歟、如木雑色よりも、先第一ニ行列候歟、同笠持ハ、强不正行烈(列)、不然者、二行ニ可候也、可列路傍候哉、
牛飼ハ、持榻可在車後、左候歟右候歟、
左鳶尾許ニ候歟と覺候、

一、如木雑色・牛童令騎馬間事
此事强不可然事候、遠所之時ハ勿論候、自高門禁裏まてなんとハ、只可歩行候歟、執柄なとへ御參候ハゝ、騎馬不可有子細候歟、出門之後、何町許可歩行候哉、

一、陣中行列事
先如木雑色ハ、各取火前行、不可有子細候歟、次前駈又取火前行、此定、定無子細候歟、

一、於御所入門、又出之時、雑色追前、於門内如此候、不追候條、又勿論候歟、

一、車副ハ、平禮上結垂尻無子細候、如雑色可著兩儀候歟、高官顯職之時者、亂緒にて候やらんと覺候、亂緒候歟、或素細藁(著カ)沓事も候哉、

一、禁裏申次、近比代々五位藏人候、不能左右候、就事便候之上、不可有株(守脱カ)之條勿論候、今も悟(マヽ)得

候者、雖爲五位、强勿論候不可有過分之儀候哉、六位又無子細候、兼又目出候、前駈ニ六位者、少
冠を沙汰立候、裝束體いかにと可候哉らん、無官者ハ、六位なと、此間までも定著來候歟、可尋聞食候哉、縫腋可爲勿論候、裾常殿上ハ何
と候へきやらん、老懸ハ、非武官者定勿論候、但愚意一紙注進之候、不可懸候歟、將監若兵衛尉なしにと歟
申任候者、闕腋帶劔無子細候、具足なと煩敷候ハ、何にても文官ニ可申任候歟、裾ハ何も只尋常寸法候歟、不可爲短裾候歟、恐々謹言、
兩官何事候哉、修理大膳亮なと、若可相應候歟、就是等、裾長短も旁不審存候、委被示下候者、
尚々可畏存候、併可參謝言上候、長光恐惶謹言、

二月廿八日　長光 公賢 狀

下襲寸法につき公賢の返答

通方卿裝束抄

六位下襲寸法事

通方〔土御門〕卿裝束抄云、假令大臣一丈四五尺、大納言一丈二三尺、中納言一丈一二尺、參議八尺、四位七尺歟、但近年無存寸法之人、只以長爲先歟、又隨人高下、可斟酌其長短歟、後堀河院御時雖被定寸法、不拘制法歟云々、就其案（之カ）之、下襲寸法、强無定式歟、而參議爲四位之間、以一尺爲限歟、當時所被定、參議六尺歟、然者四位五尺、五位四尺、六位三尺可相應歟、然而三尺ハ大辨幷勾勘短裾寸法用之歟、然者若六位裾可用四尺踵下、歟、一向廻今案者也、不足指南歟、

延文四年二月

長光重ねて拜賀條々を問ふ

廿九日、又有此問題、

一、路次間者、如先日仰、如木雜色二人ハ、取松〔凡是ハ如法儀候、如法前行細々、又閑所ニハ不可候也、此子細先度不申決、病蒙之至候、〕明在車前、今二人者可在車後候、或乍四人在車後、小〔勿論候、〕雜色二人取火在車前云々、然者今度前後可相分之條無子細候、

一、陣中行烈(列)、如木四人、前駈等悉令前行者、且無扈從者之間、後暗之餘之冷然(ニィ)ニや候へく候らん、如木雜色如路次二〔此儀可然存候、〕人ハ前行、二人ハ取火在後條、可爲何樣候哉、

一、下車時、榻ヲハ牛飼、雜色(付カ)〔如木、〕、々〔如此候歟、〕々可傳前駈候歟、或付車副、々々〔さもとも不覺候、〕付前駈、或又付雜色長、々々傳前駈云々、是ハ衞〔此事候、〕府長事候歟、然者非准據限候、此事若不同候歟、存知大切候、

一、參內入門、直進立無名門前之條、如然存儲候、先年納言拜賀時も如此候、或〔兩說候也、〕里內ニモ、經床子座前入敷政門代、經陣座前出立蔀東妻〔前駈取松明、設此所、〕、進立無名門代候歟、是ハ縱雖正說候、兩樣候者、如長光更不〔可在賢慮候歟、〕可及此儀、入門直可進無名門代條、勿論候歟存之(候カ)、然而爲存知申上候、

一、雨儀ニハ、前〔下﨟歟、〕駈擁笠進立中門下、舞、入〔至此所可差笠歟、〕無名門著殿上外、別無子細候哉、

（以下ハ公賢勘返ノ文ナルベシ）不可有別子細候、若甚雨難治候者、殿上著座被閣條も不可有子細候、還昇云（二八カ）亦必可著之歟、大納言與中納言時已著了、强不可有還昇儀候へハ、略之條も不可有子細候哉、

三月小

葉室長光拜賀のため借用の有文帶螺鈿劔を返す

二日、天晴、抑葉室大納言（長光）送狀、一昨日拜賀無爲、如形果遂了、帶（有文）・螺鈿劔借遣、返送之、前駈希有奔營、四人召具了云々、珍重之由報了、

泉涌寺臨時舍利會

盜難の佛舍利出現したるによる

十二日、天晴、傳聞、今日修臨時舍利會、是件御舍利去月紛失、今月一日出現、依之修臨時云々、

同じく紛失の財寶車二輛許りも出來す

盜難の糺明をなさば寺家に災害あらん

盜賊山中に充滿

張本二人鬪死するにより寺家に返却す

臨時舍利會を修し法塔に奉安す

今日泉涌寺舍利會事、當寺佛舍利者、名聲被世利益異他、而今年二月爲盜人紛失、廿七日付見之（見付イ）、寺庫破損之、累代財寶及佛舍利多以紛失、今月一日不慮出來給、其子細者、一日丑刻歟、後山立柱松、其外多炬火、以高聲御舍利事有奉尋出事、衆僧早可請取之旨示之、僧衆雖成恐怖、少々遂以向山中、件御舍利奉案松樹上、其邊立明、自餘財寶同積置其邊、十六羅漢・種々唐繪・珠幡已下、寺家重寶車二兩許積程運置之、著一部物小袴男一人出來、此御舍利已下、有奉尋出事、仍所返渡也、此內少々定有不具事歟、其條强不可及尋沙汰、若致糺明者、爲寺家可有損害歟云々、僧衆殊可存其旨、曾不可及沙汰之由返答、此間山中捧弓箭・兵仗勇士充滿、僧衆旁傷心、然而無爲請取、寺家大慶、衆僧高運不能左右、此事寺邊謳歌、件强盜近邊惡徒所爲勿論歟、而件盜人張本二人、不慮鬪殺殞命、恐怖之處、八歲小女ニ御舍利依託、早可返寺家、不然者悉損亡、可後悔之由嘆之間、依此事奉返渡所故（マヽ）出來歟、雖末代不可說々々、奇特者乎、寺家感激此事、行臨時舍利會、式舍利會者每年九月也、其儀早旦以件御舍利奉出禮間、於此處衆僧梵讚・錫杖已下種々法用（要）、舞樂

人參向奏音樂、奉渡御舍利於法塔、衆僧圍遶、舞人壹奚妻施其曲、奉相從於法塔、修舍利講、寺僧覺會(勇カ)爲導師、式之次、頗有啓白之子細云々者、依爲奇代之事、以傳聞勒之、

近衛道嗣禁裏御鞠のことにつき諮る

十六日、天晴、今日爲右府(近衛道嗣)使泰尚(安倍)法師來、相扶病體召簾前謁之、禁裏御鞠可參旨頻有仰、其間事被談之、

葉室長光縣召除目につき不審の條々を問ふ

十九日、天晴、葉室大納言送狀於實夏(洞院)卿、條々尋問、予注付遣之、

一、未著陣者(勿論候、)、除目參仕ハ不可有子細候歟、不可列筥文之人不著陣之條、時儀なと先々承事候へハ、定無豫儀候歟之由存候、又可爲何樣候哉、

一、大納言(常說如此候、)不取筥文之條、常儀勿論候歟、然者不著仗座、候閑下(所カ)、關白幷大臣著殿上之後、出自下戶可參著殿上候歟、將又執柄(此儀常事候哉、)・大臣なと、御前座ニ參著之後、同可參進候歟、

一、大納言取筥文例(或抄、俊家(大宮)公不取之、家忠(花山院)公取之、兩說候歟、)、隆國(源)卿候哉らんと見及事ニ候と存候、其外列(例イ)如何候らん、若無人なと候て別(如此候歟、可令從勅定給之條勿論候歟、)被仰候とも、不打任候へは可固辭申事候哉、

一、關白被移著圓座之時、家禮事何樣候乎、九於御前座者(近來大略致禮候、)、不致私禮之條常儀候歟、而除目ニハ、於御前座も家禮事、如記錄ニもいくら(勿論候、)も見及候之樣ニ候、致禮者、

縣召除目始行
執筆久我通相
通相除目執筆
儀につき家說
を守り二條家
の說を受けず

長光重ねて除
目につき不審
を問ふ

或降簀子、或乍在長押上動座、不同候歟、（兩樣可隨便宜候歟、下簀子正儀候哉、）

一、著陣略申文事、如一級ニハ常事候歟、大中納言なと、（先規不覺候、）初任ニさる事ハ定候ハしと覺候、何樣候哉、

廿三日、天晴、抑自今日被始行懸(縣)召除目、執筆內府通相也、前關白(二條良基)頻可授其說之旨有氣色、而代々用家記說有自稱、不及傳受、自身注次第參勤云々、累家猶無止事也(歟イ)、但故相國(久我長通)執筆事、先皇(崇光)有勅語之旨留耳底芳言了、

葉室大納言條々又有不審、注付愚存遣了、

一、未著陣幷不列筥文公卿進退事、如御次第者、一大納言者不取筥文、直可著殿上歟、但先著陣、後起座常說ニ候、就其今度未著陣之上者、付是非自陣參儀ハ不可有之、然者何時又自何方可著殿上哉、（今度之儀、御著陣猶難叶者、兼御祗候、御所黑戶邊筥文昇(マヽ)了、參議人著座之間御參可宜歟、是不被取筥文之時事也、）關白被著御倚子前、家禮不隔、著奧座之後者不可叶、然者可爲端座歟、但大臣參著以前納言著座之段、雖不識先規、事儀先非無斟酌歟如何、若大臣著殿上後可參著者、自下戶進出可著歟、但當時殿上未爲障子、公卿之往反未見及、爲不審、若依此之難義(儀)不著殿上者、筥文納言幷參議等參著之後、自腋可著御前座歟、

一、雖未著陣、取〔勿論候、〕笏文例爲之由師茂(中原)申之、就之云第一云未著陣、今儀旁雖非沙汰之限、依先規若爲別勅者如何、〔可令取笏文給歟、大臣立弓場列之後、守位次自殿上屛未加立、常作法歟、〕(有カ)然者又笏文列、自何程可進立哉事、

一、執柄家禮、於御前只乍在座可動坐〔此條も雖不可有子細、及度々之時なとハ、後々乍座動座勿論候、是ハ只進圓座一度也、下簀子禮本儀歟、然者一度者就本儀可有進退哉、〕申(由カ)存之、雖不降簀子不可有難歟事、

一、勸盃時儀事

參進之間、入當間、昇長押後可直裾歟〔强不然歟、〕如何、更不復座之後、笏者所懷中也、取出笏置之、左、令氣色次人飮之、更受酒擬之、座程遠ハ、次公卿居寄、若參議許人々候者、進寄可受之歟、將又上首乘盃於笏可限〔强非本儀歟、但臨時所爲可在賢慮歟、〕之歟、渡歟

一、顯官擧間事

賜中文之時者、先置笏左方、取之、更取副笏復座、乍〔如此、〕取副文於笏揖歟、仰可書進由於宰相、其詞如何、〔書進之なとも仰候歟、或又氣色許常事候歟、〕可爲只氣色許歟、

一、著陣ハ雖面白(マヽ)、定〔勿論候、〕無子細歟、度々家例候之上ハ勿論候歟、

一、中文國、遂(逐)永曆例ハ、可爲伊賀・加賀候、加賀當時國司令闕云々、然者能登〔不可有子細候、如此例一ケ國なと附合、常事候也、〕ニ葉室入道(光賴)保元中納言時國｜(賦イ)、加賀ヲ取替之條、不可有子細歟、若遂(逐)先例者、二ケ國可爲一具候〔强不可然歟、〕

除目入眼

禁裏議定

東陵永璵の遺跡戒法につき議す

諏方圓忠尊氏の一周忌につき不審二ヶ條を尋ぬ

武家の法華八講に公請未參僧を召請するの可否

新勅撰に加ふべき尊氏和歌の名字如何

常在光院の寺號

歟、

此兩條頗雖非不審限候、以事次中入候、

今日除目、內大臣〔通相〕・松殿大納言〔忠嗣〕・萬里小路中納言〔仲房〕・右大辨宰相〔日野時光〕・右兵衛督〔油小路隆家〕等參仕云々、

廿五日、天陰、今日除目入眼也、

廿六日、天陰、自去夜雨猶甚、今日議定云々、人數濟々、一品〔勸修寺經顯〕・四條前大納言〔油小路隆蔭〕・葉室大納〔長光〕言・實夏・甘露寺前中納言〔藤長〕等參、東陸〔陵カ〕上人〔諱永璵、天龍寺前住持〕遺跡・圓頓戒法事有沙汰云々、除目入眼遲々、群儀〔議〕及日中云々、

諏方大進圓忠法師、又付妙悟〔藤原親季〕奉武家不審二ヶ條、愚存以妙悟筆注遣之、

前將軍〔足利尊氏〕周忌之間、可被行法花八講之旨其沙汰候、南北證義既雖乘〔載〕勅命、未參公請已前、武家勸請之條無先例云々、可爲何樣候哉、御意之趣內々可示給候、又彼詠歌、可加今度〔新千載和歌集〕勅撰候、被載常在光院寺號之由其沙汰候、而關〔東〕奉貞顯〔金澤〕入道本願相續之條、不可然哉否、同可承存之由內々其沙汰候、兩條有御伺、可示給候、恐惶謹言、

三月廿六日　　圓　忠判

左馬助入道殿〔藤原親季〕

公賢の返答

八講證義僧のことは顯宗の僧に尋ぬべし

常在光院の寺號については撰者の沙汰に任すべし

勅撰集贈官人署所の先例

（本折紙）
一、御八講證義事

被許證誠之僧綱、座籍已下不論已役・未役、頗異他、隨而雖不勤公請、私御用令勤仕之例、粗若存之歟、但猶不分明、顯宗僧侶可存知事也、可被相尋彼輩歟、

一、先公（足利尊氏）勅撰御位署事

常在光院御號、以非自身草創及先祖建立之寺院、爲其號之條、雖廻思案猶不分明、贈官人署所先規不同歟、被任撰者沙汰之條可無其難歟、

（以下本折裏）
勅撰贈官署所事

後撰

贈太政大臣

無居處并名字、本院左大臣時平（藤原）也、

拾遺

贈太政大臣菅（菅原道眞）

後拾遺

閑院贈太政大臣（藤原公季）

大納言能信（藤原）、白河院外祖也、此集即應徳白河院御代、通俊（藤原）卿撰之、

千載

贖（贈）左大臣長實（藤原）

中納言長實近衛院外祖也、

續古今三人有之、

春上、贈太政大臣（藤原）經實、二條院外祖、

秋上、北鄕（家カ）贈太政大臣（藤原）參議房前也、

雜上、粟田關白贈太政大臣（藤原）道兼公也、

除目竟夜

除目三ケ夜無爲、及翌朝御前儀了、而大間內覽、前關白（二條良基）遣里第、日中已後返上、及申刻陣儀了云々、無術事歟、入眼上卿萬里小路中納言、兩相公（日野時光・油小路隆家）候淸書云々、

除目聞書

權大納言　藤原家信（大炊御門）

權中納言　藤原基隆（園）　藤原師良（二條）

藤原經方（勸修寺）　藤原俊冬（坊城）

參　議　藤原實尙（大宮）兼、

左大辨　藤原時光（日野）兼、　右大辨　藤原保光（土御門）

延文四年三月

左中辨　平親顯
左少辨　藤原資定〔清閑寺〕
式部大丞　藤原懷國〔物加波〕兼、
治部丞　藤原定康卿請、
民部大丞　平有好
主計允　橘定久寮奏、
主税助　藤原式高臨時内給、
兵部卿　邦世親王
刑部大輔　源行有〔武者小路〕
宮内大輔　藤原資俊
　藤原範種卿請、
大膳權大夫源英長
彈正大弼　藤原實文
　忠　源信忠臨時内給、
左京亮　三善康忠

權右中辨　平行時〔西洞院〕
右大史　三善家連
　源長繼
少丞　藤原政式臨時内給、
允　平重長本寮奏、
隼人佑　賀茂親景司奏、
大藏權少輔惟宗行冬
　丞　大江直秀
大炊允　清原國景本寮奏、
　紀職音

修理亮　平光家臨時內給、　　權亮　大中臣時春
此歳(盛イ)兼以子息二合申之、而尻付書落子息字、
勘解由判官藤原盛兼停權大納言藤原朝臣實(實夏、洞院)去文和三年給二合、伊加(賀)大掾豐原國久改任、
大城(和カ)守　源和治　　　大和權大掾中原春末停去年內給、藤井房吉改任、
河內目　藤井久國(九條經教)關白當年給、
和泉權掾　藤井成方校書殿散位、　　少掾　藤井友廣大舍人番長、
攝津權目　清科弘久奏時、
伊賀權大掾立花松吉(二條良基)前關白當年給二合所任、
少掾志賀花勝停權中納言藤原朝臣實(實音、三條)去文和元年給二合、越中少掾今木花繁改任、
伊勢權少掾藤原行村內竪頭、
尾張權大掾大中臣正次右大臣當年給二合、
參河守　藤原賴方
駿河權守　源貞直　　　掾　藤井末吉明法擧、
甲斐權掾　藤原親氏勸學院擧、
相模權介　藤原實興兼、　　權大掾大江元春內舍人、

武藏權介　源　資方兼、

上總大掾　藤井淸千明經擧、　權大目藤井松枝左近權中將藤原朝臣當年給、

下總權介　藤原隆仲〔西大路〕兼、　權少掾平　盛久内舍人、

常　陸　目　和氣豐弘上召使、

近江少目　大春日藤繁權大納言藤原朝臣季〔忠季、正親町〕、當年給、

美濃權大掾櫻田高風内豎天暦籍、　目　春道通遠權中納言藤原朝臣實〔實音、三條〕當年給、

信濃權目　八木重治停權大納言藤原朝臣實〔實夏、洞院〕去年給、土左目改任、

上野少掾　紀　久　世内舍人、

下野權大目鳥取月光停去年内給、浦地浪遠改任、

陸奧大目　藤原康重當年内給、　出羽目　大江成重當年内給、

越前權守　藤原時光〔日野〕兼、　權介　菅原時親兼、

加賀權守　藤原隆家〔油小路〕兼、　權目　藤井春松通相〔久我〕當年給、

能登權目　藤井常永權大納言藤原朝臣俊〔實俊、西園寺〕當年給、

越中大目　十市一三權大納言藤原朝臣實〔實夏、洞院〕當年給、　目　藤井春季按察使藤原朝臣〔三條實繼〕當年給、

越後介　中原師香兼、
丹波目　藤原友房權中納言藤原朝臣時〔實時、德大寺〕、當年給、
丹後權介　平　行〔安居院〕知兼、
但馬守　高階英職
　權介　賀茂定守兼、
因幡〔幡〕守　惟守〔宗歟〕俊秀
　少掾　紀　行　重進物所執事、
伯耆大掾　草部重村大舍人本籍、
播磨介　藤原〔一條〕房經兼、
美作權介　源　長　具兼、
備前介　源　具　雄兼、
備中介　源　定〔土御門〕具兼、
　權大掾中原重朝去文和三年內給、件重朝不給任符秩滿、仍更任、
　掾　清原信蔭停按察使藤原朝臣去文和三年依獻五節舞姬、同五年給二合、大春日光永改任、
備後權大掾春隆花明北堂擧、
延文四年三月

少目　山河波音權中納言藤原朝臣兼〔兼定、花山院〕當年給、
權掾　藤井松貞權大納言藤原朝臣長〔長光、葉室〕、當年給二合、
目　平　遠　行當年內給、
權大掾源　有　重內竪散位、
大掾　櫻井持春當年內給、
目　大江千材喚內竪、

周防守　三善國繼
權守　藤原實直兼、
掾　藤井浪季當年內給、
長門權守　菅原豐長兼、
介　賀茂淸周兼、
大目　藤井花浪權中納言藤原朝臣當年給、
紀伊權大目藤井末弘進物所膳部、
阿波權介　藤原隆廣兼、
少掾　紀時恒校書殿頭、
讚岐大目　藤井房永右大辨藤原〔土御門保光〕朝臣當年給、
伊豫少目　櫻嶋花浪右兵衞督藤原〔油小路隆家〕朝臣當年給、
大宰大典　物集家富停權大納言藤原朝臣季〔忠季、正親町〕、去觀應元年給、備中目席田本滋改任、
豐後權守　源雅家臨時內給、
掾　新田部春苗奬學院學、
肥後權守　鴨久國臨時內給、
左近權中將藤原基賢〔園〕
權少將藤原公全
藤原季村
藤原雅家〔飛鳥井〕
將監　源重房臨時內給、
平賴行

源　能成

右近權少將藤原兼藤

源　有方

將監　源　清治〔久我通相〕大將請、

中原行音

左衞門尉　藤原益秀

惟宗行富

藤原兼親

中原氏賢臨時內給、

清原秀長臨時內給、

平　資國〔今出川公直〕督請、

右衞門尉　紀　泰久〔園基隆〕督請、

藤原助氏臨時內給、

左兵衞佐　藤原資康〔裏松〕

尉　藤原助景關白臨時申、

藤原公澄

源　通明

中原重貞

藤原定信

藤原友奥〔興カ〕

藤原重貞臨時內給、

平　資房〔後二條皇女㜷子內親王〕壽成門院當年御給、

藤原光員府奏、

橘　定久府奏、

權佐藤原基信

橘　國繼

小野忠頼　　　藤原範重〔後伏見皇女璜子内親王〕

右兵衛尉　豊原英秋樂人、　源盛景章德門院當年御給、

藤原親宗府奏、　平盛胤

右馬允　橘正繼御監請、

兵庫助　藤原宗行

延文四年三月廿五日

辭退

權大納言　藤原良冬〔二條〕

權中納言　藤原兼綱〔勘解由小路〕

除目執筆不審の條々

今度除目、内相〔通相〕初度執筆尤珍重、但不審事

一、諸道内官幷文章生、外國不見、若無所望人歟、

一、四所籍内、校書殿執事・本〔大歟〕舍人散位等不任事、

一、校書殿散位任事、

一、壽成門院御給、任左衛門尉事、有尻付事、當年内官給事、

四所籍の不審を中原師茂に尋ぬ

師茂請文

新公卿傳

一、臨時内給、靫負尉等尻付事、

一、實夏〔洞院〕卿子息二合申文尻付、不注子息事、

四所籍事不審候間之歟不見、尋奉行外記師茂〔中原〕、請文續之、

新公卿傳事、致沙汰可進上候、

今度除目陣儀、一昨日申刻事訖候之間、除書昨日進上禁裏以下方々仁〔仕イ〕候き、仍相似遲々、恐存候、校書殿執事幷大舎人散位不見候、若子細候哉、不審候、抑院宮當年御給、被任衞府尉事不打任候歟、兼又四所中、校書殿執事・大舎人散位、去建武元年先公〔久我長通〕執筆之時被任哉否事、件度共被任候歟、但堀河左大臣〔源〕俊房公、永久五年正月十九日縣召除目執筆時、校書殿執事不任候、久我太政大臣雅實公、保安三年正月廿三日同除目執筆之時、校書殿執事不任候、先公元弘二年三月十二日同除目初度執筆之時、校書殿執事不任候、雅朝〔室町〕・親長〔法性寺〕等卿正下四位敍日事、雅朝卿曆應五年正月五日敍正四位下、親長卿貞和三年十二月廿七日敍正四位下、如此注置候、御補歴下預候畢、可有進上候、可得其御意候哉、師茂誠恐謹言、

補歴

三月廿八日　　師茂請文

公賢の問に對する師茂再度の請文

承保三年正月廿二日除目、土〔源師房〕御門右府執筆之時、校書殿執事・大舎人散位共不任候歟、

院宮當年御給、被任衛府尉事、雖不打任存候、間其例候歟、且去年如此候、同可得御意候哉、

今度除目、校書殿執事不任事、强非家例候歟、自然之儀候哉、以前注進内、永久五年除目、校書殿執事任候歟、先度注違候哉、件三代校書殿〔執歟〕事、永久五年正月十九日除目、越中大掾高橋國行校書殿頭、・淡路大掾藤原實利校書殿執事、保安三年正月十九日除目、和泉掾早部重貞校書殿散位勞、・參河掾紀安次校書殿籍、元弘二年三月十二日除目、大和掾藤井成香校書殿籍、・尾張大掾播磨國豐校書殿頭、・參河權大掾紀吉次校書殿散位、如此任候、被任散位事、此外例候歟、大舎人散位事、永久五年大舎人番長、同散位二人任候、保安三年舎〔大イ〕人本籍散位勞、番長三人任〔候イ〕ハ、元弘二年件三人同被任候、兼又永久以後除目事、撰出其可進上候〔候者カ〕、可令得其御意給候哉、師茂誠恐謹言、

四月六日　師茂請文

今度四所籍任例、猶不審之間、後日相尋局務〔中原師茂〕、請文又續了、

廿九日、朝間雨、午後時々晴、西園寺大納言〔實俊〕送狀、問答續左、

西園寺實俊宛公賢返状

三臺急笙付所事、先年依源大納言〔中院通冬〕申狀被經御沙汰候き、彼時召仰龍秋〔豊原〕候仰詞留案、寫進候者也、此後無承旨候、恐々謹言、

三月廿一〔八カ〕日　―――

○本書狀ハ次ニ掲グル實俊書狀ニ對スル公賢ノ返狀ナルベシ、順序宜シク入レ替フベキナラン、ナホ、龍秋ニ賜ハリシ仰詞案ハ、實俊書狀ノ次ニアリ、

實俊書狀三臺急笙付所の不審を問ふ

龍秋・惟秋〔豊原〕三臺急以下笙付所事、爲申御沙汰、先年種々被經其〔御カ〕沙汰候歟、治定分何樣候乎、聊不審事候、委細旨趣示預候者所仰候、去廿二日御樂祇候笙之間、被尋下惟秋子細等候き、仍爲散蒙、如此令啓上候、實俊〔西園寺〕恐惶謹言、

三月廿八日　實俊上

先年豊原龍秋に賜はりし仰詞案

三臺急付所事、就今案儀、按察大納言〔三條實繼〕申子細歟、而尋常說、第二大皷付之條一切不可有之旨存候、雖可有子細、好秋〔豊原〕以來所用、强定無例所存候歟、而就餘曲傍例、第一太〔マヽ〕皷可然之旨令立申哉、此條雖似有一義、古來所用無左右不可有違轉之旨、彼大納言等所申又非無子細、所詮向後就上首所爲、今〔令イ〕相從之條可宜歟、止確執之所存、可應裁斷之勅定之旨、可仰龍秋矣、

延文四年三月

其後又樂人龍秋來申此事、此仰詞一紙注給了、
今日親尹〔物加波〕來、息男藏人懷國〔物加波〕除目事申沙汰、藏人方職事等未練、不可説事等語之、又次語曰、上皇〔崇光〕昨日御出京、御菊亭、暫可爲京御所云々、

崇光上皇伏見より御出京菊亭に入らせらる

延文四年
四月大

三日、乙丑、天晴、入道泰尚〔安倍〕朝臣爲右府〔近衛道嗣〕使入來、召簾前謁之、懸〔縣〕召除目尻付以下、不審條々事被示之、所存返答了、

近衛道嗣縣召除目の尻付のこと等を問ふ

五日、天晴、自內裏〔後光嚴〕被下御書、兩條有被仰下事、又雜熱事被尋仰、畏申了、
抑惠鎭〔法勝寺、圓觀〕和上遺跡・戒法已下事、今日被裁許圓緣〔昭カ〕上人〔元應寺惠澄〕云々、去月廿六日議定群議了、
其後依無差事不染筆之上、病席且相似無心、懈怠候了、
兼又自去春比、一向爲稽古始旬鞠候き、右府頻結緣之志候之樣聞候、未能一見之間、旁公私令發心、來十二日なと有增候、不及著沓韈、不可有上鞠、只此間儀聊も雖不可相替、神輿〔東大寺八幡宮〕在洛之時分、丞相なと立加之條、乍蜜〔密〕儀猶若可有其憚候哉、又是より外ニなにと藝〔褻〕・晴差異ハ候ハんそにて候ハヽ、可爲全分稽古之儀上者、不可妨候哉、子〔細歟〕候ハしとハ存候ハねとも、若强傍難なともやと存候間申候也、

法勝寺惠鎭の遺跡戒法等を元應寺惠澄に裁許せらる
後光嚴天皇勅書を賜ふ
神輿在洛中の御鞠興行并に近衛道嗣を召さるゝこと憚りありや

豊原惟秋より笙の秘曲を受け給はんとし御祿のことを諮らせらる

又笙沙汰事、惟秋〔豊原〕頻相似棄捐一流之由歎申候間、便宜ニ秘曲なとをも可被聞食之由思給候、若如然候者、如去年可及如祿候哉、是なとまてハ、又不可及此儀候哉、委隨存寄可被計申候也、

公賢奉答

御鞠興行并に道嗣參入のこと共に憚りなし

被仰下候之旨畏奉候了、所勞事―――

抑御鞠間事、此間内々御沙汰已經旬月歟、今更不能左右候、右府參入事、先々若前關白〔二條良基〕被候候歟、然者强不可有差別候哉、

笙曲御傳受并に勅祿のことも憚りなし

笙曲御沙汰事、惟秋一流不被棄捐之條、尤可爲善政候歟、就秘曲御傳受勅祿事、又依前後不差異候哉之旨存候、以此等之趣可令計披露給候、公賢誠恐頓首謹言、

四月五日　藤原公賢上

頭右中辨殿〔柳原忠光〕

御子左爲定同爲明を遣はし新勅撰集につき不審の條々を諮る

先づ四季の部許りを奏覽

蒔繪手箱は義詮より進獻

六日、天晴、二條宰相〔御子左爲明〕入來、以大納言〔洞院實夏〕問答、而就勅撰〔新千載和歌集〕事條々有可示事云々、仍相扶謁之、來廿八日先四季許可奏覽、就其、故者官位并正親町大納言〔公蔭・忠季〕父子歌・法皇〔光明〕御方御製等事有談旨、早可和談旨報了、今度勅撰所納蒔繪手箱事、武家〔足利義詮〕沙汰進之、先々大略住吉神主沙汰之、今度始申子細、而追又領狀之間、去月欲奏覽、而淸氏〔細川〕聞此事、住吉當時敵陣也、

件社務沙汰進當代勅撰納物、不可然之旨稱之、可爲武家之者張行之云々、

正親町公蔭同じく撰集のことを來談す

七日、或晴或陰、今日正親町（公蔭）大納言入道來、昨日二條宰相示旨談之、詠歌事忩可注進之、法皇御歌事、被召置萩原殿、可切試歟之旨示之、昨日不審條々注付事、（御子左爲定）禪門返答之趣、示遣爲明卿了、

爲定への返書を爲明に送る

三條實繼に書を送り素懷の存念を告ぐ日取は追て報ぜん

八日、天晴、抑今日遣消息於按察（三條實繼）大納言、予素懷事旨（マヽ）、懇望之所存可果遂、不可及奏聞旨雖存之、若自由棄（奇イ）恠之由有沙汰之者、殊可心得旨也、其日存定、重可申之由示之、

太一厄年及びその前後に薨去の先祖の勘例

（西園寺實宗）坊城入道內府
元久三年十（月）一、廿七（日）、出家、六十二、建保元十二九薨、六十九、太一定分厄年、

西園寺入道（公經）相國
寛喜三十二廿二出、六十一、寛元二八廿九薨、七十四、太一厄前年、

（西園寺實氏）常磐井入道相國
文應元五廿三出、六十七、文永六六七薨、七十四、太一厄前年、

（洞院實雄）山階入道左府
文永十六四出、五十七、同十六日薨、太一厄年、

後西園寺〔實兼〕入道相國
正安元六廿四出、五十二、　元亨三年九十〔ナシイ〕薨、七十五、太一厄年、
〔洞院公守〕山本入道相國
嘉元二六四出、五十六、　文保元七十薨、六十九、太一厄年、
〔西園寺公衡〕竹林院入道左府
應長元八十出、五十二、　正和四九廿五薨、五十六、太一厄前年、
〔西園寺季衡〕大宮入道右府
正慶二二十三出、四十五、　貞和四五廿五薨、五十八、太一厄後年、
今出河〔兼季〕入道右府
曆應元十一廿三出、五十四、　同二正十六薨、五十五、

右、坊城入道殿已來當流〔西園寺〕至大宮入道右府七代、皆太一厄年及前後年必有事、今年〔公賢〕六十九歲、當坊城・山本二代入滅年、必死勿論也、早入佛道、可營菩提條、懇々之極望也、就其此外閑院三家相將人、至此年齡在俗、八條相國〔三條實行〕八十一出家、〔之外脫カ〕曾無之、爭無哀憐哉、裏書云、○裏書ノ「示之、」以下ノ文ハ、十一日條ノ末尾「不便旨」ノ下ニ續クベキモノナレドモ、姑ラク本ノ形ニ從フ、示之、此條誠依〔マヽ〕難測量之上者、廻思慮、遣狀於按察卿、先日〔本月八日〕演說之趣早可奏聞之旨示之、當家坊城入道殿以來代々素懷、無六十九歲俗體〔衍カ〕無例事、今年當太一定分厄年事、坊城殿以

公賢今年六十九歲必死勿論なり早く佛道に入り菩提を營まん
三條實繼をして素懷のことを奏聞せしむ
當家代々六十九歲在俗の例なし
今年太一厄年に當る

亡父三十三回忌を期し出家せん

實夏祭除目の次任大將の風聞あるにより公賢に素懷期日の延引を望む

至極の本懷動轉し難し

柳原忠光禁裏御鞠につき不審を問ふ

忠光書狀

禁裏內々御鞠近衞道嗣參候す

大臣以下の座につき尋ぬ

來太一厄必入滅事、當先公(洞院實泰)卅三年爲追孝可遂此事、已下委先日面示之上、委載書狀、殊可得按察(脫アラン)之由示了、可申入之旨有返答也、

十一日、天晴、今日大納言來語云、忠光(柳原)朝臣送消息之次示云、任幕事、以祭除目(本月廿一日)之次可有沙汰之旨風聞、內々示之由也、尤珍重歟、就其予十五日經營時分歎存、可延引之由懇望、然而此儀至極本懷、不可動轉之間(旨カ)存定了、所詮不申事由可遂之旨話(マヽ)存之、不慮逆鱗、依父之自由、科被與子先途者不便旨　○前頁ノ「示之」ニ續ク

十二日、天晴、頭右中辨忠光朝臣送狀、今日御鞠奉行也、就其有談合事、返答趣注付彼狀、續左、

先々大略被切下大床御坐(座)候歟、而當御代御緣上敷御座、二條前關白(良基)祇候〔當代如此御沙汰候、前關白被候之上、右府强不可及今案新儀候哉、〕庭上候き、彼時別不及沙汰候、

御前邊何條御事令聞給候哉、

抑今日禁裏內々御鞠、右府被參候、當時者不被切下大床候、然而御座大文、鋪緣上、〔此間御沙汰之上者、强不可及異儀歟、〕丞相庭(座イ)可儲庭上候哉、雖非晴儀不設御座、自簾中直御立、若可有其難歟之由存候如何、大臣座可爲小文候哉、〔如此こそ候ハめと存候、〕公卿帖、雲客用圓座之條可宜歟、可參申入候之處、旁計會仕候間捧愚狀候、可令伺申給候也、恐々謹言、

四月十一日　忠光

丹後守殿(藤原光熙)

上下徒跣沓韈を著けず上鞠なし人數

後聞、今日御鞠、上下跿跣、不及沓韈(著脱カ)、又無上鞠儀、是依八幡神輿事、人數、御立(後光嚴天皇)、小口御袴、右府・新中納言(園)基隆卿・左大辨宰相時光(日野)・難波三位宗清等卿・頭辨忠光朝臣・權辨(西洞院)行時朝臣・藏人辨(平)信兼、地下盛季二條前關白家司云々、・賀茂神主教久・禰宜敏久・音平・鴨前禰宜祐泰・子息祐村(鴨)等參云々、

殿上人の圓座につき嗷訴あり

御座大床上設大文、右府座別庭上設之、其外公卿座又別所設之、頭辨候公卿末、殿上人已下座設圓座之處、行時・信兼嗷訴、俄改其座、被敷紫端疊、地下盛季・賀茂人等圓座也、而盛季又申子細、然而不被改之云々、殿上人圓座事、古來勿論也、且被尋御子左(爲定)所存、同予申詞云々、而依烏呼者等申狀俄被改、如何、

公家僧武家輩の見物狼藉未曾有見物衆尊胤法親王三寶院光濟細川清氏佐々木道譽將軍家尼女

今日御鞠、公家僧・武家輩參入、拜見之面々、隨所緣申賜休所、對屋・臺所等爲其所、於其內見物、或立馬道、立蔀開穴、又自欄文上見之云々、事儀狼藉、未曾有事也、梶井(尊胤法親王)宮師弟・光濟(三寶院)僧正・相摸守清氏(細川)・道譽(佐々木高氏)法師等云々、定猶有之歟、又將軍家尼女、多參入休所見物、三位局引導扶持之云々、末代澆季、或口惜事歟、莫言々々、

諏方圓忠故實不審の條々を問ふ

例圓忠(諏方)法師注送武家不審篇目、注付愚存遣之、

一折謹進覽之候、入見參、可承存候御返(行カ)事候也、恐々謹言、

卯月十二日　　圓忠判

（藤原親季）
左馬助入道殿

（本折紙）
條々

執綱役人のこと

一、執綱役人事

武家法則不同也、或諸大夫、或評定衆、或右筆之列、隨時儀三色也、於今度者仰右筆仁畢、而﨟次事、或武家右筆者不依官位、雜務決斷之席、雖被定其法、如此儀式可守座次之條勿論候歟、且於公家、依事座次相替非無傍例、近衞次將府役者、官次——役者位次也、辨・少納言又依事有相替之儀、爲參次第之間、可准其例之由一方申處（候イ）、參次第者公人進退別儀也、爲五位所役之上者、宜從公儀之旨所爭申也、云公家法則之（云イ）御意之趣、可被示下、

執蓋役人のこと

一、執蓋役人事

爲六位所役之條勿論歟、差定非公人之武士、於其役之條年來之流例也、不可爲執綱之右筆一列之由有相論、蓋・綱以五位・六位定來之上者、差別勿論歟、差別之旨趣何樣事哉、（以下本折裏）仍同前、

同日位次のこと

一、同日位次事

亂﨟次之時、自武家先々申請之條勿論、然而依年先例有不同也、武家別被申請之、於當代內者、雖隔年紀定有沙汰歟、限進退可有斟酌哉、不審、仍同前、

三條實繼來りて素懷のこと恩許の趣を傳ふ

十三日、天晴、抑都護卿（三條實繼）來、一昨日付示之趣委奏聞、頗有恩許趣、委談之、恐悅不知所謝

之由謝遣、又實夏卿來會、聊勸紫竹・黃醒(醅カ)等、

吉田祭

十四日、天晴、今日吉田祭事可尋記、大納言可奉幣神事也、不及其沙汰歟、不可說也、

結夏初日

十五日、或晴或陰、今日結夏初日、先々持齋也、

正親町公蔭忠季父子公賢の本日素懷を知らずして來訪す

及晚正親町大納言入道・新大納言(正親町忠季)等來、今日事未存知之人也、頗驚歎之體也、

公賢出家自記

文和四年出家して播磨安養院に隱栖せんと企つ親疎の凶害により御不審を蒙りしによる朝の元老として憑み思召すて旨の恩言を拜し思ひ止まる

今年は自身太一厄年亡祖公守の享年亡父實泰の三十三回忌に當る安倍泰尙今日衰日なるも憚りなしと答ふ

延文四年四月十五日、丁丑、天陰、雨不下、今日余依年來之素懷、可遁俗塵之日也、度々雖思全(企イ)有種々障碍、就中文和四年比(八月)已欲遂之、旁有子細、且可沒落于播州安養院終身之旨存之畢、此間依親疎之凶害、蒙御不審歟、(爲脱カ)仍遁其讒、聊有示三條入道內府(公秀)幷西園寺大納言(實俊)事、而稱勅定(後光嚴)有示旨、且被下兩輩勅書遣見之、凢於身強雖無所畏、近來之風每事亂政充滿、如隱身菟裘地、不慮有沒收者不便之上、隨分可有恩憐、爲朝之元老可憑思食之由慇懃也、旁又有難義(儀)、不慮延引了、而今年予相當太一定分重厄、則又亡祖禪定大相國(洞院公守)薨御之年齡六十九、之上、先公(同實泰)卅三回之遠忌也、生前遇此節、頗不可得申(止カ)也、凢此忌辰追孝、古來其沙汰有無不分明、且孝子眼前不逢其節之故、且又沙汰之蹤跡不貽慥々(之カ)聖教故也、而近來或有此事、就中亡祖御忌、愚身爲孫子如形沙汰所(耳カ)、況嚴親乎、而此重厄六月尤可謹愼旨諸道示之、仍至八月存在太不定之間、今日結夏初日、當彼御月忌、仍思定者也、而今日予衰日也、若可憚歟之旨可疑之間、先日招入道春(泰)尙(安倍)朝臣、衰日可相憚之本說何事哉之旨問之、申云、問病・〻(如本)(吊カ)喪及園

自第内出居を洒掃して道場となす

本尊釋迦

和上歡喜心院道宗

裝束を著し佛前に著座す

剃手境空

和上禮盤に著す

表白

頌

和上の拜を略す

氏神及び國王を拜す

兵事等也、本説分明、然而每事憚來、俗説勿論也、於吉事著座・著陣・拜賀、存其例歟旨申之、今度儀更不可有憚之旨成愚案之上、今日齋日也、三寶吉日也、旁可然之良辰也、嘉元禪閤（洞院公守）就于公澄僧正、西郊山本坊懺法堂被遂其節、卽七ヶ日有懺悔・懺法事也、予兼於河東慈嚴（公賢弟）僧正坊可遂之旨所案之處、僧正近來重病、待旦暮之體也、予又腫物雖少減、未復尋常之上、家人等窮困、不及責出國（圍カ）外、仍病中沙汰之體也、不能擺道場、日來客人對面内出居自昨日洒掃、今朝立佛臺、奉懸本尊、釋迦、年來予所持也、前机備閼伽・香花、又灑水・塗香器幷散杖・打鳴等同置彼机、・禮盤如常、机左右立燈臺、當佛前敷和上座、南北行、其西敷剃手稱阿闍梨、座、東西行也、北間迫北障子、東西行敷予座、雖狹少沙汰外大概注之、及戌刻和上歡喜心院（虫歟）號龍護曰、長老道宗上人交名雙救、入來、先於大納言方拾謁、小時予著裝束、烏帽子、冬平絹直衣、同袙、同指貫、須著下袴也、而去年著用物先與或人、仍不著之、著大口、押下指貫結也、出佛前著座、招引上（聖歟）人謁之、剃手（境空）遣迎院長老法位上人、予愚息也、自竹林寺來臨遲々、暫相待之間、淸談頗移刻、及子刻法位房來、卽招入佛前、著西座、

其後和上進佛前著禮盤、次唄師可著也、而今夜省略、和上兼行也、次和上塗香塗手、加持香水、次灑水、次法用、三禮如來、唄神分、次表白、是出家之由歟、微音不分明聞、畢和上歸著本座正儀、此間出家人請和上頌、菩薩大士一心念、公賢奉請雙救（道宗）大德爲和上、唯願大德爲我祚（作イ）和上故、得剃髮出家慈愍故、三洗或一洗、可拜和上也、是等次第卑謙儀歟、和上令告知、仍此事無沙汰、有若亡也、此後可請阿闍梨、其後併同、或略之、又以前、次和上被告示可拜之由、此事豫予問答和上畢、氏神・國王兩ヶ可拜云々、又三拜・再拜可爲何樣事不同、可任意云々、仍任嘉元例用再拜了、予起座向

和上に従つて剃髮出家時の頌文を誦す

直衣を脫し法衣を著す

和上香湯を出家者の頂に灌ぐ

和上誦讚

自說偈言

和上頂髮を剃る

頭頂禿げて更に髮無し

阿闍梨鬢髮を剃る

和上唄を誦す

巽合掌、奉拜春日大明神、再拜、次又同合掌向同方、當時皇居正親町東洞院、又當時此方也、同再拜、抑拜畢和上頌云、流轉三界中、恩愛不能斷、棄恩入無爲、眞實報者（恩歎）、予又相共誦之畢、次起座、出車（東イ）障子外、持佛堂前也、敷高麗帖一枚、爲改裝束之所、又雜具等取置之、實夏卿幷役人等在此處、脫直衣、先脫烏帽子、撤本烏構等、引入烏帽子、結緒於頭後也、次著法衣、墨染大直綴也、其色濃墨、今度有存旨用、而隱遁墨染衣無（マヽ）別不著、內衣上著之、未著袈裟、取念珠、件念珠依兼日約諾、慈能僧正今朝送之、紫檀イラ高、銀達摩（磨）、同栗形小珠幷緒止等皆銀也、須進和上前蹦跪、伏右足立左膝、和上兼不被示其由之間、歸著本座、違失也、次和上以香湯灌出家者頂、灑水器・散杖・土張、被置和上前、此間和上獨被誦讚、善哉大丈夫、能ー（マヽ）世無常、拾（捨カ）俗趣泥演（洹カ）、希有難思議、次予又自說偈言、歸依大世尊、能度三有苦、亦願諸衆生、普人無爲樂、和上爲予被唱、予同唱之、（以下ノ十字、大字本文カ）次可歸著本座、而忘失、自始著了、此後役人可持參雜具也、而又予著座之後無左右持參、有若亡之至也、件所役兼無沙汰、臨期召仰光熙（藤原）朝臣・光連（藤原）等也、共布衣上結也、光熙朝臣脇息、打懸・湯帷置予右方、次光連持參水瓶、先可持參手洗、次第雖相違强不咎、次光熙持參手洗、置予前了退、可持參脂燭也、而今夜兼炬蠟燭、此間可脫懸法衣、而無沙汰、只乍著低頭、不懸湯、只濕紙濕之、仍雖不脫衣始終無相違也、和上起座進寄、此間光熙取蠟燭進寄、至予後方、先之光熙進寄、取烏帽子置後方、剃頂髮、頂剃（禿）了更無髮、然而剃由當剃刀、光熙置蠟燭於板敷、以紙切兼（豫）和上教之令用意、濕之、光連沃水瓶湯也、頭幷鬢邊等濕之、和上復座之間、阿闍梨進來剃鬢、自左方剃之、次剃髮、本儀先結分左右、自左可剃也、而本鳥灑落、曾無其實、仍不及結分也、此間和上或阿闍梨、誦唄、毀形守志節、割愛無所親、棄家弘聖道、願度一切人、左方剃畢、兼帖檀紙、書左右字置之、先左字檀紙、受入鬢幷左髮等畢、次剃右方、又如先剃畢、阿闍梨復本座、次予洗手嗽口、卽用在前手洗、以水瓶湯沃之、光連沃之、光熙進紙拭畢、次本役人撤雜具幷所撤之烏帽子、

和上袈裟を擎げ偈を説く袈裟を頂戴す

次持袈裟、五帖布、墨染、法位房〔境空〕起座、進來予座下、開東障子、光熙取袈裟授歟法位房、乍帖渡也、法位房進和上、々々擎之說偈、大哉解脫服、无相福田衣、被奉如戒行、廣度諸衆生、授法位房、々々々授予、頂戴返法位房、又進和上、如此三反、終留予許著之、法位房扶持之、次可授法名、但今度兼治定無授之儀、然

法名空元　自慶偈　禮佛

而爲後注賜之、空元、次予說自慶偈、適哉值佛者、何人誰不喜、福願與時會、我今獲法利、次依和上命、畢〔予イ〕起座進寄佛前禮佛、

遶佛

心中可成禮云々、三反、次又遶佛、同可成遶佛之念云々、三反、次可禮和上、而謙歟不示、予又不禮復座、無禮之至歟、

受戒　圓頓十重禁戒

次受戒、圓頓十重禁戒也、先法用如例、次表白、頗說戒也、每一戒予曰持ツ、事了和上下座禮佛、和上卽被歸畢、于時寅刻歟、法位房ハ逗留、天明後可歸云々、

禮讚　調聲

其後爲懺悔有禮讚事、初夜、予・大納言・法位房・有蓮房〔藤原有經〕兼招引、・光熙朝臣・妙悟〔藤原親季〕、調聲事差法位房、而故障、有蓮房勤了、初夜了又供香花、中夜禮讚、調聲妙悟、二時皆有禮拜、了各退、
法位房待天明、猶在佛前也、

窮困により戒布施の儲なし　俗服を脫ぎ和上に贈る

抑戒布施可有之歟、且嘉元〇嘉元二年六月四日洞院公守出家、沙金十兩、裹薄樣、居銀折敷、而今度家中窮困、無其儲之上、先年慈嚴僧正說、脫遺俗服之外、別布施强不致沙汰之條尋常說也云々、仍今度從此儀了、
和上歸坊時節、俗服書目六、渡從者云々、

俗服の目錄

御烏帽子・御直衣・御衵・御指貫・御帶御湯帷別也、須裹、假裹歟、而又無沙汰、納袋遣之、後朝返送之云々、

和上より法名を受く

法名事上人書給之、
御法名
空元
現前傳戒和上沙門雙救〔道宗〕
延文四年卯月十五日

黒衣著用の所存

抑代々素懐、大略不著黒衣、聖道體也、而今度旁有存旨著黒衣、其所存有兩三ヶ條、
一云、惣者道理、依戒師新發、聖道・黒衣可分別歟、而今度以黒衣道宗〔雙救〕上人爲和上勿論事、
一云、遁俗者、毎事爲容易也、爲聖道毎事魏々、不違在俗之體、似無所據、且近來天下騒亂之時、進退なと旁有難義〔儀〕、黒衣貴賤無分別之體、尤大切事、

光明法皇への思慕

一云、先年法皇〔光明〕御世務終次、予申暇之時、近可有御落餝、其時可御共之旨有嚴蜜〔密〕之仰、仍延引、時移事變、剰入御敵陣、於彼堺〔境〕〔大和賀名生〕御出家、予徒留舊都、暗然溺懷古之涙送年月、而法皇適還幸、舊臣幸也、面々動參仕之思歟、然而依御發心之甚深、曾被禁諸人之參仕、但經顯卿〔勧修寺〕・隆蔭卿〔油小路〕者、爲御要人細々參仕歟、予雖可申上案內、窮困之體暫難參仕之上、禁邊之詔命乍承及、申入而無益之間、入眞門申入者、何不被免參拜、其以前閉口、于今遂以不申入、近來彼御庵〔山城久世郡〕小倉實尊僧正

諸大夫藤原光綱同光煕の同じく出家せんとするを制止す

後光嚴天皇柳原忠光をして公賢の出家を訪らはせ給ふ

御子左爲定息爲遠を遣はし勅撰奏覽のことを諮る

公賢禁裏女房三位局に書を送り勅使を拜謝し出家につきて辯明す

三位局返狀

後光嚴天皇公賢の出家を歎かせ給ふ

房被借召云々、體又勿論之間、偏以乞食法師之體參仕、爲御本意歟旨推察、旁任此思事、
抑今度光綱〔藤原〕・光煕〔藤原〕兩朝臣同可出家之旨結構云々、諸大夫之雙、已昇四品階、年齡或秩五旬、或已滿其齡雖勿論、此間家僕更無人之上、實夏〔近衞大將〕顯職近日可任歟之旨蜜〔密〕望之時分、愚身難默止雖果遂、家司等供奉不可然之間堅制止之了、且嘉元、青侍前能登守助員一人之外無御共〔供〕者、況末代無人時乎、旁誡仰了、

十六日、天陰、抑頭辨忠光朝臣入來、勅使也、被驚仰素懷事、以大納言問答、恐畏申入了、

十七日、天陰雨、御子左中將歟爲遠朝臣爲父卿〔御子左爲定〕使入來、訪出家事、又勅撰奏覽間事談之、予謁之、問答了、

十九日、天晴、予素懷事、先日忠光朝臣仰詞聊不審、仍委旨昨日達三位局了、今朝返事到來、續之、

正本ちらし書也、
御いとまの事、なをとりたてたるやうに、あせちの大納言〔三條實繼〕申候しほとに、おほかたハ申され候もさる事にて候へとも、あまりに世にさりぬへき人も候ハぬ、心ほそくおほしめしさふらふにも、おなし御すかたにて、もしや其定なとに御まいり候と、またるゝやうに御たのミさへさふらハさらん、心ほそくなけきおほしめし候、せめていましはし、かまへて御ねんし候へきよしを、まいり候てよく〳〵申候へきよし、おほせら

頓阿來問す
多年數奇の舊友
御子左爲定への傳言を托す

御子左爲明來訪

勅撰奏覽時手箱持參者の人選

れて候しに、つゐに御ほいとけられ候ける、なにと中〳〵申ハかりおほしめされ候へとも、いまハとかく申され候へとも、かひなき御事にて候、又御すかたかハりて候とも、よろつかハり候ましき事にて候へは、たのミも申され、又御まいり候なとも、なとかとおほしめし候へは、この御ちからにて、世にもひさしき事にて候へかしと、おもひまい（らせ脱カ）られ候よし、よく〳〵申とて候、かしこ、

今日頓阿法師來、無左右對面雖加斟酌、多年數奇之舊友也、加之又聊有可達大納言（御子左爲定）入道事、仍招入簾中語之、勅撰奏覽之時、御手箱持參事、先日談合親尹（物加波）朝臣旨語之、可和談禪門（爲定）之旨示了、

入夜二條宰相（御子左爲明）入來、謁之、今朝頓阿和談之旨本意之由、（間イ）卽招引親尹朝臣旨語之、

廿一日、天陰、午後雨、抑夜前新大納言（正親町忠季）拾謁之次、法皇（光嚴）御方御製已下事有示旨、其子細欲令告知御子左入道（爲定）、委曲難盡狀、仍一人召給哉旨示遣之、次勅撰奏覽之時、御手箱持參仁事談合之、殿上人撰者、新古今時京極中納言入道（定家）外無之歟、件集此（無イ）奏覽、難比擬、自身雖可持參歟可懸下重裾歟、其體參御前頗以無威儀、故入道（御子左爲世）新後撰之時、今入道（爲定）爲雲客持參之、今入道續後拾遺之時、爲忠（御子左）朝臣持參了、今度入道雖爲撰者、不及參內、仍以爲遠卿進、頗撰者體也、其持參之仁無子細、若如主殿司可相語歟旨先日談之、予思案之處、

物加波親尹息懷國をその任に當てん

親尹朝臣來曰、三家歌人卽撰者門弟也、子息懷國〔物加波〕當時爲侍中寓直、語彼已〔令カ〕持參尤可有便宜旨憶念、仰談之處、不可有子細旨申之、仍先日頓阿法師連〔來イ〕臨次、令告知此趣之處、入興之趣、返報之次示之也、

爲定書狀奏覽の手箱を懷國をして持參せしむるに同意す

先日委細之仰、御沙汰之次第、殊以畏悅入候之間、則以宰相〔御子左爲明〕且申入了、昨日親尹朝臣出來之間、事之次第談合仕候之處、御計之上者、雖何事候更不可申入子細、代々當道契約又異他候之上者、旁不可有相違之由申候、返々喜存候、如此被懸御意候、雖不始于今之申狀候、猶々畏悅難盡短筆候、相構可參謝言上仕候、又蒙仰候若者一人則可召進之處、日數已相廻〔迫カ〕候之間、雖片時難進候、仍仰遣頓阿〔候脫カ〕、定早々參承候歟、萬一指合事候者、雖何仁候可進候、委細猶其時可申入候、誠恐謹言、

四月廿一日　　釋空〔御子左爲定〕狀

賀茂祭警固祭除目幷に敍位聞書

今日警固、上卿已下可尋、又被行祭除目云々、同可尋記、

神祇權大副大中臣時世

權大納言　藤原公直〔今出川〕　　權中納言　藤原忠基〔九條〕兼、

左大辨　藤原保光〔土御門〕　　右大辨　平親顯

左中辨　藤原忠光〔柳原〕　　右中辨　平行時〔西洞院〕

権右中辨　藤原資定（清閑寺）　　左少辨　平信兼
右少辨　平行知（安居院）
侍　従　藤原實冬（三條）　　源具言（堀川）
内藏助　藤原重親　　少輔　源盛實
刑部権大輔大江匡綱　　掃部允　高長（マヽ）宗久
宮内権大輔三善益衡　　伊勢権守　藤原親重
山城介　源邦篤　　加賀守　橘知忠
上野権介　大中臣輔世　　出雲守　源朝仲
丹後守　源長尚
左近権中將藤原基清　　藤原實隆（澄カ）（橋本）
右近権少將源資方　　將監　藤原通音
左衛門尉　藤原致世　　源貞弘
源宗實　　藤原季定
藤原重恒
右衛門督　藤原時光（日野）兼、

延文四年四月

左兵衛尉　秦敍清　　橘公以
右馬允　大江成音　　兵庫允　藤原資氏

延文四年四月廿一日

正二位　藤原資兼〔二條〕　　藤原隆持〔四條〕
藤原忠季〔正親町〕
従一位　藤原兼定〔花山院〕
従三位　藤原教定〔言カ〕〔山科〕　　藤原房經〔一條〕
正四位下　平行時〔西洞院〕　　従四位上　源雅方
源長具　　従四位下　源仲蔭
正五位下　藤原説房　　源資方
藤原光教　　藤原基定
従五位上　惟宗親孝　　藤原永説
藤原兼氏　　源嗣長
従五位下　中原師有　　藤原長規

藤原徳景　　　藤原敦教

従三位　藤原〔一條〕房經

左近中將如元、

檢非違使別當

右衞門督藤原〔日野〕時光

修理左宮城使藤原〔柳原〕忠光兼、

右宮城使平〔西洞院〕行時兼、

辭退

權大納言藤原〔松殿〕忠嗣

諏方圓忠尊氏一周忌追薦の法華八講につき不審を問ふ

圓忠公賢の問答

行香

廿三日、乙酉、天晴、抑圓〔諏方〕忠法師又有示合事、續之、

一、八講中行香事、〔愚存分者子日也、〕開白・結願兩日儀者、勅願以下通例也、又結日計常儀候歟、〔此條當于座不覺悟、然而有先例者、不能左右歟、〕兩篇可被示下候、次藏人頭於御布施者雖不取之、此所役尚可有其憚〔布施・行香無差別之由存習、而武家沙汰、先々藏人頭從此役之由承及候、可在時宜歟、〕候哉、如何、

火舍役

一、同火舍役事、六位所役勿論、闕如之時、雖爲五位之仁不可苦候哉、〔定事也、但無其仁者、雖五位可勤仕歟、是諸事闕如役時、以四位令勤五位役、以五位令勤六位役之條、非無例者也、〕如何、

服假の人憚りの有無

一、四條〔油小路隆家〕武衛近日有連枝服假云々、（雖輕服人、如此砌出現、强不被憚歟、但於其身所存者、難測候歟、）眞俗各別之間、不可苦之由其沙汰候、可爲何樣哉、退案、行香公卿不足之時、初日無沙汰常事歟、然而結日之外無沙汰例歟、又退案、八講行香・火舍取五位役之事、先年伏見院御八講初日行香、六位無領狀之間、及勅問、以五位泰成邦康本名被〔令カ〕勤仕了、此事忘却、後日思出、不可說、其時預勅問、申右所存了、

御子左爲明參議奏慶につき尋ぬ

中將兼帶は許されず

廿五日、天晴或雨、今夜二條宰相〔御子左爲明〕申慶云々、于今懈怠、是羽林兼帶懇望不許之間、欝結之故云々、而勅撰奏覽近々、嗷訴難致〔被カ〕默止、可被任納言、就其先奏慶之後、可被任故云々、

爲明書狀

猶々著殿上候體なと、委細被注下候者畏存候、

彼卿卽昨日送消息有示旨、拜賀次第圖等大概注遣了、

拜賀進退につき繪圖を以て教示を請ふ

一夜參上、殊以畏存候、抑爲明微望事、重々被仰下之子細等候之間、俄明夜可申慶之由存候、每事略儀、比興體猶以難叶候之間、九周章仕候、就其進退事、併未練仰天仕候、定被察下候歟、以繪圖等被注下候之〔者カ〕畏存候、尤可參入言上仕之處、云和歌所方、

石帶の借用を請ふ

云此經營、計會仕候間、且言上仕候、可預御免候、兼者〔亦カ〕、若石帶候者可申出候、計會仕候之間、併省略仕候之由、可令得其意給候、恐々謹言、

四月廿四日　爲〔御子左〕明

諏方圓忠重ねて八講行香のこと及び未拜賀者所役のことを問ふ

圓忠公賢の問答

新中納言園基隆拜賀入來法體につき固辭するも推して來拜す

橘知任來談先日の內裏御鞠に武家輩見物縱橫の褒貶あり

丹後守殿

抑圓忠法師又有示事、注付遣了、

退案、八講行香事、公卿無人之時、云初日云結願、止之常事也、此注遣之趣、頗事新之

樣也、不可說、近來依老耄毎事此式也、不足言□□〔斯歟〕、

折紙也、

八講行香事

昨日開白之時者、依人數遲參延引了、中日表其儀、加結願終、兩日切之條可爲何樣哉、

中々於于今者、（若此儀可然歟、但如此事、綱所及證義者、可計申事也、可被談合歟、）可爲結日計歟、兩樣可被（計脫カ）下候歟、

中少將・侍從等任官事

（諸官初任拜賀已前、著冠帶出仕不少任（候カ）歟、但武命可爲別段儀候、可在時宜哉、（以下本折裏）

無拜賀者、如此所役、於武家可有斟酌否、同可」承存候、隨事體有許否之由

其沙汰候間、如此申入候、比興（候脫カ）哉、

廿六日、天陰、今日新中納言基（園）隆卿拜賀入來、卽拜、納言已上拜攝籙外大臣□〔素歟〕歟、況法

體沙汰外也、可來之旨示之間、堅辭了、而禁裏・仙洞參廻歸路、無左右來拜、謝遣、仍

招入內故謁之、大納言謁了、

廿七日、天陰、自晚頭晴、今日知（橘）任三位來、召入簾中謁之、有雜談事等、先（本月十二日）日內裏御鞠、

武家輩參入見物、有縱橫褒貶、將軍□□中云々、

御子左爲定新千載和歌集を奏覽す
喜撰和歌式爲定息爲遠をして撰集の手箱を持參せしむ
物加波親尹公賢に奏覽の次第を報ず
四季部六巻奏覽
爲遠先づ中將の慶を申す
爲遠昇殿懷國手箱を持ちて從ふ
臺盤所妻戸前にて爲遠手箱を女房に渡す
出御
近衞道嗣手箱を開き進覽す
新千載集と號す
親尹書狀

廿八日、天陰雨降、傳聞、新撰集（新千載和歌集）今日可奏覽云々、入道大納言爲定卿奉之、文治千載集爲法體（藤原俊成）奉之、是摸喜撰和歌式云々、彼是爲今度之准據歟、而依法體・病體不能持參、賢息左中將爲遠（御子左）朝臣相代可持參之旨、兼日所傳聞也、先彼朝臣奏中將慶云々、其間儀尋問藏人懷國父兵部權少輔親尹、彼〳——并返狀續之、

延文四年四月廿八日、勅撰奏覽、四季部六卷云々、御手筥住吉神主先々進之、今度武家調進之、亥刻左中將爲遠朝臣先拜賀、雨儀、中門下、中次藏人右馬權助懷國、拜賀了解劒放笏、著殿上、四品之後昇殿云々、卽起座退下戶、懷國召小舍人重弘、傳取御手筥相從、是全非藏人之所役、業（物加波）尹朝臣本名懷能、以來五代門弟之好也、主殿司マテ差脂燭先行、自下侍經殿上後、至年中行事障子邊、爲遠朝臣引裾、取御手筥、跪臺（盤脫カ）所妻戶前、付女房兵衞內侍云々、進之、退出了、此間出御朝餉歟、右府令參臺盤所給、卽被開筥云々、

君も志き手にとりもちし玉のそこるたきのみち哉あふくこゝろは

勅撰、號新千載集云々、爲法體撰之先蹤勿論歟、此名兼日予心中所推量也、附（符カ）合頗有興、然而莫言々々、

參仕候て申入候へきよし存候へとも、深雨に乘物難得候て、かつ〳〵中上候、去夜之儀、無爲無事嚴重候き、大概注進之候、參仕之間、且可令得御意給候、懷通（物加波）朝臣加冬

部候、朝尹〔物加波〕朝臣事無子細候、旁以先日被仰下候旨大幸存候、又禪門〔御子左爲定〕も祝著入興體候、今ハ親尹あはれ隱名にても、被廻案候へし〔か脱カ〕と念願仕候、彼所役事、未來事にハ、藏人の所役にて候けると申候ハぬと存候、後記にも別儀と存候やうなる、御證誠の御奉書を申出度候、條々重可令參仕言上候、あなかしこ、

親まさ

參河殿御つほねへ　申給へ

新撰集につき公賢の感想

爲定延文元年六月撰集の命を拜す

尊氏の奏請による

爲定法體且つ病體のため撰集手箱の持參を息爲遠に代行せしむ

抑此集事、去延文元年六月被仰下〔後光嚴〕、武家〔足利尊氏〕内々申出歟、此三四ヶ年沙汰、近來天下累卵、太平之時分難得之處、此間風波聊休及奏覽、尤珍重、道之守、二神〔伊弉諾・伊弉冉〕冥感勿論歟、珍重々々、就是先々皆撰者持參之時、御手箱子姪擎之相從、今度自身法體・病體、目所勞已經年月、旁不可叶、仍子息爲遠朝臣相代可持參云々、而淺官若輩也、持箱可相從之者無之、自身須持之歟、然而懸裾持箱參御前、頗無盛儀、周章之由先日談之、而雖廻商量不得其宜、而後日親尹朝臣德大寺家僕、當家兼參者也、入來、雜談之次、憶念此事、談云、宗匠〔御子左爲定〕有此所談、案事儀誠難治歟、而汝累家、〔マヽ〕道之條勿論歟、當時不能左右、藏人懷國爲當職寓直、持件御手箱相從之條、尤於道可爲規模、於身不可瑕瑾哉旨談之、所存無相違、予相計上、不可有子細之旨申之間、此子細先日示遣、宗匠入興感悦畢、爲後勘續之、

公賢の計ひにより藏人懷國をして爲遠に隨從せしむ

爲定公賢の配慮に感悦す

撰集奏覽につき公賢に勅書を賜ふ

抑今朝被下勅書、新撰集奏覽儀被尋下之、曾不蓄才學、其旨捧請文了、又都護〔三條實繼〕有消息、

後光嚴天皇勅書公賢の出家を訪らはせらる撰集奏覽につき先例を尋ね給ふ

同續之、

一節之後未申承、積欝候、驚歎之餘氣未休候、心神定安樂候歟、不同心候、比興候、於今者以持戒之功力、可被保算籌《壽歟》之長久候也、

抑新撰、今夜奏覽必定云々、事樣强雖不可有損事候歟(衍カ)、邂逅事候間、其儀も未及引勘、無何不審候、少々被引勘可承存候也(々脫カ)、事期後信候也、

公賢の奉答

被仰下之旨畏承了、桑門蓬戸之質、拜天氣候、過分至、一惶一喜、不知所謝候、於今併以戒法之內德、可致聖化之外護之旨、深插心底候、

正中二年續後拾遺集奏覽の記錄鷹司家二條家にあらん尋ね召させ給ふべし

抑勅撰集奏覽事、粗承及候、皇家太平之嘉瑞、當道再興之規模、旁感悅仕候、就其一會儀事、曾不得才學候、撰者外他人强不臨其座候歟、仍如記錄所見未觸眼候、但假令撰者持參新集手箱候者、被召便宜所朝餉・臺盤所邊歟、其人如例歟、取入之持參御前之外、何事候哉之旨存候、若出御なと可心(候カ)歟、無才學候、可致尋(被カ)下撰者候歟、且又正中二年十二月續後拾遺集奏覽近例、後照念院(鷹司冬平)于時當職關白・後光明照院(二條道平)于時內覽出仕、なと、若記置て候やらん、可被尋下彼兩家候哉、無分明才學、尤恐恨仕候、以此等之趣、可然之樣可(令脫カ)計披露給、空元誠恐頓首謹言、

沙彌空元〔公賢〕

四月廿八日

三條中(大歟)納言殿〔實繼〕

三條實繼書狀

御子左爲明との問答

撰集の無爲奏覽を喜ぶ

奏覽之儀不一決之樣令申候、いかゝ治定候ハ(らカ)んと無覺束候、
其後芳(旁歟)可參啓之由相存候之處、故障事連續、雨さへ不休、無從(マヽ)彌難義(儀)之間、懈怠候了、
仙洞參次者、必可參入之由存候も、于今不叶候、返々恐恨候、何よりも二條宰相(御子左爲明)問答
事、定被聞食及候歟、此事者自方々申入候之間、不背(肯カ)口入偏加斟酌候つ、而奏覽已近
々、進退思切之由申候付、惣別驚入候、又被仰下とても候し程(候ことイ)ニ、若やと申試了、思
の外候、やかて承諾、卒爾拜賀果遂了、本官ニて先載名字之由申候、公私落居無爲之
基神妙候哉、此分者今少早速ニも申候て、祭除目次なとも、御沙汰もや可有候つらん
と後悔候、比興候、今夕奏覽由承候、無爲遂其節候、當時之爲體、始終成立危候之處、
及此儀候、道神擁護候歟、又聖德之至候哉、實繼頻可參之由示令上(不讀得、)にても、時服不所
持候、衣冠借用もわさとめきて候之段、いかなるへしとも不存候間、可存略之由思給
候、比興々々、如此事も、期參上候間不申入候つ、餘ニ恐欝候間令啓上候也、實繼誠
恐謹言、

延文四年四月

四月廿八日　〔三條〕實繼上

丹後守殿

近衛道嗣書狀撰集奏覽の間御前に候し始終を拜見す

今夜右槐〔近衛道嗣〕參內之由風聞、仍欲尋申候處〔之カ〕、後日有此狀、續之、

さても勅撰奏覽、無一事之違亂之條、天下無事候吉兆〔之イ〕候歟、邂逅之儀不審之間、陵〔凌〕甚雨參內候き、撰集叡覽之間、祗候御前、始中終拜見、令悅目之外無他候き、一部調卷、彌無心元覺候、心事可參啓候也、

藤原光之來る爲遠父爲定の使として來禮す

廿九日、天陰、及晩〔藤原〕光之朝臣來、和歌所寄人也、召簾前問昨日奏覽事、謁之間爲遠朝臣來、奏覽無爲自愛之間故〔旨カ〕來示、是且入道〔爲定〕所命云々、謁之、本意之由謝遣了、

延文四

五月小

公賢在俗間每朔春日大明神を祈念す出家後も哀執を禁じ得ず

一日、天晴、抑予在俗之間、每月朝〔朔〕日必奉念春日大明神、而棄恩入無爲之後、不可必然歟、心中有〔マヽ〕、然、而猶不抛哀執、

コトハリニスツトハイヘトウケキツルメクミハイマモワスラレハコソ

丹底思連々、仍注置之、

南朝新待賢門院崩ず

及晩聞、南方新陽明門院〔新待賢門院ノ誤カ、藤原廉子、後村上母后〕一昨日廿九日崩御云々、

爲定書を送りて撰集奏覽につき公賢の配慮を謝す

三日、天晴、今日御子左大納言〔爲定〕入道送狀、先日借遣劔返賜之次、今度勅撰奏覽間事相談之處、毎事慇懃、自愛之趣謝之也、

爲定書狀

御劔返上仕候、昨日猶依不出來候及遲々候、殊恐入候、今度奏覽之儀、〔御子左〕爲遠朝臣拜賀以外其沙汰候、諸人賀來候、就中御手箱持參之式、人皆驚目候歟、是併被計下之故候之際〔條イ〕、畏悅無極候、相構雖何樣之體候、扶所勞猶可參申入之由相存候、誠恐謹言、

五月三日　　釋空〔御子左爲定〕

人々御中

義詮土岐頼康を遣はし公賢の素懷を訪らはしむ

六日、天晴、今朝土岐大膳大夫入道善忠〔頼康〕爲〔足利義詮〕武家使入來、光連〔藤原〕申次之、召西向謁之、予大直綴・同袈裟在北障子內、南一間敷圓座召入、先々武家使不及此儀、召東面北庇謁之也、而予隱遁後也、件輩以外過分、諸人所用各似古禮、仍如此、

義詮公賢に本尊以下佛具一式を志送す

九日、天晴、及晚自武家送使者、土岐三河三郎頼宗云々〔本名頼清〕、以光連聞之、有進物云々、本尊唐繪以下一餝志送之、爲訪隱遁之幽情歟、有注文、

進物の注文

本尊觀音、・脇繪山水、・花瓶鍮石、・香爐同、・燭臺同、・香箱金々也〔マヽ〕入香、受取之、尤珍重也、加〔マヽ〕道具、殘〔殊カ〕可秘藏之旨謝遣了、是無等閑慇懃之由歟、

十二日、天晴、抑頭辨忠光〔柳原〕朝臣送消息有談合事、

柳原忠光書狀天龍寺多寶院と妙法院門跡との相摸國成田莊に關する相論につき公賢に諮る昌雲賜ふ所の院廳下文を召し進ぜしむべし

其後何條御事令聞給候哉、近日間旁可參申入候、抑成田〔相摸足柄郡〕庄事奉行候、誠〔議カ〕定目六如此候、於裁許事者無子細候歟、猶被尋究、訴論人事、如何樣可進退候哉、以門跡〔妙法院〕雜掌可召仰候哉、將又可書進此目六被書遣目六之條不承及候、然者昌雲〔妙法院門跡初代〕僧正所給院〔後白河〕廳下文、可令召進之由、可被遣御教書候歟、若使者なとニて、目六之趣被仰含之條可然候哉、於門跡候哉、先々之樣不存知候、以此旨可令伺申給、恐々謹言、

五月十二日　　忠光

議定目錄新日吉社領子細なし

一、天龍寺多寶院與妙法院宮相論相摸國成田庄事、

同定申云、於新日吉領者無子細候歟、但領主職被召昌雲僧正所給院廳下文、可有左右耳、

延文四年三月廿八日

御子左爲定の招きにより和歌所に赴き撰集を一覽す爲定の息爲遠は公賢の猶子

十六日、天晴、御子左大納言入道先日有示旨、是勅撰四季已奏覽了、定有一覽之志歟、蜜〔密〕々入來和歌所、可爲何樣哉之旨、先日大納言〔洞院實夏〕對面之時示之云々、山階殿〔洞院實雄〕ナト爲御坐所雖而〔爲カ〕勿論、近來疎遠也、而爲遠〔御子左〕朝臣爲予猶子、首服之時有甚深〔マヽ〕邊〔意歟〕設、仍其後一度行向旅所了、其上勿論之由示之、今日行向也、先大納言行向、光綱〔藤原〕朝臣・光連〔藤原〕等乘車後、其間送張輿、予雜熱之後未及乘車、可設輿之

旨示了、仍申刻許行向、輿舁入門內、下爲遠居住所、其後向和歌所、入道出座、取出集御手箱、四季六卷悉見了、予歌八首撰入之、頗過分之事歟、其後入別方勸酒饌、秉燭程歸了、

四季部六卷公賢の歌八首入集

十九日、天晴、抑右府（近衛道嗣）被送狀、禁裏御鞠幷御會事被談合也、

近衛道嗣書狀

道嗣禁裏御鞠に召さる

詩御會にも召さる

讀師のことにつき不審を問ふ

此兩三日者、又不申承候、何條御事候哉、來廿二日又御鞠とて候、別而被仰下候間、又欲構參候、暑氣之時分、無術存候、廿四日又御會とて候、如先日申談候、上絬之體、雖非無猶豫候、堅固蜜（密）々儀にて候へは、參候はやと思案候、讀師ハ大臣參候時も、納言勤仕常事候哉、今度儀可然候哉、委細可示預候、大臣勤仕之時、下讀師ハ參議常事歟、然而奉行なと可宜候哉、

抑今日內相府（久我）通―相公送狀、除目執筆事先日賀之、其間事示送也、

久我通相書狀

通相祭除目の執筆を勸む

除目執筆につき不審を問ふ

大納言殿御申文、息子二合之由見及候き、而尻付失念、不載息子字候しと覺候、至愚不可說候、今度大間可寫進之旨存候、爲向後才學、極（抵イ）悟事等被勘（合カ）付可給候也、其後何等御事候乎、先日以座主預御言付候、承悅無極候、執筆事矣、公、織石之質奉仕此役、幸與憚相半候き、過失定繁多候歟、衆口之嘲、頗難廻（同）避思給、（候脱カ）兼又大間大閤（二條良基）內覽事、入眼日俄被申請候き、彼時封大間乎否、先例當座不覺悟候之間、不封候き、關白（九條經教）雖參候、猶可封候乎如何、可奉存候、今度申文等、多以陵遲候けり、大間面頗冷然候

綿書の借用を請ふ

筍を贈る

也、綿書御所持候者、必可有恩借候、執筆目六、以往筆者未被勘出候乎、先日少々撰得事等候、可爲御要者可書進之由存候、只今自城南到來之間、竹萠廿本進覽之候、恐惶謹言、

五月廿日　判

內裏に御鞠あり

廿二日、天陰、但或晴、傳聞、今日內裏有御鞠、右府又被參、又新中納言〔園〕基隆、參議之時聊〔聽カ〕直衣、未著之、今日初著直衣參仕、公卿已後直衣不〔マヽ〕、結構云々、近來鞠足之輩共如此歟、

六月

禁裏議定

一日、天陰、傳聞、禁裏議定也、〔勧修寺經顯〕一品已下參仕云々、

勅書を賜ふ

後光嚴天皇勅書

禁裏御本新儀式に加點を命ぜらる

神事中僧尼の參候憚りありや

二日、天陰、時々微雨、自夜景晴、今日自內裏〔後光嚴〕被下手書、新儀式可點進旨有勅定、辭謝返上了、又御神事中僧尼御對面事被仰、〔光明〕先朝建武比儀粗申入了、

此間久不申承、積欝思給候、去比大納言〔洞院實夏〕參仕之時、新儀式、可被加進委細之點哉之由人々申候し、語申候けるやらん、所勞も連々六借之樣承候間、其後雖加斟酌候、於今者閑素得隙候歟之間、令推進候、閑可被點候哉、又神事中、僧尼參仕憚條、不能左右候、就其若白衣尼、念珠・袈裟なと撤してハ、便宜所對面も、間存先規候やらん、傍

公賢の奉答

加點のことはこの書に才覺なく殊勝の御本思ひもよらずと拜辭す

私的の神事には常住僧は袈裟など撤しての參候憚りなし

致齋三ケ日は御斟酌あるべきか

例なとも日々様（候）候（之カ）間、さもやと存候か、若可有儀（議）者、又自由不可然之間申合候也、可被廻了見候也、雖無指事、條々随存出令申候也、

仰下され候むね、畏て奉候ぬ、新儀式の點の事、先日實夏（洞院）卿申候し程に、やかて申入候し、いまた上聞に達候ハす候ける、おほかたこの書、説なとのことも承及候ハぬうへ、たゝ推量見及候分はかりにて、曾才學なく候程ニ、左右なく點進上候事、思よらぬ事にて候うへ、この御本拜見候へは、大かた嚴麗珍重候、老眼にて、一字も書加候事、返々思よらす候けると、拜見之後いとゝ憶病仕候、所存（持カ）本も無點候程ニ、更ニ方角なく存候程、（に脱カ）恐なから返上仕候、猶々殊勝、悦目候〳〵、兼又御神事中僧尼參事、年中行事なと注候分ハ、いまさら申に及候ハす、但常住僧と申候て、私さま神事にも、袈裟なと撤候てハ對面も、又召仕候事もはゝかり候ハす候やらんと覺候、但至（致）齋三ケ日なと御斟酌候ハゝ、定御敬神の最歟なと覺候、建武比、一品民部卿局〔亀山院女房、平親繼女、洞院實泰母〕ニも祇候候しと覺候、御拜のさきハ、齋月（日カ）外も、御所へハまいり候ハす候しと覺候、暗ニ覺悟分を申入候、あやまりや候らん、指南せられかたく候よし、御ことはをそへ候て、御ひろう候へく候、かしこ、

延文四年六月

上

公賢太一定分の厄日

幣料なきにより月次祭延引

勘解由小路兼綱詩歌老述懐のことにつき問ふ

兼綱の問と公賢の答

詩には二毛以後の稱老常事か

四旬以前は斟酌すべし

歌には半百以前の稱老然るべからず

御子左爲定の説は六旬以後

兼綱齡半百に及ぶ上は詩には稱老難なからん

六日、丁卯、天晴、今日予太一定分謹愼日也、六月上（イナシ）・十二月卯酉日巳亥時、可謹愼云々、

十一日、天晴、月次祭幣料闕如、又延引歟、定例年等式歟、不便々々、

十三日、朝間陰、雨不下、抑勘解由小路前中納言兼綱卿送消息、詩歌老述懐事談之、更無才學事也、然而愚存答了、

其後何事（等カ）御事御座候哉、參拜中絶、旁恐欝候上、御法體も可拜見之由存候之處、例不具非一事候間、于今懈怠、眞實々々失本意候、相構近日一夜乘涼月、可參上仕候、抑詩歌老述懐時分、此事曾無承置之旨候、以外沙汰候ましき事候歟、不審存候、詩歌何も不可相替之條勿論候哉、但詩ハ二毛以後、班鬢之體、如承候詩ハ慥二毛ニて可賦之體、申輩候歟、然而其も四旬以前ハ斟酌可然候歟と、愚意令存候、述懐常事候歟、然而まさしく老字なと作載日（候カ）之條ハ、若猶可有差別候哉、歌ハ半百以前、老述懐不可然なと令申仁候、歌ハ以外誡行（給カ）候、宗匠邊（御子左爲定）なとニハ、六旬なとまても、猶不可然之由申候とやらん承候へとも、餘事なる様に覺候、但其種姓・官なとニ就て、稱老之條、毎事勿論候歟、漢ハ漸被用之條も、可無難やらんすらん、和ハ宗匠之由、主人之間、不及意見候、比興々々、旁不審存候、所詮兼綱已闌強仕（壯カ）、漸及半百候上者、〇兼綱本年四十五歳、和漢共、老字不可有子細候哉、被勘下候者可畏入候、以此旨可令洩申給、兼綱頓首謹言、

六月十三日　　兼綱上

丹後守殿（藤原光熙）

勸修寺經顯天龍寺造營料棟別錢洛中分のことにつき公賢に諮る

園基隆第蹴鞠

經顯書狀

幕府の奏請により天龍寺造營料に日本國中棟別錢課徵の綸旨を下さる

洛中には別に仰せ下されん

公家衆居所除外のため洛中在家と載せらるべきか

嘉暦二年興福寺燒亡時棟別錢宣下の前例を問ふ

經顯武家の申入れにより天龍寺造營奉行を命ぜらる

十九日、天晴、抑一品送消息、天龍寺造營料、棟別洛中分事被談合、嘉暦興福寺沙汰事、曾不覺悟之旨報了、

傳聞、今日園中納言〔基隆〕亭別當〔日野時光〕・頭辨行時〔西洞院〕朝臣・美〔マヽ〕、藏人等群集、有蹴鞠興云々、極暑盛夏、尤無益歟、

遙久不言上、御前邊何條御事候哉、暑氣以外興盛、諸病計會候、伺涼氣可參申入候、抑天龍寺造營料、可被付日本國棟別之由武家奏聞之間、諸國事被下綸旨候云々、洛中事、別可被仰下之旨寺家望申候、此事何樣可候哉、如諸國、不嫌權門勢家之由被載下候者、卿相雲客居所皆可相混候、若被差〔指カ〕分際、洛中在家棟別なと可被載候哉、無傍難之樣有沙汰之條大切候、可被計下候、嘉暦、興福寺造營被付日本國棟別候云々、彼時沙汰不審存候、若被觸御耳事や候つらん、御才學候者可被示下候、此〔天龍寺〕造營事、草創之時申沙汰候、適相殘候、今度同可奉行之由、自武家別申入之由被仰下候間、老骨雖難堪候、無力申領狀候、興福寺例、沙汰之趣分明候者、別不可有煩候、彼時儀無所見者可爲何樣候哉、炎暑之最中雖其恐候、存煩候之間言上候、蒙御處分候者可畏入候、恐惶頓首謹言、

六月十九日　經顯〔勸修寺〕

公賢の返書

洛中は諸國に混じ難し

嘉暦の儀覺悟せず

小槻匡遠中原師茂等に尋ぬべし

不分明ならば綸旨に洛中在家と載せらるべきか

近衛道嗣承胤法親王より故尊胤法親王追善願文の清書を依頼さる

父基嗣は公方院宮の外は染筆せず

道嗣書状

尊胤法親王の追善願文染筆につき公賢に諮る

洞院殿

積欝――

抑天龍寺造營料棟別事、武家奏聞事候者、不可有異義(儀)之條勿論候歟、洛中事、誠難被混諸國候哉、然者各別沙汰、不能左右候歟、嘉暦蹤跡分明候者不可有子細候哉、此事等、僧(公賢)服解籠居經(程イ)沙汰候歟、彼時儀曾不覺悟候、匡(小槻)遠・師(中原)茂なとニハ尋聞食候哉、彼是所見不分明候者、洛中在家と被載之條、不可背物宜候歟之旨存候、可有計沙汰候哉、毎事期後信候、恐々謹言、

六月十九日　空元(洞院公賢)

右相(近衛道嗣)被送狀、故二品親王(尊胤法親王)追善願文清書事、梶井宮(承胤法親王)被誂仰、許否被談合也、可在堅(賢)慮事歟、故關白(鷹司師平)事、舊知已被申承歟、就舊好恩許も不可有巨難歟、但先公(近衛基嗣)者、公方・院宮之外、不被染筆歟之旨存之(旨カ)間答申了、

此間者、暑氣ニ損事候間、久不染筆候、何事(等カ)御事候哉、

抑自梶井宮、故二品法親王追善願文を誂られ候、九入木之事、全分無沙汰之上、可書遣候條(之カ)可爲何樣候哉、蜜(密)々申談候也、

公賢出家後は六月祓を廢す

卅日、天晴、今日六月祓、予法體已後無沙汰、大納言方如形修之歟、予分輪已下、與奪女房幷小女了、

本ニ
長享元年十月十三日、於燈下書寫了、

按察使藤原判（甘露寺親長）

懐雅僧正南都の怪異を語る
興福寺本尊流血
大鳥居前に大穴出來
猿澤池濁る
內裏詩歌御會
詩題
歌題
法勝寺御八講始行
石清水放生會上卿不參
洛中天狗横行小童を取る

園太暦
延文四年
七月小

四日、天晴、今日僧正（懐雅）雑談之次、去月南都恠異事語之、

一云、興福寺本佛、自左御脇流血、一升許歟云々、

一云、大鳥居前大穴出來、十四五丈許歟、以繩結石入之云々、

一云、猿澤池濁事、

七日、天晴、傳聞、內裏有詩歌御會、依御八講計會大納言〔洞院實夏〕不參、

　詩題星期不限秋　　歌七夕七首月・風・霧以下也、

抑今日法勝寺御八講初行也、依南都證議〔義〕・講聽等申請、自今日結日被始行也、

八月

十五日、陰雲、抑今日放生會上卿不參、新宰相敦有卿〔綾小路〕爲上卿代、辨右少辨行知〔安居院〕・次將一人

右少史賴音〔小槻〕、其外無參向人云々、

十七日、天晴、今日青侍康成男語曰、此間下渡天狗横行、宿所冷泉室町邊〔行カ〕、邊小童被取之、又以飛

佐々木道譽宅に飛礫を打つ

梅津邊の僧庵天狗の飛礫に堪へず庵を壞ちて他所に移る

宇治川の大石流失し河水枯渇の後又出現すとの風聞あり

信增法印書狀

十樂院邊の飛礫は尊宣の所爲か山徒鬱憤して尊宣の坊を破却せんとす

礫打所々、武家權勢道譽〔佐々木高氏〕法師宅打之、以外事云々、

十八日、或晴或陰、今日聞、梅津邊〔山城葛野郡〕天狗打所々之上、僧庵一所殊有此災、不能堪忍、懷〔壞〕渡彼庵於他所、不可思儀〔議〕歟、

廿一日、天陰、去比宇治〔山城久世郡〕眞木嶋邊、日來所在大石流失、又河水枯渇、不經時日又如元出來之由風聞、仍尋信增法印、

さてハ河の水のことうけ給候し、さる事候、七月の廿三日の戌時程より、にハかにひ候て、廿四日の卯のはしめに、もとのことくになりて候、さき〳〵も日てりにハ、ね〔マヽ〕ほうひることハ候へとも、このたひのやうに、にハかにひ候て、やかてもとのやうになりて候事ハ、ふしきにて候、又いしのうせて候よし申候へとも、それハたしかなることも、とりつめて候ハす候、あまねくハうせて候よし申けに候、猶々御佛事めてたくとりおこなハれ候けるとうけ給候へは、よろこひおもひまいらせて候、よろつかまへてまいり候て申入候へきよし、御ひろうあるへく候、かしこ、

廿二日、或晴或陰、去比河東天狗横行、以飛礫打所々、就中十樂院邊殊有此事、尊宣入道宅在彼坊上邊、稱彼所爲山門欝憤、可破布〔却〕尊宣屋之旨結構、尊宣法師又致用意、以外云々、天魔得境之條、尤可謂其時歟、

勅書を賜ひ改元のこと等につき御諮問あり

後光嚴天皇勅書炎旱旬月に渉り相應の祈謝篇を盡すも効驗なし請雨孔雀の兩法は行はれ難し改元を議すべきや否や

笙三臺急の付所につき諮詢せらる

廿四日、甲申、朝間陰、傳聞、今日吉田社神體入御云々、安（委歟）可尋注、

廿六日、天晴、及晩自內裏（後光嚴）被下御書、依炎旱可有改元哉否、幷三臺急笙付所事被仰談、愚意之所存之云々（マヽ）、續左、御書內（同カ）之、

其後依無特（マヽ）之題目閣筆候、不審候、炎旱渉旬月候、於時宜相應祈謝者雖被盡篇候、更無効驗候、於請雨・孔雀兩法等事者、近日不可事行之間、雖仰武家未申御返事候、徒事候歟、勿論祈年祭以下年中專祈年佛神事近來一向退轉不熟、頗非可驚候歟、然而匪啻民間之愁、天災之至、凡不可說事、驚歎之外無他候、先規皆さこそ候へハ（マヽ）、元號沙汰なとも候へきやらんと思給候、此號吉凶雖相交候、樣々凶事連綿候歟、誠しく沙汰も候へく候、先三公なと、勅問も候へき歟之由存候、御所爲（存カ）何樣候哉、兼又遲（連）々可申談之由乍存、非急事題目之間、自然懈怠了、笙三臺急付所事、先御代（崇光）及御沙汰歟、仍於今者、大略如大法用來候、此事於仰初趣（詞歟）、强非大法之儀歟、如字面者、只被仰下龍（豐）秋（原）仰詞分候歟、若有沙汰、向後不依說々、須隨上首所爲之由、被定來際法候者、不能左右候、如風聞者、就公名（大宮）・通冬（中院）兩卿之所存、一旦被仰龍秋歟之由令申之候、此儀者、准諸曲、各以我家々說々、可付一二之大鼓之條、猶可叶物宜歟、所詮只無大法之號、指而非被經沙汰事、其如說々可仕之由、可仰下之由思給（候脫カ）、所詮一具之時、蘇合破付所

事も、兩流各別候歟、而至三臺急及此沙汰候條、非大法之義(儀)候之條、頗儲(マヽ)遑迹日(候カ)之様
候、依先御代御沙汰形勢、可存定之間、申合候也、

公賢の奉答

被仰下候之旨畏奉候訖、空元(公賢)老病逐日興盛、大略黏枕席候、餘喘迫旦夕候、可被垂上
察候乎、

改元尤も然るべし
三臺急付所は時宜に決せらるべし

抑炎旱事、民戸成憂之由承候、驚歎候、然而漢室成湯理世、本朝延喜聖代此災候歟、
天之所令然、無處于愬候乎、御祈每事不合期、察申上候、政道事、相構可有隨分切瑳
候歟、改元尤可然候哉、延喜以來、至治曆・承曆・天承、依旱魃改元及度々候歟、勅
問雖不被盡三公、如關白(九條經教)被仰談、御沙汰何事候哉之旨存候、兼又三臺急付所事、先年
申沙汰之次第、先日言上候了、就彼是淨論(諍カ)、被仰出之儀候歟、强可爲永恪(格カ)之條不存知
候、宜被決時宜候哉、以此趣可令計披露給候、空元誠恐頓首謹言上、

八月廿七日　沙彌空元上

頭左中辨(日野忠光)殿

旱魃による改元の例

追勘、依旱魃改元例

延文四年八月

醍醐　延長元年　延喜廿三年閏四(マヽ)廿一日、旱魃、疾疫、
後一條　長元々年　萬壽五年七月廿五日、疾疫、炎旱、
後冷泉　治暦元年　康平八八十二、旱魃、三合御愼、
崇德　天承元年　大治六正廿七、炎旱、洪水、天變、

圓融　永觀元年　天元六年二(四イ)月十六(五イ)日、旱魃、内裏火事、
後朱雀　寛德元年　長久五十一廿四、炎旱、疾疫、
白川　承暦元年　承保四十一十七、頗瘡(疱皶)、旱魃、

九月大

安倍泰尚去月三日月出でざるは變に非ず天狗の充滿は愛宕山の大木を天龍寺料材として伐採せしによるかといふ

二日、天晴、右府(近衞道嗣)以泰尚(安倍)入道有被示事、予依病中不謁、以光煕(藤原)朝臣問答、其次去月三日月不出事、此間天狗充滿事尋之、泰尚法師就問申云、去月三日月不見事實也、但强不變云々、又天狗充滿世間事、或又愛護(宕カ)山大木爲天龍寺料材被切取之、因玆寺家番匠病臥、剰天狗横行之由風聞云々、

禁裏重陽平座

内裏詩御會詩題

九日、天晴、今日重陽平座、上卿坊城中納言俊冬、・參議敦有(綾小路)卿・少納言豊長(菅原)┃┃・辨行時(西洞院)朝臣・行知(安居院)等參仕、勸盃三獻云々、又内裏詩會也、題菊開重九節、、(マヽ)字、大納言(洞院實夏)依催參仕、甘露寺前中納言(藤長)・三條中納言(實音)・萬里小路中納言(仲房)・坊城中納言(俊冬)・行光(日野)・長綱(東坊城)等卿、殿上人忠光(柳原)朝臣以下云々、

安居院行知書状

今日藏人右少辨行知送消息、問答續左、

後光嚴天皇崇德院御堂領を安堵せしめ給ふ

行知平座散狀の書樣を問ふ

公賢息慈昭北野社別當に補さる

後光嚴天皇綸旨案

足利義詮の執奏

內裏和歌御會俄に中止

內裏內々御樂

東大寺八幡宮神輿在洛中節

先日被仰下之條々、可令存知候、崇德院御堂領等、被進安堵綸旨了、比牟禮（八幡社、近江）以下事、存知仕（マヽ）之間、楚忽事不可申沙汰仕候、就當所事、條々可被申談坐（由カ）被申候歟、兼又平座申沙汰候、散狀にハ、上卿・宰相・少納言・辨書分候歟之由存候、故行兼卿（安居院）如然致沙汰候ツ、然而（常如此候歟、）公卿と書候歟、參木まて書連候、人々可爲何樣候哉、（被用家御說之條、又）故三位（安居院行兼）書候し分（可在賢慮候歟、）ニ無子細候哉、勘解由小路なとハ、公卿を（とカ）書候云々、可隨貴命候、各書分候者、上卿不爲之時者、可爲何樣候哉、委細被仰下候者畏存候、可令申入給、恐々謹言、

　九月九日　　　　行知上

　丹後守（藤原光熙）殿

十二日、天晴、北野社務職事、晚頭綸旨到來持來、此間苦勞次第語之、綸旨案寫留續之、

北野社別當職事、如元可令管領給者、天氣如此、仍執達如件、

　延文四年九月十二日　　右兵衞佐（唐橋在敏）判

　謹上　太政（慈昭、公賢息）法印御房

　追申、依武家（足利義詮）奏聞有其沙汰之由、同被仰下候也、

十三日、晴陰不定、或微雨、今日內裏可有和歌御會之旨有催、而俄被留云々、不知其故、

十五日、天晴、今夕於內裏御樂可有、萬秋樂曲、自去比連々有其沙汰也、東大寺神輿（八幡宮）在洛

會以下は停むるも内々御遊は憚られず

萬秋樂伶人濟々參仕

笙

御所作

篳篥

笛

之間、節會以下公務等被謹愼、內々詩歌・管絃・蹴鞠等實不被憚之、定有子細歟、
今日大納言參內之次、北野社務事畏了、
今度萬秋樂、伶人濟々焉、不似先々、頗似氣味歟、

（本折紙）

笙

御所作　一條前中納言實材、

右兵衞督〔油小路〕隆家、　山科三位教言、

宗　泰　〔豐原〕信　秋

豐原師秋　同國秋

篳篥

前兵部卿〔藤原〕兼親、　〔藤原〕定行朝臣

安倍季方　同季村

中原茂兼

笛

洞院大納言實夏、　三條中納言實音、

橋本三位中將實澄、　〔山井〕景　重

琵琶　箏　羯鼓　太鼓　鉦鼓　樂

〔山井〕太神景繼　〔山井〕同　景　盛

琵琶

西園寺大納言實俊、　權大納言忠季〔正親町〕、

今出川大納言公直、　園中納言基隆、

〔藤原〕孝　守

箏

（以下本折裏）〔光嚴妃壽子内親王〕徽安門院對御方　〔正親町〕公蔭大納言入道女

簾　中　〔准三宮久子内親王〕永陽門院新右衛門督尼

羯鼓

〔多〕久　俊

太鼓

〔山井〕景　茂

鉦鼓

豐原英秋

樂

延文四年九月

採桑老

萬秋樂序

破六帖

蘇合三帖

同破急

輪臺青海波

千秋樂

萬秋樂序三帖如例、自五帖半帖上大曲吹、末序大鼓一説等九歟、

内裏に御鞠あり

廿二日、天陰、朝雨降、不甚、午上休、及晩內裏有御鞠、右府・園中納言已下參仕云々、

息慈昭來訪

廿三日、天陰、今日慈照（昭）法印來、神職（北野社別當）還補之後始來也、招入臥內謁之、

延文四

十月

公賢出家後亥子餅を食せず

三日、癸亥、出家之間、今日不供亥子餅、向後又可同前、

仁木頼章卒去の風聞

僧醫通仙

十二日、天陰、雨猶不休、傳聞、仁木左京大夫頼景（章）法師今朝卒去、累日雜熱、昨日歟僧醫通仙立針、今曉卒云々、就之武家政道如何、

賴章卒す

崇光上皇御樂御沙汰

賴章卒去により憚らるべきか

後光嚴天皇綸旨

去年十二月龍泉令淬先師虎關師錬の著元亨釋書を大藏に納れて天下に施行せられんことを奏請すこの日公賢にこれを諮詢し給ふ

圓通寺僧令淬上表文

十三日、天晴、累日雨初休、神妙歟、傳聞、賴景（章）法師今朝猶不事切、及子刻氣止、仍寅刻送西郊云々、

十九日、天晴、今日新院（崇光）有御樂事云々、大納言（洞院實夏）可參旨雖蒙仰、依所勞氣不參、賴景（章）法師卒去之間、不取敢如音樂無益歟之旨有沙汰、禁裏七ヶ日已後、明日可有御沙汰云々、武家隨分之重人也、御沙汰可然歟、仙洞不及其沙汰歟、但又强不可爲難歟、

元亨釋書可被施行天下事、令淬（龍泉、後醍醐皇子）上人欵狀如此、子細見狀候歟、可被計申之由、天氣所候也、以此旨可令洩申給、仍執達如件、

延文四
十月十九日　　左中辨忠光（柳原）

謹上　丹後守（藤原光熙）殿

平安城廣脇（圓脱カ）山通禪寺住持臣僧令淬、謹昧死上書　皇帝（後光嚴）陛下、令淬聞之、子曰、吾道一以貫之、曾子曰、唯、子出、門人問曰、何謂也、曾子曰、夫子之道忠恕而已矣、令淬意謂、子之道果忠恕而止乎、抑亦有大乎此者乎、何擇而獨云然乎、古之曰性、曰道、曰教者、皆五常之所維持也、五之中仁居首、故子罕言、而諸子之得之者、蓋鮮矣、惟回（顏回）之庶幾也、不至于聖、其唯一息乎、然尚言、三月不違、其餘則日月而僅在焉、至門人

師錬釋氏の通史を作り本朝の光華となす大藏に納れて天下に施行せられんことを希ひ元亨二年と正慶元年と

更問、則多曰吾不知也、其仁之難得者如是矣、子一日誥其徒以欲發、所謂吾道者因大言而曰、一以貫之、曾子曰、唯、及御誥之也、仍說之曰、忠怒(恕)而已矣、何不言仁而已矣、而門人聞而不疑、子亦聞而不正、後世之稱巨儒者、皆以爲當、而不議焉者何哉、以令淬見之、其言亦以爲得矣、請終其說、夫五常者、與生俱生者也、苟命乎兩間而知者、未初不有之也、然其間有聖有愚者、造其極與具其端之爲異耳、然則五者、聖賢之美具而時行、以所以施千(于カ)人之道也、其有乎已(己カ)者自善之、而推以不濟人、則是其庸人也、宜其曾子之得夫子之意、以爲忠怒(恕)而已矣乎、是以師望(太公望呂尚)持竿毗文武、阿衡(伊尹)負鼎就桀(紂カ)湯、夫子(孔子)窮于陳蔡、遭圍于匡、奔走于魯・衞・宋・齊之郊、山入(出カ)于七十餘國之疆、是皆聖賢之所以致君、濟衆之方也、不有是則何爲人後々(役カ)、而焦精神、勤形骸之若是甚耶、於是乎、夫子遂擧斯道、以激門人曰、吾道公々者、蓋欲揭示已之栖々遑々、而所以導君於仁義、拯民於塗炭之忠恕也、門人之中、曾子獨先覺而曰、唯、故三代之相承也、不以五常之目、而唯曰、忠也敬也文也、而忠爲之上矣、皆聖人之身履仁義、以有事于天下之其(具カ)也、令淬之先師(師錬)、童而習、長而博搜教乘、旁究儒術、而優柔厭(饜)飲(飫カ)、以作釋氏之通史、以爲　本朝之光華焉、例以欲入之大藏行之(于カ)天下、故元亨二年之秋、拘成書表獻　御(後醍醐)焉、其事稽于論、次而遂寢、不能無遺恨也、正慶建元(元年)之夏五、再表聞　上皇(光嚴)、欲大成其

に再度奏請するも志を果さず

本朝の美を特筆大書す

ただに釋氏のみならず廣く先王の教を參取して資治の表となす

師錬の功は孔子の德に比せんよりは寧ろ懷璉の美擧に比すべし

宋仁宗契嵩の著傳法正宗記を大藏に納れしむ

志也、而汲々政事、施々於此、不見果行也、夫孔子之作春秋也、不書內惡、用成國美、後世立以爲表格矣、況國朝絕無斯擧、先師偶有創物之智、而特書・屢書・大書、以大恣我美者乎、人焉有不助喜哉、而是書不特釋氏而已、廣掇我先王之繫千〔于カ〕我者、以爲資治表焉、粲然而可見矣、揚國華揚國美、是之不謂忠則孰之謂忠乎、昔者大禹疏決溝洫、中土可居、雖不可以間然、令淬以爲、孔子之功不在禹下也、蓋孔子明道者也、引禽情于仁義、啓聖行于鄙吝、以萬世洋々乎得志游乎、獲〔マ、〕言食無恙也、不則中土不可得而居、禽獸不可得而驅、人之類滅久矣、題〔韙カ〕乎不在禹下之切〔功カ〕之在孔子也、惟其夫子忠怒〔恕〕之道、一以貫之理乎、先師慨然、披吾國之美華、發吾人之幽光、而奮無斯擧之憤者、顧豈得不竊比於之孔子忠怒〔恕〕之道乎哉、趙采〔宋〕之時有大覺璉〔懷璉〕者、坐以迓迎外國之僧、世傳以爲重國之美談、鄕使先師〔師錬〕不比孔子、而無乃不比璉公一坐之美哉、

恭惟陛下〔後光嚴〕、天縱之聖連〔運カ〕、以整百王之頹綱、乾元之仁和、以澤萬物之焦〔脫アルカ〕、適遭　明世補　雨〔兩カ〕朝〔後醍醐・光嚴〕之遺闕、賜　當代之寵異、以得入于藏〔大藏〕而大行海內、則千載之一過〔遇カ〕也、先師曩雖燒乎　御路、今可解顏地下者定可知矣、嗚呼明教嵩禪師〔明教大師契嵩〕、嘗著正宗記〔傳法正宗記〕十有二卷、隨書上進仁宗〔宋〕皇帝、其中有爲道不爲名、爲法不爲身之句、仁宗大嘉納、賜其書入藏、旃〔施カ〕以大師之號、令淬見先師之釋書中序說志、又有韜晦我常〔韜晦以下、知所式之塵マデハ序說志中ノ文〕、豈冀閑名、只欲明佛祖之法、揭聖賢之迹、

延文四年十月

師錬は契嵩と高下なし

令可畏之人、知所式之塵之語、以方天(マヽ)嵩師之一句、何所高下乎、嵩師何預親沾渥、而先師獨無之哉、蓋道德文獻不足故也歟、縱雖不足、勸善彰忠之恩澤、以及一微物者、又仁君之事也、孰曰政化之遇(過カ)也哉、令淬謬圓其臚(顱)、猥承其乏、故大懼前志之埋沒無聞、忽忘身之不肖、欲集先師之遺美、乃孝于(平カ)惟孝之義、(四字、論語爲政篇)敢以有慕之耳、冒瀆　冕旒、待罪山樊、臣僧令淬、無任慙羞戰怖之至、誠惶誠悸謹言、

　延文三年十二月八日

元亨釋書施行に關する勅問に奉答す

廿二日、天晴、先日勅問元亨釋書施行事、近(衍カ)今日獻請文於忠光(柳原)朝臣、塵外黑衣之質、勅問慮外事歟、

公賢の勅答

恩裁あらば天下の毀譽衆口定めて競ひ起らん廣く群議に詢はれて聖斷あるべし

是非の愚見奏聞し難し

元亨釋書施行事、令淬上人解狀加一見返獻之、此事强不可有國費民憂候歟、然者爲時宜裁定雖不能左右、若恩裁候者、天下之毀譽、衆口定競起候歟、爲後勘廣被詢群義(議カ)、可有聖斷候乎、抑空元(公賢)桑門窮老之質、耄及病重之間、鎮携藥石、未安枕席候、仍每事不及思慮、難奏是非之愚言候、得其意、可令計披露給也、恐々謹言、

　十月廿一日　　沙彌空元

甘露寺藤長役夫工米勅問の請文につき批正を請ふ

廿四日、天晴、甘露寺前中納言(藤長)送狀、談合役夫工米勅問請文事、申詞神妙歟之旨報了、

此間不啓上、何御事(等脱カ)候哉、自去比脚氣・雜熱等計會仕候之間蟄居候、相扶候者可令參

上候、窮困近日周章候、不可説之不具候間、參拜も懈怠、不意至候、恐恨候、抑役夫工米事勅問之間、捧請文候、重事管見不存得候、一紙進覽之、可被直下候哉、委被示下者（候脱カ）畏悦候、事々期參拜候、（脱アルカ）可令洩申給、（マヽ）

十月廿三日　藤長〔甘露寺〕状

丹後守殿

藤長の勅答案

當年は天下炎旱諸國艱難衆民若し辨濟に堪へずば經始の功を遂げず還つて神事の擁怠に及ばん

造太神宮役夫工米事、時世〔大中臣〕申狀、加一見返獻之、或隨建久・元亨之例、課平拘（均カ）勤、或依建永・弘安之符、有免除蹤跡、曆應・康永沙汰、又以不一同、古今之例用捨相存、就中三社領三代御起請地、寔以難比他庄園哉、但當年天下炎旱、諸國艱難、衆民若不堪辨濟者、經始之功不亟（遂カ）、還及神事擁怠歟、無爲之時與頽廢之俗、綷可相易候哉、然者爲專神用、被詳（許カ）一同支配者、已卒（乖カ）御起請符疑貝（マヽ）、隨而造宮使亂責不物（拘カ）堤坊者、衆庶之憂患、太以不便、別（制カ）彼亂責、救此憂患者、又且有神事闕如、彼是欠（間カ）管見難決、所詮曆應・康永之例、先以足兄（爲カ）準的、且就弘安配符無時俗之弊、可被廻測量候乎、可令得此意給候、藤長恐惶謹言、

十月廿二日　藤長請文

延文四年十月

畠山國清東國の軍勢を率ゐ熱田宮に著す
南方參仕の公卿等歸降を望む者多し
中院通冬歸洛
後村上天皇天王寺に幸し山名楠木等の南軍京都に發向せんとす
三條實繼に風聞につき質す
實繼の返狀
畠山國清は垂井宿に在り
土岐一族上洛す
南方よりの歸參者
三條實數吉野に薨ず

十一月

一日、天晴、今日聞、東國軍勢畠山入道〔國清〕以下數萬騎上洛、國清入道去月廿三日到著尾張熱田宮、相待遲參軍勢云々、南方上下聞此事周章歟、卿相雲客望歸降人廿人許云々、就中源大納言通冬〔中院〕卿已上洛、有仁和寺邊云々、或又聞此事、南方主〔後村上〕可幸天〔攝津〕王寺、山名〔時氏〕・楠木〔正儀〕以下可發向京都之旨支度云々、兩分紛紜之說、不能信用事歟、

四日、朝間陰、午後或晴、今日遣消息於按察卿〔三條實繼〕、此間風聞事等尋之、返報續左、

東方大軍上洛近々候歟、畠山一日著垂井宿〔美濃不破郡〕候、六日・八日之間京著之由、只今土岐一族上洛候て相語候、南方發向者勿論候歟、靜謐はさこそ候ハんすらめ、德政之段者猶如何かと相存候、是程ニ、ハや薄運ニ成候ぬる公家作法、立直候程の事有へしとも不存候、種々成儀心〔マヽ〕奇なる旨〔不見〕やらん、可中合候歟、比興候、彼方人々出現事、先陣章世〔中原〕候、定被聞食候歟、明景も申旨候し可〔かカ〕、未見候、爲忠卿〔御子左〕二陣、源亞相〔中院通冬〕三和尚にて候、是等ハ無子細候、各已音信候也、其外事未承候、亞相〔洞院實守、公賢弟〕御進退如何々御坐候ハん、實數〔三條、實繼ノ兄〕去月十四日他界候了〔行カ〕、此時節最上事候哉、千萬難盡紙上候、期參入候、實繼誠恐謹言、

十一月廿四日　實繼〔三條〕

畠山國清入洛し義詮に謁す

平野祭日吉臨時祭幷に春日祭停止

頭辨柳原忠光綸旨の書き様につき尋ぬ

後光嚴天皇義詮に命じ懷良親王及び菊池武光等を追討せしめ給ふ

群盜東軍の宿舍に亂入し馬太刀資財等を奪ふ

小山以下東國の軍勢續々上洛す

下京邊の狼藉は南方勇士等の所爲か

六日、天晴、畠山國清法師今日申刻許入洛、直向將軍〔足利義詮〕亭謁之、卽歸宅、其勢此間漸々入洛、今體不及多勢、七八騎褐衣冑直垂、不及小具足、於將軍亭勸一獻云々、

七日、丙申、或晴或陰、平野祭如例、右少辨〔安居院〕行知參行、臨時祭〔日吉社〕延引云々、又今日春日祭無領狀、近衞使幷上卿、例停止云々、如何、頭辨〔柳原〕忠光送消息、問答續之、

　如此綸旨尤可書奉字哉、勿論候歟、不書之略儀候哉、只又名字許候哉、不可有年號候歟、加樣綸旨にも若候しやらん、猶可令尋人々給候哉、

鎭西宮〔懷良親王〕幷武光〔菊池〕以下凶徒追伐事、可書遣綸旨於武家〔足利義詮〕之由被仰下候、不可有別樣候歟、

　鎭西宮幷武光以下凶徒、可令追討給者、天氣如此、——

如此可候歟、追伐・追討同事候、然而追討猶常事候歟、文章之體、雖無才覺候以推分令申候、比興々々、可隨御計候、以

謹言、

參仕之體可令伺申入給、恐々謹言、

　　十一月七日　　　　忠光上（判）

　　丹後守〔藤原光熙〕殿

九日、或晴或陰、或云、去夜歟、群盜亂入東軍河越旅館相戰、兩方被疵者兩三歟、且又名馬一疋資財・金銀作太刀、多以被取之云々、

十日、天晴、及晚雨、今日小山軍勢、〻〔本ノマヽ〕、數百騎云々、凡此間日々上洛軍勢、不知其數云々、

十一日、天陰、今日聞、下京邊狼藉以外也、若南方勇士等所爲歟云々、

近衛道嗣京官除目につき諮る

十二日、天晴、抑右相（近衛道嗣）被投消息、强無殊事、但京官除目可參勤之旨被仰、而一上後未著陣、除目同日通用如何云々、何事之有哉之由申了、

道嗣と公賢との問答
南方征伐は天下靜謐の基
中院通冬歸洛の風說
道嗣一上以後未著陣
除目の次通用の可否

無指事之間、其後不令申候、何條御事候哉、東國勢入洛、南方征伐事、〔風聞候歟、〕其聞候歟、天下靜謐之基、珍重々々候、就中月卿雲客等、〔其由承候、〕大略歸洛之由其說候、不可思儀（議）事歟、前亞相（中院通冬）可有御出京之由奉候し、〔雖巷說候、曾無觸耳之旨候、不審候、〕何樣候哉、

抑京官除目、今年相構可令參勤之由思給候、〔尤可有御參勤候歟、〕而一上以後未遂著陣之儀候、除目之次、可令通用之由思給候、〔何事候哉、如此之次通用、准據多々候、旁不可有子細候歟、〕雖相似聊爾候、近日之體、〔且先例、可被尋聞食兩局候哉、〕兩度出仕彌不可事行候間、可隨容易儀由存候、且可爲何樣候哉、〔於愚意者、不可有子細歟之旨存候也、〕但如法荒猿候、又々可申候也、

畠山國淸義詮を請じ饗應す

十四日、天陰或雨、傳聞、今日畠山國淸法師招請將軍致（被カ）饗應云々、

日吉祭
吉田祭

十九日、戊申、天陰、傳聞、被行日吉祭、上卿坊城中納言俊冬、・辨資定（淸閑寺）朝臣云々、吉田祭爲被行、右中辨行時（西洞院）朝臣參行、內侍遲參、祭了參社云々、

賀茂臨時祭延引
梅宮祭

廿日、天晴、臨時（賀茂）祭延引、每事不合期云々、被行梅宮祭、左少辨信兼（平）參行云々、

三條公秀書狀
勅問一ケ條につき公賢に諮る

入道內府（三條公秀）送消息、內御乳母（後光嚴皇子緒仁ノ乳母）事有願（顧カ）問、粗推答了、其說在裏、

〔內府入道狀〕
數ケ條之篇目ハ、猶暫可秘藏候、次第々々ニ可申披候、尙々其恐不少候、定被處奇恠

日野時光皇子緒仁の御乳父たらんことを望む
主上その仁に當ると御思惟あり
上古は人を選ばず近代はこれを選ぶ

候歟、先就差當候一ヶ條發言候、ふとしたる樣候、比興候、昨日自禁裏被仰下候篇目內、時光(日野)卿望申候御乳父、代々之跡雖爲勿論、若淺官・年齡なとに有沙汰事なとハ候ハぬやらんと被仰下候、可爲何樣候哉、凢彼家近代贖(黷)之(其カ)名之條、無子細候、誠當其仁(由脫カ)之御思惟候、何と候へきやらん、上古ハ强不被撰人、就得其便御沙汰候歟、近代ハ被撰其仁候歟、此近比之事、當座不覺悟候、如何被思食候らん、昨日大樣大概愚存をハ申入候しかとも、先傍例等も尤候(衍カ)可勘見にて候けると存候、賢慮之趣、粗可被勘下候者、可爲才學候、千萬追可啓上候、恐惶謹言、

十一月廿日　　繟(綽歟)空〔三條公秀〕

公賢の返答

四條家勸修寺家など恩許無難か

抑御不審一ヶ條事、曾以無才學候、但被(彼カ)職强非淸華之所掌候歟、根元ハ、若降誕(公脫カ)御乳付人を稱御乳母歟、隨而隨分保護輩を申習候やらんとこそ存候へ、然者四條家なと補來候歟、彼所望鄕(マヽ)家又後深草院以來賞翫、代々補之候、四條・勸修寺家無勝劣候へハ、恩許も何事候哉とこそ存候へ、雲客不能左右候哉、古來御乳父例案候へハ、よに無何存知も大切候ける、而未及注集候、去夜都護〔三條實繼〕殿御尋候ける由實夏卿申候しか、曾無才學候て、其趣を申候き、猶〳〵芳問恐悅候、恐々謹言、

延文四年十一月

十一月廿日

西園寺實俊除目につき不審を問ふ

廿五日、天晴、西園寺大納言〔實俊〕入來、除目事不審條々猶尋之也、又向女房方、聊謁之歸了、抑除目執筆事、右相〔近衛道嗣〕有悋憐〔惜カ〕之氣歟、度々有被示之旨、彼亞相〔實俊〕懸念勿論、期日以前沙汰非無疑殆、然者可伺時宜哉之旨示之了、就其有此狀也、

近衛道嗣書狀

以事之次、此間者細々申承候、爲悅候、除目事就承候、今日內々伺申入候之處、西園寺已申領狀候、若延引事候者、重可被仰歟由勅答候、九出仕も旁難治候ぬと覺候間、是神妙事候、相併〔構カ〕無爲候へかしと存候也、事々期後信候也、

新嘗祭追行

廿六日、乙卯、天晴、傳聞、今日被行新嘗祭、式日〔十四日〕延引、是幣料無之歟、參行人可尋、

檢非違使別當日野時光拜賀

豐明節會

廿七日、天晴、今日則〔別カ〕當時光卿拜賀云々、召具一員歟、如木雜色四人之外、隨身・火丁・門部等如例、兵衛尉章賴〔中原〕在共、々行廳始云々、今夕被行豐明平座、坊城中納言俊冬卿行之云々、

義詮の南方進發來月五日に決すとの風聞あり

廿八日、雨雪時々下、南方發向事、此間武家大略日々評定、所詮猶無落居、但來月五日必定可發向之旨風聞、

京官除目執筆作法次第を西園寺實俊に書遣はす

廿九日、天晴、抑京官除目執筆作法次第一卷、注進西園寺大納言、予隨分委草之、令公〔阿野〕爲朝臣淸書遣之、

実俊除目申文のことを問ふ

廾日、天晴、西園寺大納言以〔藤原〕氏種除目申文已下事談之、同習禮書寫事也、委示了、

十二月小

太一定分の厄日決定往生の時到來道場に入り誦經念佛す

二日、天陰、入夜雨、今日予太一定分厄日也、巳・亥時可愼云々、所壽命厄歟、決定往生之望得時、仍亥刻疑〔凝カ〕信心入道場、誦彌陀經、又禮讚念佛送一時了、及午二刻出堂、

西園寺實俊書狀除目につき不審の條々を問ふ

西園寺大納言〔實俊〕送狀、除目間事不審條々注送之、又申文等注尻付送之、少々改正遣之、

不審條々一紙注進候、委細可被勘付候哉、大束書尻付御進入候、其內不分明之物、令付驗候、可直給候哉、凡不見文書頗馳筆候、定參差事多候歟、勿論候、二條〔良基〕大閤口傳等、少々可示給候、可入來之由被送狀候之間、可罷向歟之旨思案候、然而未存定候、何樣又明後日なと、諸事可參入言上候也、實俊〔西園寺〕恐惶謹言、

二日　　實俊

公賢返狀

一紙拜見、愚存注付獻上之候、御不審候者、重可承存候、中文等御尻付拜見了、大略無相違候、返々目出候、兩三注付別紙事等候、能々可被御覽合候歟、二條〔良基〕邊御問答承悅候、何樣ニも眞實御習禮以前、一兩度も申承之條可然候哉、大間本料紙給、可令書

延文四年十二月

遣（進カ）之候歟、如昨日令申候、返々不思様候、康隆（中原）と申候男候、忩可仰試候也、恐々謹言、

十二月二日　　空元（公賢）

實俊公賢の問答

一、課試及第之内、任正應例、文章得業生許可任之乎、同有方略者、尻付卽方略歟、
近來紀傳外、無課試及第者候、今度も定如然候歟、

一、雖非寄物之闕、就先例相計、可任官條無子細歟、
さる事候へとも、同者可任寄物闕國候歟、

一、顯官者時問（マヽ）闕ニ依、被（彼カ）散狀可召之、官名別猶不審、
二省少丞闕之時、不召勘文候、以是可有御了簡候歟、期面候、

一、成柄返上之時可給候歟、
是ハ何物事候哉、

一、雖國替於任符返上之、國替者、猶尻付ニ可書名字乎、
强不可然候、

一、見合折紙、可任定申文候、令（マヽ）可爲何々乎、
强不可有式法候、又不見合も不可有子細候、期面候也、

一、次第ニ、公卿子息二合、又公卿未給息二合、被注兩所、可爲同物哉、
大略同物候、兩所書候歟、

一、奏大間、不置替筥儀、進退可容易、可用此說歟、
如此略儀、近來如愚身用之候ツ、

一、硯等入何、前駈可令持誰乎、
不入物、只手ニ持テ給候也、

一、執筆翌日、外記大間等持來之時、本所儀、（脫アルカ）
（以下ハ公賢勘返ノ文ナラン）
五位外記ハ召障子上候也、
侍所人六位持參、家司束帶或衣冠出向取之御（候カ）、納筥蓋之時、蓋返給候、

三條實繼書狀文和年間の公卿補任につき尋ぬ

義詮南方進發前に撰集の一見を望む

御子左爲明實繼を訪ひ不審を尋ぬ

西園寺公宗は誅戮前に解官せられしや

風雅集の公宗の官職

西園寺實俊のために除目習禮を行ふ

抑按察卿（三條實繼）送狀有相尋（事脱カ）、已及昏黑、明旦可然愚報（獻カ）旨、示請文了、勅撰催役（促カ）、誠存內事歟、問答續左、

公卿補任被遊繼候乎、近年事不審候、隆朝（九條）卿（文和三年十月廿二日任之、同四年十二（十カ）月廿四日薨候、）兵部卿ニ任候しハ何程事候哉、逝去之時分去職候歟、爲嗣（五條）卿（文和三年後十月廿五日辭退候歟、）ハ前參議勿論候哉、

一（事候、）夜參拜、恐悅候き、其後雖參入之志候、乘物以下不具間、乍存候、恐恨候、

抑勅撰（新千載和歌集）事、武家（足利義詮）進發以前可返納之由、自彼邊催役（促カ）之由相語候上者、忩遣候歟、拾遺黃門（御子左爲明）一昨日入來、條々令不審事候き、西園寺故大納言（公宗）建武二年六月廿二日被召捕、同廿六日被勘罪名候、八月二日所誅候云々、若誅戮以前被解官候哉、謀反罪名治定候者、可（被カ）致除名候、（尤可然候、其比物忩無沙汰歟、沙汰之趣、公卿補任注落候歟と覺候、）本官全候事よ（もカ）てと存候、然而所見不詳候、若被知食候哉、風雅集ニハ、只權大納言と候やらん、（只此儀、何事候哉とこそ覺候へ、）彼時分、中宮大夫・兵部卿等を兼候、當職候者、宮司號を可載歟と相存候、此事申出候間、黃門（爲明）も令不審候き、餘々取亂候、能々治定候者、可申旨誂置候、仍申入候也、事（々脱カ）期參拜之時候、誠恐謹言、

十二月二日　實繼（三條）

五日、天晴、今日西園寺大納言秉燭程入來、有除目習禮事、依兼日約文書已下勤（整カ）置了、

實俊勅諚により二條良基より除目執筆説を傳受す

御子左爲明義詮の撰集一見所望のことにつき來談す

公賢豫てより實俊に除目執筆作法の傳授を約す

稽古日淺きも實俊頻りに傳受を懇望す

習禮は法體には不相應に付一條經通に受くべしといふ

經通は公賢に受くべしといひて辭退す

實俊勅諚により二條良基より受く

公賢良基を非難す

公賢自第に實俊を招き除目執筆の習禮を行ふ

傳聞、今日實俊(西園寺)卿向二條前關白(良基)、是依勅定(後光嚴)云々、除目執筆説傳受云々、

六日、天晴、侍從中納言爲明(御子左)卿、及晩來謁之、勅撰事、武家南方發向已前令返納、拜見爲本意之由、以中京(マヽ)入道示遣之間、仰天沙汰入之、就其條々有示談事也、

實俊卿除目執筆事、可傳受之旨、約諾已經年序畢、而今度執筆事存外事也、未受其説候(衍カ)之上者(衍カ)、稽古日淺歟、隨分之重事、楚忽沙汰太不隱(穩)便、而伺松容頻至(致カ)懇望歟、隨而先日入來、示合此事、凢者稽古不純熟者、難致沙汰之由存習了、然而有其志者、沙汰試之條、可在所存哉、但於如習禮者、法體不相應也、任代々家例、忩申談一條前關白(經通)可存定歟、又習禮尤於彼家可有沙汰歟、然而細々調練已下不審事者、不可存纖芥之旨報了、而其後度々示旨、裝束已下旁有難問他所々(事歟)、於習禮者、於此亭可沙汰、愚身雖法體、於簾中口入勿論歟、大納言(洞院實夏)致沙汰之儀、有何事哉之旨示之、此條誠無異論、仍許諾了、任代々之例、定何申歟、必可有許容哉、先日以事次、申一條前關白了、而未勤京官執筆、以純熟人爲師匠之條、先賢所存也、予扶持尤可然哉旨有返報、而向二條前關白之條、頗不得其意之由、内々一條所存歟云々、爲時宜之上者無力事歟、二條此間對諸人之所存、皆以稱弟子褒美、無其儀人事輕慢也、就中今度此卿(實俊)執筆以外訕謗、就其主上御贔屓之餘、可向彼邊之旨被仰歟、是愚推也、秉燭程入來、直垂之體也、此間式也、於西面方改裝束、束帶、此間硯筥及第

戌刻筥文作法より始む

二三筥了（之カ）文書等、予令整之、又大束短冊已下召親尹〔物加波〕朝臣令整之了、此第裝束儀、併如里內等常儀辨備了、戌刻始其儀、先自筥文作法行之、執筆亞相〔洞院實夏〕取硯筥、第二筥行光〔日野〕卿、第三筥親尹朝臣等役之、先之實夏卿直衣上結、著兩面疊、關白儀也、次召儀、予引母屋御簾也、關白代著圓座、其後召執筆儀如例、亞相著圓座、先著內大臣圓座、西南邊跪候、此（マヽ）、昨日謁前關白之時、跪候西南不可然、只執筆座後候之由被示云々、是大臣作法歟、納言執筆其未方ニ寄テ南ニ候、可然之旨存先歟之由諷諫了、仍今日ハ如此、次予又引御簾、次奏闕官帳、先移文書、次渡見闕官帳、次置替筥、次又見闕官等如例、次又引御簾、參大間、先令直燈臺、召男共如例、搢墨染筆、次任式兵二省奏、續申、見寄物任之、又續大間、就寄物打合、大間如例、次執筆奏院宮御申文事、次向納言上卿、行光卿著其座、問云、宰相ハ誰々申（ヤカ）候、行光某候之由申之、執筆召參議、親尹朝臣候其座、親尹參進座後、執筆云、院宮御申文、親尹退、此間任民部省奏、先之關白代・執筆・行光・親尹等前居火櫃、折敷盛炭、衝重、現色三種肴也、卽獻盃、親尹勸盃、光綱〔藤原〕瓶子用提了、關白代・執筆飮一盞了、盛酒召行光卿授之、此間親尹又歸著參議座、須巡流、此間親尹持參院宮御申文、執筆取之、奏儀如例、予於簾中撤封禮紙卷籠一通內返下之、次復座之後、卽引裏紙、竝置硯右、次第任之、此間關白代撰外國申文、未奏院宮御申文之間、關白參進傳御硯筥蓋了、院宮御給任了授執筆、々々次第見短册、加袖書了、召親尹下勘之、此間任符返上、內給等申文任之、次下勘等到來、次第任之、其間內官申文等又次第撰授、又有顯官擧事、關白代授顯官申文於執筆、兩三結歟、乍付短尺、々々召行

京官除目

實俊執筆を勤む

良基勅諚により執筆を扶持す

九條經教直衣始に網代始通用の可否を問ふ

坊城俊冬除目淸書のことを問ふ

天龍寺僧來りて奉加を請ふ

光卿納言代也、下之、申(行カ)可擧申之旨仰之、行光復座與親尹、撰定由也、卽持參進執筆、進關白、々々奏之、不返下、次第可任輩大略任了、聊候氣色、卷大間、敍位不習禮、次卷大間、予又於簾中取入之、不及披見、暫時返下、次封成文、事了取大間筥、一揖退去、一會之儀最略如形果進(遂歟)之、今度執筆事、旁雖不心安、懇志子孫おり本ニ不見、如本、大候歟、時宜云々、又委細次第一卷注遺之、又說々少々諷諫了、天性從(マヽ)頻好門弟、此卿事、大略諷諫、已雖及習禮、强不可確論之間(旨カ)存者也、

事了改裝束之後、又於東面沓形(マヽ)勸酒饌、及五六獻、而頻早速可歸宅旨有氣色、仍又隨所存了、實夏卿在此處、又行光卿召候此席、雖卿位用圓座、家僕等於別座行此事、

九日、天晴、京官除目云々、依執筆作法、西園寺大納言數房(度歟)送書札、加文書了、後聞、前(二條)關白(良基)參仕、扶持執筆云々、是勅定歟、後聞、執筆實俊卿、公卿仲房(萬里小路)・俊冬(坊城)・隆家(油小路)等卿、俊冬奉行淸書云々、

今日葉室前中納言(長顯)入來、爲執柄(九條經教)使有示事、除目陣家時光(日野)卿宿所下計(マヽ)間事、來廿日比直衣始也、網代始可通用之間(旨)存之二條前關白如此、云々、先規准據如何等事也、

又俊冬卿來、謁大納言、除目淸書事尋問云々、

又天龍寺僧來、請奉加事、

西園寺實俊書状
除目のことを問ふ
墨は古墨を用ふ
後光嚴天皇勅書京官除目次第の進覽を需めさせ給ふ平親顯の任參議柳原忠光の轉大辨等につき諮らせらる兄弟左右大辨相竝ぶはその例なきか

大間返給了、
硯以下被整候之條喜存候、淸書御次第事、本意滿足候、京官文書所納注文加一見候、
諸道所擧、假令何々にか候へき、是も少々可任之段、勿論事候歟、
墨ハ正應のハ分紛(マヽ)之子細候、永仁墨進入候、聊つかひて候へとも、就古物可用彼墨歟
之由存候、實俊恐惶謹言、
八日　實俊 状
抑今日自內裏被下御書、卽進上請文、續之、兄弟左右ニ(左右大辨歟、不見分、)相竝例事也、
京官一夜儀、委細御次第候者、可被借進候也、
依無物(指カ)事良久閣筆候、今夕京官除目必定候、任人以下無何例計會、纒頭無術候、亞相
等以下理運等登庸、其闕難得候間、未無其沙汰候、抑今度可被許親顯(平)朝臣昇進候之由
思給候、而忠光(柳原)轉大丞候者、兄弟相竝左右之條、○兄土御門保光、故柳原資名三男、弟柳原忠光、資名四男、曾無其例候歟、於
納言以下人數之職候歟、面々所存も若さ樣候つらんと推量候、若可有議者、猶爲有
沙汰、今夕先可致閣(被カ)候歟、將又先規も若存之、時議も不可(有脫カ)子細意見もやと思給之間申
合也(候脫カ)、他事又々可申候也、

公賢の奉答先規覺悟せず

被仰下候旨畏奉了、今夕京官除目必定、目出候、抑兄弟左右大辨事、先規當于座不覺悟候、左右中辨者、顯（藤原）隆與爲隆（藤原）相竝候歟、其外も先規候しやらんと覺候、中辨以下者、若難比量大丞候哉、但又准據者、如此類勿論候哉、所詮可在時宜事歟、若又如此難義（儀）之時、暫爲闕不被任之條も常事候乎、兼又京官除目次第一通、隨召進上仕候、相構不被交他御文書、被返下候者可畏存候、以此等之趣可令計披露給、恐々――、

暫らく保留せらるべきか

京官除目次第を進覽す

十二月九日

頭左中辨殿（柳原忠光）

實俊除目の無事終了を報じて恩を謝し大間成束を送り批正を請ふ

十日、晴陰不定、除目天明之後事了云々、午刻西園寺大納言有狀、除目無爲果遂、爲芳恩之至極云々、大納言送大間成束、若有相違者可示送之旨也、愚意所存注遣之、條々雖左（注イ）、

一、消様事、「□如此四方ヲシテ、其内ヲ能塗墨也、」　○括弧内ハ、公賢批正ノ文ナリ、下同ジ、

一、刑部少輔可被釣少丞上事、

一、大判事明宗（坂上）尸落事、「大宿禰と候へし、」

一、彈正忠臨時內給、少弼次ニ可被釣事、「小字ヲ可被加事、」

一、伊與少掾花榮（春原）尻付事、「權中納言藤原朝臣兼（花山院兼定）片字可被付事歟、」

一、左少將公勝（一條）權字事、

一、左衞門尉尻付事、

一、少尉明方〔坂上〕尸可爲大宿禰事、

一、相博尻付春季ニ可被注事、「自解申文之時、今被付之趣無相違、人給之時、若可被相替歟之由覺候、」

伊與國少掾正六位上春原朝臣花榮 權中納言藤原朝臣名字二字、文和五年給二合、阿曇犬養、「此行ヲ如此消て、名字以下別可加注、不給任符秩滿代 彝治不給任符秩滿代、」「此兩字ハ彝治ノコハレ候ヘシ、」

越中目藤井房永 按察使〔三條實繼〕藤原朝臣文和三年給與去三月所任、春〔季〕字相傳〔博〕、

阿波目藤井春季 按察使藤原朝臣當年給與文和三年所任、房永相博、

可勘合否、件卿、去文和三年給藤井房永、任阿波目、當年給藤井春季、任越中目、而各任符未出、

從七位上藤井宿禰房永

望越中目、

從七位上藤井宿禰春季

望阿波目、

右去文和三年給、以件〔藤井〕房永請任阿波目之處、依身病不能著任、爰當年給、去三月以件春季、雖申任越中目稱非本望、未給〔籤カ〕符、而彼兩人各依有事緣、令相博、〔虫〕國、共可赴

任之由望申之、倩案舊貫、以所（マヽ）之官令相博者、明時之恒規也、然者早以彼兩國、可被改任之狀、所請如件、

延文四年十二月九日正二位行權大納言兼陸奥出羽按察使藤原朝臣實繼（三條）

相博尻付事、中文兼聊（豫）見及之間、如予注可付之旨存之、前關白（二條良基）參會之間、申談之處、不可然、只與某相博定事也、其外不可載委細之旨被命、思（マヽ）尻付抄本者披見云々、此上勿論歟、但彼抄定自解事歟、延喜有例之也（由歟）被示云々、三年・十三年有此尻付（虫損）――云々、又兩人相博、端一人付之、奥人不尻付、是又彼例云々、此事非執筆仁歟（難歟）、彼所命不能左右哉、

抑下勘文、不召參議、召藏人頭下之云々、此事以外事歟、但執柄有口入、仍隨此命云々、先規不審事也、清書上卿俊冬（坊城）卿、執筆隆家（油小路）卿云々、

除目聞書

侍　從　藤原基（園）定　藤原季兼

藤原定教

內舍人　藤原定宗前關白（二條良基）臨時被申、

玄蕃允　大江有直明法擧、

兵部權大輔藤原長輔　少丞　藤原資實〔後伏見皇女瓊子內親王〕章德門院當年御給、
刑部少輔　藤原忠量　權少輔　平　繁　顯
少丞　藤原業宗卿請、　中原信繁省奏、
大判事　坂上明宗兼、
大藏大輔　藤原忠明
宮內少輔　源　俊　明　少丞　藤原和種〔後二條皇女媞子內親王〕壽成門院當年御給、
大炊助　平　貞　宗　允　惟宗忠國寮奏、
彈正忠　源　景　治　中原吉方明法擧、
平　憲　行
山城權守　賀茂定香臨時內給、
河內權守　大中臣範清〔九條經教〕關白臨時被申、
參河權守　平　重　敎　遠江介　藤原永俊臨時內給、
相模權目　藤井爲淸式部史生、　美濃權介　藤原持光〔西園寺〕實俊臨時申、
越中守　源　兼　世　目　藤井房永與藤井芳〔春歟〕季相博、

佐渡守　藤原賴英
丹後權少目藤井春榮兵部史生、
阿波目　藤井春季
伊豫少掾　春原花榮權中納言藤原朝臣文和五年給二合、阿曇犬養、不給任符秩滿代、
對馬守　源幸治
左近權中將藤原公永　　權少將藤原公勝
右近權少將藤原冬宗
左衛門少尉源　幸　弘臨時內給、　　坂上明方
紀貞宗　　源資孝
平量久　　同高重
藤原清重　　源氏重
右衛門尉　中原秀言府奏、　　秦敍澄督請、
右兵衛權佐藤原公熙　　尉　藤原基吉
兵庫頭　藤原景範
延文四年十二月九日

代始京官除目一夜の例

抑〔後光嚴〕當御代京官除目等被行、今年爲初度、代始二夜尋常說歟、但一夜常例也、後嵯峨院以後一夜例、後深草寛元四除・康元々ト无、（マヽ）・龜山文應、（元脫カ）・後宇多弘安三御、、（マヽ）・後伏見正安元、・後二條正安三、・花園延慶二、・太上法皇〔光嚴〕元弘元、・院〔崇光〕貞和四、等也、

近衛道嗣書狀

除目聞書につき相博尻付の不審を問ふ

〔近衛道嗣〕右府被送狀、聞書到來、相博尻付事不審也、所存旨答了、

局務本候之間、定無書寫之誤歟之由存候、

去夜除目、每事無爲無事之由承及候、目出候、此間ハ心勞察申候、只今除書到來、披見之處無爲候歟、殊目出候、越中目藤井（井カ）房永、件尻付、與藤原春季相博、如此候、是ハ按察卿申文候けるよし、〔安居院〕行知語申候ツ、誰人給とも候はて、如此候ことも無子細候哉、不審候、今一ハ無尻付候、是も可爲何樣候哉、不審候間染筆候、可示給候、

幣料無足により月次祭神今食延引

十一日、月次・神今食延引、幣料無足之故云々、

西園寺實俊除目執筆作法の諷諫を謝し細馬を贈る

實俊勅旋により二條良基の說を傳受す

十二日、天晴、抑西園寺大納言送消息、除目執筆、諷諫無等閑之條謝之上、忩（志カ）與細馬一疋、、（マヽ）毛、是不慮之芳志也、此卿執筆事、細々願（顧カ）問不、纖（遺カ）芥、且委細懷中次第一卷注與了、而前博陸〔良基〕二條、近來號大閤、說可傳受之旨頻有勅定、仍行向云々、定習其說歟、兩說用捨不審之處、今有此狀、爲後勘續之、又勅書幷前博陸感悅狀被送之、誠神也妙也、相博尻付事者、非自身失歟、

實俊書狀

勅書幷に良基の書狀を公賢の一覽に供す

先日執筆如形令參勤候之條、偏御諷諫之故候之際、不能抃（堪カ）悅、蟷螂一疋引進之、只爲表微志候、無其興候乎、
抑叡感御書幷前博陸消息進覽候、相博尻付事、見彼狀候之上者、不及左右候歟、兩通卽可返預候、如此事、可參申之由存候之處、早速可歸華之子細候間、乍存候、爲恐候、閑猶可令參入言上候也、實俊恐惶謹言、

十二月十二日　實俊

實俊に賜はりし後光嚴天皇勅書

除目執筆の無爲遂行を賀せらる

除書無爲被遂行候之條、爲悅候、代始無事、其上執筆無一事違亂候之條、感悅之至、不知所謝候、大間繆樣已下、近來右筆不見及之樣候、古今已役・未役失禮無力事なから、隨分宿德等違失無念之處、無一ヶ之小瑕之條、尤難有事候、大略曉更被始候之處、早速候て條々無所殘候之條、尙々爲悅無極候也、千萬期面候也、

實俊宛二條良基書狀

京官初度儀無爲、朝家慶候、就中御右筆每事周備、云御進退云大間面、無違失之條、令悅眼外無他候、折節祗候簾中、本望此事候、除書到來、無御失歟之間、目出存思給候、大間以便宜可申請候也、相博尻付事、延喜以來度々相叶古賢所存候歟、其與候、

中院通冬來訪す
歸降幷に朝廷出仕を許さる
本領安堵は沙汰なし
御子左爲明來り撰集人々名字のことを諮る
後光嚴天皇勅書
公賢の實俊に對する除目執筆諷諫を嘉し給ふ
除目次第御返却

不被載給主職何事候哉、康和以下先規尤子細候哉、猶以面可賀申候、謹言、

極月十一日　判

西園寺大納言殿

下文事、非常例候、關白（九條經教）意見不得其意候、尤不審候、但非御所存候上、又定邂逅先規候之歟（マヽ）由存候也、羽林（九條忠基）御慶目出候、御拜事代々例、今度羽林直任、雖非無殊事候、可畏候也、先々只及一級、猶以父奏慶賀候也、如此事、委細猶可注先規候也、

十三日、天晴、入夜前源大納言（中院）通冬卿來、去十月廿五日出洛、武家免狀不經旬日相州（細川清氏）申沙汰送之、公家出仕事又預御免、而本領安堵事雖申入候不及沙汰、無心元之由談之、

十六日、天晴、早旦侍從中納言（御子左爲明）入來、就勅撰人々名字有相尋事、返答了、

十七日、天晴、今日自禁裏（後光嚴）有御書、京官除目幷執筆諷諫、御感之由也、畏申了、

京官除目無爲珍重候き、任人等猶依難義（儀）等、大略雜人許候き、次第慥返進候、今度執筆不經幾日數存企歟之間心苦候處、無特（殊カ）違失候歟、尤神妙事候哉、且又一向諷諫之故歟、旁感悅無極候、此等之次第則可申之由乍思給、依計會及今日了、慮外候、心事猶期後信候也、

公賢の奉答

仰下され候むね、畏て奉候ぬ、京官除目、無爲行ハれ候ぬる、めてたく存候、そのうへ執筆事、西園寺大納言懇切之所存候とて、勤仕の事申談し、おほかたハ練習あさく候てハ、心くるしきやうに候へとも、思立てみ候へきよし申て候し、そのゝちたひ〳〵來候て習禮なと仕候し、ならひなき性骨にて候ける、大間の面なと、ことなる違失候ハぬやらんとおほえ候、心ハかりハ纖芥をのこし候ハす、傳受の心ちにて候し程ニ、そのたひの無爲身にとり候てハ、老後の眉目なる心ちとて、前博陸も參會せられて、なをさりなく扶持候けるよし承候程ニ、かた〳〵心やすくよろこひ存候、ことさらこの所存も、實夏卿一夜ニ申入候へきむね申て候しか、御神事ニ、御前まてまいり候に及候ハぬよし申候し程ニ、このたひ參仕のついてに申入候へとおほせて候へは、委細勅定、猶々畏存候、又次第一巻返下され候ぬ、條々御心候て、ひろうをさせをハしまし候へく候、かしこ、

空元上

西園寺實俊書状
長助法親王を淨金剛院檢校に補さる

十八日、天晴、今日西園寺大納言送狀、宣旨(アキ本ノマヽ)事問之、

口宣二紙到來候之内、無品長助親王(後伏見皇子、圓滿院宮)可爲淨金剛院檢校事、可下辨官之條不及左右歟、下辨宣旨中ニ不見候之間、如此令申入候也、實俊恐惶謹言、

十八日　　　　　實俊

義詮南方討伐のため進發す
後光嚴天皇より御旗御馬を賜ふ
軍勢二千騎
東寺を發し尼崎に向ふ
洞院實守京都に歸降せんとし公賢に宿所の祕計を請ふ
畠山國清以下の東軍八幡路に向ふ
西園寺實俊書狀節會小朝拜等につき不審を尋ぬ

十九日、天晴、今日將軍〔足利義詮〕爲南方戰伐〔討カ〕可發向云々、自內裏〔後光嚴〕被遣御旗幷御馬云々、頭左中辨忠〔柳原〕光朝臣爲勅使向彼亭云々、左馬寮馬部可召進之旨有其催、仍大納言〔實夏〕進之云々、

廿日、晴陰不定、午後雪時々飛、傳聞、今曉寅刻出門、將軍帶甲冑・弓箭、其勢二千騎許歟、一兩日逗留東寺、廿三日可向尼崎〔攝津河邊郡〕云々、

廿一日、天晴、今日實守卿〔洞院、公賢弟、南朝祗候〕送狀、此間在南都云々、武家免許之上可出仕之旨、昨日仲房卿〔萬里小路〕奉書到來之間可出京、在處難治、可然之樣可祕計云々、

廿四日、天晴、傳聞、畠山〔國清〕已下東軍今日多發向、赴八幡路云々、

廿五日、天晴、西園寺大納言送狀、條々有被尋事、所存注遣了、

腋御膳催促者、御後ニ職事や候、腋御膳早やと、無子細候、乍座申候と覺候如何、

地濕者、小朝拜不可有之候哉、雨濕之時二日、常事候哉、

此間寒氣以外候、先日薊薪叶御用候歟、比興候、於今者左曆迫軸候上、武家進發、無何計會仕候、元日節會可參仕之由存候、

一、小朝拜、先列立殿上前之時者不揖、揖ハ不得本儀歟、或揖人も候、兩說見及候、淺沓無子細候哉、勿論候、

御子左爲定新千載集全二十巻を内裏に返納す

仁木義長南方に進發す

畠山軍河内に入り南軍と四條村に戰ふ

月次祭神今食追行

内侍所御神樂

北野臨時祭

西園寺實俊節會不審のことを問ふ

一、謝座之時進間事、當時軒廊一間、（當時一間之外存（不歟）候、仍一位も二位も用同間候歟、）妻を加候て二間候、然者入西妻、又同自妻可歩出乎、

一、次將一兩人候者、右仗南頭、自南檻以外可同（爲歟）近々候、雖然不依次將多少、可（如此）去南六七尺候哉、（可候也、）

條々可蒙仰候、明春早々可參賀候、實俊恐惶謹言、

十二月廿五日　　　實俊

傳聞、新千載集周備廿巻、今日返納云々、其儀無殊子細、内々儀也云々、但爲遠朝臣持參之體也、又侍從中納言爲扶持同參内云々、其間式可尋記、

廿六日、天晴、今日仁木左京大夫義長發向南方、其勢一族以下五百騎許云々、

廿七日、天晴、今日聞、一昨日畠山起八幡入河内之處、於四條村（河内河内郡）合戰云々、

傳聞、月次・神今食今日被行之、坊城中納言（俊冬）奉行云々、參議不參、少納言秀長（東坊城）、左少辨信兼（平）等參行、内侍所御神樂同日近來被行也、

又被行北野臨時祭、使少納言秀長、宣命上卿俊冬卿、（實（傍書非））頭左中辨忠光朝臣奉行云々、

廿八日、天晴、今朝西園寺大納言送状、節會不審事談之、又元日出仕料餝劔并有文玉帶供（借カ）

飾劔幷に有文玉帶を借る

神輿在洛中の節會

萬里小路仲房節會內辨作法の不審を問ふ

物召聲練樣

油小路隆蔭宿所火事

正親町忠季內侍所臨時御神樂の儀を報ず

庭燎師歌

後光嚴天皇萬里小路仲房をして公賢に義詮發向中節會以下警固の要否を諮問せしめらる

之、遣了、

神輿(東大寺八幡宮)未歸座之由其聞候、雖然晴・腋兩御（如此候と覺候、供事ハ自腋供候也、簾中出御之時、雖隔御簾、）膳催促不違晴節會候哉、次國栖被止歌笛候とも、（勿論候歟、）一獻之後下軒廊、猶可催促外記候歟、不可及其儀候哉、於今者、明春早々可令參賀候也、實俊恐惶謹言、

十二月廿八日　　實俊狀

萬里小路中納言仲房、入來、元日節會可出仕內辨事、可傳受旨示之、物召聲・練樣大概授了、舍人召聲、尻上引下說、開門闈（闈）司、差音昌說、（マヽ）大夫達召セ同、等、口傳頗及云燭程、欲歸、而雜色男云、四條大納言（油小路隆蔭）宿所火打云々、悲田餘焰所致也、可愼々々、

權大納言（正親町忠季）送狀、去夜內侍所臨時御神樂事示送也、

抑去夜內侍所臨時御神樂、本拍子成賢朝臣（綾小路）、末久俊（多）、笛景繼（山井）、篳篥前兵部卿（邦世親王）、和琴忠季等候き、庭燎師歌、其外歌數例物共にて候し、無何注進仕候之由、可令申入給候、（マヽ）

十二月廿八日　　忠季上

戌刻仲房卿重來、有勅問事云々、仍又謁之、大樹（足利義詮）卒（率）東軍發向南方了、此上節會已下、以警固禮可被行歟云々者、予申云、兵革時、節會已下警固雖勿論、壽永・貞和等者凶徒襲

凶徒襲來に對する防戰と討伐のための發向とは差別あるべし

內裏追儺油小路隆家追儺參仕の裝束につき尋ぬ

公賢記錄擱筆の辯

四月出家後も書記を續く明春七十歲を期し永く廢筆せん

甘露寺親長抄寫本の本奥書

中院通秀所藏の正記を借寫す

來、依防戰被遣官軍、因玆警固勿論歟、今度者無襲來之聞、爲追討敵陣發向、若可有差別歟、所詮被問例、可被左右哉之旨申了、

追儺事
廿九日、或晴或陰、今日追儺如例云々、上卿不參、右兵衞督〔油小路隆家〕爲參議了、帶弓箭否條、談合

衞府人裝束事
大納言云々、尋之間、衞府人帶弓・壺胡簶、正追儺之時、持替桃弓・葦矢、於壺者不持歟之旨諷諫了、但或又有改衞衞不帶弓箭人歟、中御門右府〔宗忠〕歟不帶說哉、

抑愚老今年六十九、遁俗塵之間、記錄尤可止也、而至四月書來之也、實夏卿不書記、一向暗然不改〔便カ〕、至今日如形書之、明年可滿懸車之齡、可抛書記之營耳、

長享元年十月十九日書畢、

按察使藤原〔甘露寺親長〕判

件記、正記、借用中院前內府〔通秀〕連々書之、仍隨到來書之間、年紀不同書寫了、仍奧書年號月日不同也、

昭和六十年十一月三十日　第一刷発行
平成十二年　三　月二十日　第二刷発行

定価　本体八、〇〇〇円（税別）

史料纂集　⑰75

園太暦　巻六

校訂　斎木一馬
黒川高明
厚谷和雄

発行者　太田史

印刷所　東京都豊島区南大塚二丁目三五番七号
株式会社平文社

発行所　東京都豊島区北大塚一丁目一四番六号
株式会社　続群書類従完成会
電話　〇三（三九一五）五六二一
振替　〇〇一二〇-三-六二六〇七

ISBN4-7971-0355-8

高橋隆三・斎木一馬・小坂浅吉校訂
言継卿記
完結 全六冊
A5判上製　各冊一〇、〇〇〇〜一四、〇〇〇円　六五、〇〇〇円

権大納言山科言継（一五〇七—一五七九）の日記。大永七年（一五二七）より天正四年（一五七六）の前後五十年にわたる。戦国時代を中心とする日記として、本記ほどまとまったものは他にない。山科家が内蔵寮を管したので皇室の経済には特に詳しく、朝廷と織豊政権との関係、京都町衆の動向、文学・芸能・医学に関する記事も多く、当時の世相を知る重要史料である。

辻善之助校訂
鹿苑日録
完結 全七冊
A5判上製　各冊一〇、〇〇〇円　七〇、〇〇〇円

本書は、相国寺鹿苑院歴代の僧録の日記約七十余冊を大略年代順に編次したものである。長享元年（一四八七）から慶安四年（一六五一）に至る百六十五年に及ぶ日記に文書案・漢詩集などを含む。鹿苑院院主は、僧録司の職に補せられるのが慣例であったから、室町時代の禅苑に関する好史料であるにとどまらず、将軍の動静、幕府の内情、政治、文芸の好史料である。詳細索引付。

市木武雄編著
梅花無尽蔵注釈
完結 全五冊
A5判上製　各冊二五、〇〇〇円　一二五、〇〇〇円

「梅花無尽蔵」は、室町末期の五山禅僧万里集九が、その晩年に自作の詩文を自ら編し、注をつけたものである。収める詩数一四五一、文章一一一という雄編である。本書は「梅花無尽蔵」のすべてについて、原文・読み方・注釈・通釈・余説にわけて平易に解説し、全注釈として刊行する。文学・史学・語学・民俗学等の資料としても貴重である。五山文学への入門書として有用。

市木武雄編著
梅花無尽蔵注釈　別巻
A5判上製　一四、〇〇〇円

本書は『梅花無尽蔵注釈』の続編で、これ以外の万里集九の作品を拾遺（別巻）として一冊に収め、全注釈として刊行するものである。「五山禅僧詩文集」「明叔録」・独醒石記・韋駄天図賛・渡唐天神図賛の一三三の一点ごとに、原文・読み方・注釈・通釈・余説にわけて詳しく解説を加えた。『梅花無尽蔵注釈』および本書により、万里の全作品とその人物像・時代背景を知ることができよう。

村田正志編
和訳 花園天皇宸記 一
A5判上製　七、〇〇〇円

『花園天皇宸記』は、花園天皇（一二九七—一三四八）の日記で、延慶三年から正中二年におよび、両統迭立から元弘の乱にいたる重要史料として著名である。本書は、南北朝時代研究の大家村田正志氏の編により、史料纂集所収『花園天皇宸記』を底本として、これを通読理解するために全文を和訳したものである。史料纂集本と同じ構成とし、第一には延慶三年より文保二年を収める。